Nelles Verlag

Foto: Tono Balaguer / LUNAMARINA (iStockphoto)

USA

l'Ouest, les Rocheuses, la Californie et le Texas

Auteurs :
Jürgen Scheunemann, Anne Midgette,
Arturo Gonzales, Sara Hare, Anita King,
Margarete Batt, Gary McKechnie

C. Flattery
Victoria
208
120°
BRITISH COLUMBIA
CANADA
110°
ALBERTA
SASKATCHEWA
189
SEATTLE
205
Tacoma
Olympia
Spokane
197
WASHINGTON
Columbia
Lewiston
218
Portland
Salem
Helena
Missouri
MONTANA
Yellowstone
Butte
175
Eugene
UNITED
DAKO
OREGON
Boise
IDAHO
WYOMING
Snake
167
Eureka
40°
Humboldt
STATES
Ogden
Casper
Great Salt Lake
163
Sacramento
Reno
Salt Lake City
Cheyenne
Carson City
123
Oakland
Stockton
COLORADO
159
UTAH
SAN FRANCISCO
NEVADA
DENVER
Monterey
Colorado
Fresno
89
100
113
OF
Pueblo
Las Vegas
Arkansas
147
50
CALIFORNIA
NEW
55
136
Ventura
36
ARIZONA
Santa Fe
66
LOS ANGELES
Long Beach
Albuquerque
40
SAN DIEGO
PHOENIX
Colorado
Rio Grande
AME
Gila
Pecos
TIJUANA
MEXICALI
Yuma
Ensenada
MEXICO
Tucson
30°
EL PASO
Cananea
CIUDAD JUAREZ
PACIFIC
Gulf of California
HERMOSILLO
120°
OCEAN
Ciudad Obregon
CHIHUAHUA
MEXICO
0 200 km
0 100 miles
110°
MONTER
TORREON

Los Angeles 36
De Los Angeles à Phoenix 40/41
L'est de l'Arizona 50
L'Indian Country 55
De Santa Fe à Austin 66
La côte du Texas 76/77
Le désert de Mojave 89
Le pays des Canyons 100/101
Les réserves des Navajos et Hopis 113
Le Colorado 123
La Coastal Highway 136
La Sierra Nevada 147
San Francisco 159
De San Francisco à Reno 163
Du Nevada à l'Utah 167
Les Grand Teton et Yellowstone N. P. 175
La côte Pacifique 189
Région mont. de l'État de Washington 197
Seattle Downtown 205
Seattle (nord) 207
De Seattle à Vancouver 208/209
De Washington au Montana 218/219

Chère lectrice, cher lecteur,
Etre constamment à jour est l'objectif principal des Guides Nelles. Afin d'y parvenir, nos correspondants nous informent continuellement des dernières nouveautés dans le domaine du voyage et nos cartographes réactualisent nos cartes en permanence. Merci de bien vouloir nous adresser vos remarques à l'adresse suivante : Nelles Verlag, Machtlfinger Str. 26 Rgb., D-81379 Munich, tél.: (089) 357 194-0, fax : + 49 (0) 89 357 194 30, e-mail : info@Nelles.com, internet : www.Nelles.com

LÉGENDE

	À ne pas manquer	**Newport** *(Cité)* *Zabriskie Point* *(curiosité, monument)*	Lieu mentionné dans le texte		Frontière d'État
★★	*(sur la carte)*				Limite d'administration
★★	*(dans le texte)*		Aéroport international		Interstate Highway
	Très intéressant		Parc national, Forêt national		Autoroute à péage
★	*(sur la carte)*		Patrimoine mondial (UNESCO)		Artère à quatre voies
★	*(dans le texte)*		Plage		R. à grande circulation
8	Numéro correspondant dans le texte et sur la carte	**Mt. Morgan** 13747	Sommet (altitude en pieds)		Route principale
8 8	Numéro correspondant dans le texte et plan de ville	*Sonora Pass*	Col		Route secondaire
	Bâtiment public ou important / point d'intérêt		Site de camping / domaine skiable		Chemin de fer
	Hôtel, lodge		Point de vue / caverne		ferry-boat
	Ctr. commercial / marché	18	Distances en miles	90	Interstate Highway
	Office de tourisme			1	U.S. Highway
	Hôpital / église			3	State / Provincial Highway
	Sens unique				

USA
l'Ouest, les Rocheuses, la Californie et le Texas

Édition 2018
Couverture protégée par modèle d'utilité en France et en Allemagne
Print : Bayerlein, Germany

 - **R19** -

Liste des cartes 3
Achevé d'imprimé / Légende des cartes / 4

1 THÈMES

Sites incontournables 12
Découverte du pays 13
Aperçu historique 14
Une société fondée sur l'immigration 16
Les Indiens 18
Le sport aux USA 20

2 PAYS ET GENS

"GO WEST" – Un voyage à travers la Terre Promise 23

3 DE LOS ANGELES À PHOENIX

Los Angeles – San Diego – Sonora Desert – Palm Springs – De l'ouest de l'Arizona à Phoenix 35
FICHE PRATIQUE : restaurants, curiosités 47

4 DE PHOENIX À SANTA FE

Phoenix – Circuit dans le sud de l'Arizona – De Phoenix à Flagstaff – De Flagstaff à Santa Fe – Santa Fe 49
FICHE PRATIQUE : restaurants, curiosités 61

5 DE SANTA FE À AUSTIN

Vers Fort Stockton – Du Texas Hill Country à Austin – Austin 65
FICHE PRATIQUE : restaurants, curiosités 73

6 LA CÔTE DU TEXAS

De San Antonio à Corpus Christi – De Corpus Christi à Galveston – Houston 75
FICHE PRATIQUE : restaurants, curiosités 83

7 DE LOS ANGELES À LAS VEGAS

Le désert de Mojave – La Vallée de la Mort – Las Vegas . . . 87
FICHE PRATIQUE : restaurants, curiosités 95

8 DE LAS VEGAS AU GRAND CANYON

Zion National Park – Bryce Canyon – Glen Canyon – Grand Canyon 99
FICHE PRATIQUE : restaurants, curiosités 107

9 AU PAYS DES NAVAJOS ET DES HOPIS

La réserve Navajo – Canyon de Chelly –
Monument Valley – Mesa Verde National Park 111
FICHE PRATIQUE : restaurants, curiosités 119

10 DU GRAND CANYON À DENVER

De Durango à Aspen – Denver et ses environs 121
FICHE PRATIQUE : restaurants, curiosités 131

11 DE LOS ANGELES À SAN FRANCISCO

Santa Barbara – Big Sur – Carmel – Monterey –
Salinas et Pinnacle National Monument 135
FICHE PRATIQUE : restaurants, curiosités 143

12 DE LOS ANGELES AU YOSEMITE NATIONAL PARK

De Los Angeles à Fresno – Sequoia and Kings
Canyon National Park – Yosemite National Park 145
FICHE PRATIQUE : restaurants, curiosités 153

13 DE SAN FRANCISCO À SALT LAKE CITY

San Francisco – De San Francisco à San Reno –
Les déserts du Nevada et de l'Utah – Salt Lake City 157
FICHE PRATIQUE : restaurants, curiosités 170-171

14 DE SALT LAKE CITY AU YELLOWSTONE NATIONAL PARK

De Salt Lake City à Idaho Falls – Grand Teton
National Park – Yellowstone National Park. 173
FICHE PRATIQUE : restaurants, curiosités 183

15 DE SAN FRANCISCO À L'ÉTAT DE WASHINGTON

Le nord de la Californie – L'Oregon – Columbia River /
Mount Hood – L'État de Washington / Mount St Helens –
Mount Rainier National Park. 187
FICHE PRATIQUE : restaurants, curiosités 199

16 LA CÔTE PACIFIQUE NORD–OUEST

Seattle – Olympic Peninsula – Puget Sound – North Cascades / Mount Baker – Vancouver 203
FICHE PRATIQUE : restaurants, curiosités 215

17 DE SEATTLE AU YELLOWSTONE N. P.

De Seattle à Spokane – De Spokane à Missoula – De Missoula au Yellowstone N. P. 217
FICHE PRATIQUE : restaurants, curiosités 225

18 LA ROUTE 66

Sur la route 66, à travers le sud-ouest des États-Unis . . . 228
FICHE PRATIQUE : restaurants, curiosités 231

19 GUIDE PRATIQUE

Préparatifs 232
Les États-Unis en chiffres 232
Préparatifs et informations 232
Climat / Quand voyager ? 232
Budget / Coût de la vie 232
Change / Cartes bancaires / Chèques de vogage 233
Assurance voyage / Visa 233
Ambassades et consulats des USA 234
Se rendre aux États-Unis 235
Par avion 235
Formalités d'entrée / Douane 235
Voyager aux États-Unis 236
Location de voiture 236
Dépannage / Camping-cars et mobil-homes 236
Conduire aux États-Unis / Code de la route 237
Le réseau routier 238
Les bus Greyhound / Le train 238
Informations pratiques 239
Alcool et cigarettes 239
Banques / Camping et auberges de jeunesse 239
Consulats aux États-Unis / Décalage horaire 240
Délinquance / Urgence / Sécurité 240
Électricité / Étiquette 241
Horaires d'ouverture / Infos touristiques / Jours fériés . 242
Langue / Médecins / Médias 243
Médicaments / Monnaie / Nourriture 244
Glossaire gastronomique 246
Poids, mesures et températures 247
Pourboire / Poste / Randonnée et trekking 247
Shopping / Téléphone et Internet 248
Auteurs 250
Index 251

Maurizio Rellini (SIME/Schapowalow)

Le spectacle fascinant du Bryce Canyon (Utah).

Manfred Braunger

Il y a toujours de l'animation sur Venice Beach (L. A.) – artistes de rue sur l'Ocean Front Walk.

SITES INCONTOURNABLES

★★Los Angeles (p. 35) : la deuxième métropole des USA est un melting-pot des cultures avec des plages infinies le long du Pacifique et de superbes curiosités, tels le **★★Los Angeles County Museum of Art** (p. 36), les **★★Universal Studios Hollywood** (p. 37) ainsi que **★★Venice Beach** (p. 38).

★★Pacific Coast Highway (p. 38): route côtière avec vues grandioses sur l'écume des vagues rugissantes, des falaises à pic et des plages idylliques.

★★Sea World (p. 40) : le parc à thème marin propose des shows avec des orques et deux montagnes russes.

★★San Diego Zoo (p. 40) : l'un des plus grands zoos du monde.

★★Saguaro National Park (p. 51): gigantesques cactus candélabres dans un paysage désertique époustouflant.

★★Santa Fe (p. 57) : la charmante ville aux maisons en adobe est un centre de la culture indienne.

★★Taos Pueblo (p. 60) : l'un des plus beaux pueblos et des mieux conservés de tout le Nouveau-Mexique.

★★Carlsbad Caverns National Park (p. 68) : les grottes de stalactites sont inscrites au patrimoine de l'humanité de l'UNESCO.

★★Death Valley (Vallée de la Mort, p. 88) : le point le plus bas de l'Amérique du Nord et le mont le plus haut de la Sierra Nevada, des déserts de sel, des canyons et des chaînes de montagne se côtoient les uns les autres.

★★Las Vegas Strip (p. 91) : cette célèbre avenue offre des hôtels à thèmes, des casinos et de brillants spectacles.

★★Bryce Canyon (p. 102) : depuis le rebord de la falaise d'un haut plateau s'ouvre une vue extraordinaire sur un paysage d'aiguilles rouges et ocre.

Ci-contre : au complexe d'amusements The LINQ, sur le Las Vegas Strip, la grande roue appelée The High Roller fait 167 m de haut.

★★Grand Canyon (p. 103) : un phénomène naturel des superlatifs avec de formidables possibilités de randonnée et des panoramas fabuleux.

★★Canyon de Chelly (p. 115) : au cœur d'une nature sublime, on plonge dans la culture des Indiens Navajo.

★★Monument Valley (p. 116) : pas seulement dans les westerns – les formations rocheuses sont impressionnantes et photogéniques.

★★Big Sur (p. 137) : la route panoramique se faufile sur ce célèbre littoral à travers des paysages montagneux. Au-dessous, le Pacifique se fracasse contre les falaises dans un bruit de tonnerre.

★★Sequoia & Kings Canyon National Parks (p. 146) : des arbres géants de 80 m de haut et la vallée la plus profonde d'Amérique du Nord.

★★Yosemite National Park (p. 149): le plus célèbre parc nat. de Californie enthousiasme par ses gorges, ses pics rocheux et ses forêts de feuillus épaisses.

★★San Francisco (p. 157) : dans un cadre de rêve, la ville charmante aux rues pentues est variée et libérale. Il ne faut pas manquer de se promener dans l'un de ses **★★Cable Cars** (p. 157), de voir le **★★Golden Gate Bridge** (p. 161) et le **★★SF Museum of Modern Art** (p. 160).

★★Yellowstone Nat. Park (p. 179): parmi les geysers, les trous de boue bouillonnante et les sources thermales évoluent des bisons, ours et loups.

★★Redwood National Park (p. 188): au cours d'une randonnée, on apercevra des arbres géants centenaires atteignant jusqu'à 100 m de hauteur.

★★Crater Lake National Park (p. 189) : un tour autour du bord du cratère permet de découvrir des vues magnifiques sur les lacs bleus 600 m plus bas.

★★Vancouver (p. 212) : la ville canadienne s'enorgueillit d'un site et d'une qualité de vie exceptionnels.

★★Vancouver Island (p. 214) : la plus grande île de la côte Pacifique (480 kilomètres de long) enchante par sa nature, notamment dans le **★★Pacific Rim National Park** (p. 214).

Foto: tobiasjo (iStockphoto)

DÉCOUVERTE DU PAYS

Dans aucune autre région du globe, le mythe du "tout est possible" ne colle autant à la peau que l'Ouest des USA. Au XIXᵉ siècle, les chercheurs d'or, les chasseurs et les fermiers vinrent tenter leur chance dans les territoires inhabités de l'Ouest. Aujourd'hui, ce sont plutôt les chefs ambitieux des start-up et les jeunes assoiffés de réussite du monde entier qui affluent dans les métropoles clinquantes de la côte Pacifique pour y réaliser leur propre *american dream*.

Pour les touristes, l'Ouest américain est une destination offrant des temps forts et variés. Les métropoles multiculturelles, les parcs d'amusements spectaculaires et les plages de rêve de Californie attirent les visiteurs autant que les fantastiques formations rocheuses des parcs nationaux de l'Utah et les merveilles naturelles du Grand Canyon en Arizona. Au Nouveau-Mexique et en Arizona sont conservés d'impressionnants témoignages de la culture indienne vieille de plusieurs millénaires.

Dans le Névada, en plein désert, Las Vegas, antre du jeu et des paillettes, est une oasis scintillante du luxe et des divertissements. C'est un autre monde qui s'ouvre dans les Rocky Mountains et la Sierra Nevada avec leurs sommets souvent enneigés. Le Nord-Ouest fait le bonheur des amateurs de nature avec sa côte sauvage et romantique et ses forêts de séquoias ; mais il y a aussi des villes jeunes à l'atmosphère européenne et amène à découvrir telle Seattle ou Portland. Au registre des beautés naturelles du Nord-Ouest, il faut citer le Yellowstone Nationalpark, l'un des plus grands parcs nationaux des USA, réputé pour ses geysers, ses mares de boue en ébullition et ses sources thermales.

Que l'on recherche l'animation des grandes villes ou que l'on veuille profiter de curiosités naturelles uniques, de dépaysement et de solitude, l'Ouest américain offre de multiples possibilités. Il est recommandé de préparer son voyage avec minutie et de voir moins mais bien, plutôt que de vouloir tout visiter en un temps record.

À partir de 12 000 av. J.-C. Des chasseurs-cueilleurs venus de Sibérie atteignent le détroit de Bering en empruntant une langue de terre. Ils se répandent dans tout le continent nord-américain et jusqu'en Amérique centrale.
3 000 av. J.-C. Sédentarisation et formation de tribus de chasseurs-cueilleurs. Les tribus accusent de grandes différences culturelles : certaines sont démocratiques, d'autres ont une organisation monarchiste ; on trouve aussi des Indiens vivant de l'agriculture, des nomades et des chasseurs.
1492 Christophe Colomb accoste aux Bahamas. Croyant avoir atteint l'Inde, il nomme les habitants "Indiens". Après quoi, la colonisation de l'Amérique avancera rapidement. À cette époque, l'Amérique du Nord est peuplée par 7 millions d'Amérindiens.
1540 Depuis le Mexique, le conquistador espagnol Francisco Vásquez de Coronado prend la mer, découvre l'embouchure du fleuve Colorado et fait des incursions dans l'actuel Sud-Ouest des USA.
1542 Parti du Mexique, le navigateur Juan Rodríguez Cabrillo atteint la côte californienne, mais fait demi-tour juste au sud de San Francisco.
Dès 1598 Fondation de missions espagnoles au Nouveau-Mexique, au Texas et en Arizona.
1620 Le *Mayflower* amène les premiers colons anglais sur la côte Est. Les contacts croissants avec les Européens entraînent des bouleversements dans le mode de vie amérindien et une réduction dramatique de la population, décimée par les maladies infectieuses importées et les conflits sanglants.
1769 Le franciscain Junípero Serra part en expédition en Californie, région encore inexplorée à l'époque. Il fonde 21 missions le long du "Camino Real", de San Diego à Sonoma, au nord de San Francisco.
4 juillet 1776 Après des années de différends avec la G-B, les colonies nord-américaines déclarent leur indépendance. Le premier président des États-Unis d'Amérique sera George Washington.
1783 Fin de la guerre avec la Grande-Bretagne.
1821 Le Texas et la Californie font partie du Mexique. Le Texas, qui s'est déclaré indépendant en 1836, est annexé par les USA en 1845.
1846-1848 Guerre américano-mexicaine : le Mexique, vaincu, cède aux USA un territoire de 1,36 million de km^2, soit les États actuels d'Arizona, de Californie, du Nevada, de l'Utah ainsi que des parties du Colorado, Nouveau-Mexique et Wyoming.
1847 Première colonisation blanche de l'Utah par des Mormons (fondation de Salt Lake City).
1848 Début de la ruée vers l'or en Californie. Des milliers d'aventuriers en quête d'or se mettent en marche vers l'Ouest. L'accaparement de terres vierges par certains débouche sur des affrontements violents. Des personnages hauts en couleur comme Billy the Kid, Jesse James ou Butch Cassidy vont forger le mythe du "Far West".
1862 Le Homestead Act ("loi de propriété fermière") encourage l'installation de colons dans d'autres parties de l'Ouest (dont le Colorado, le Nevada, l'Arizona, l'Idaho, le Montana).
1865 Fin de la guerre de Sécession (*Civil War*) et abolition de l'esclavage.

Foto: Stella Levi (iStockphoto)

Le tribunal de Santa Barbara ; le style architectural hispanique se répandit dans le Sud-Ouest dès 1769.

1869 Première liaison ferroviaire transcontinentale.
1872 Fondation du premier parc national des USA: Yellowstone.
1890 Les guerres indiennes se terminent par le massacre de Wounded Knee. Les 250 000 Amérindiens restant seront parqués dans des réserves et assimilés de force.
1919 Début de la Prohibition d'alcool.
1920 Introduction du vote des femmes.
1929 Grande Dépression. Le Dust Bowl, qui frappe

les Grandes Plaines, provoque un exode rural vers la Californie. De grands projets tel celui de la construction du Golden Gate Bridge relancent l'économie.
1931 Début de la construction du barrage Hoover. Aux portes du désert, Las Vegas, où on a légalisé les jeux de hasard, connaît un essor tourist. fulgurant.
1941 Après l'attaque sur Pearl Harbor, les États-Unis déclarent la guerre au Japon le 8 décembre.
1942 À Los Alamos (Nouveau-Mexique), on teste les premières bombes atomiques ; trois ans plus tard, en août 1945, les bombes qui y ont été testées,

Foto: tobiasjo (iStockphoto)

La Californie, ensoleillée la plupart du temps est idéale pour l'« american way of life ».

réduisent en cendres Hiroshima et Nagasaki.
1946 Plan Marshall : les USA investissent 12 Mrds de dollars pour reconstruire l'Europe de l'Ouest, le Japon, la Corée du Sud et la Chine/Taiwan.
Années 1950 Essais nucléaires dans le désert de Mojave.
1951 Avec la création du Stanford Industrial Park débute l'ascension économique de la Silicon Valley, au sud de San Francisco. De nos jours, des firmes high tech, comme Apple, Yahoo, Oracle et Facebook, y ont leur siège.
1953 Fin de la guerre de Corée (33 000 soldats américains morts) et, lors de la signature de l'armistice, création d'une zone démilitarisée entre la Corée du Nord et la Corée du Sud qui existe encore.
1963 Assassinat du président populaire John F. Kennedy. Les USA entrent dans la guerre du Vietnam qui coûtera la vie jusqu'en 1975 à plus de 58 000 soldats américains. À partir de 1967, la population américaine s'oppose de plus en plus à cette guerre et des dizaines de milliers de jeunes Américains appelés refusent de partir se battre au Vietnam.
1965 Le mouvement hippie, parti de San Francisco, rejette le mode de vie bourgeois et s'engage pour une vie autonome.
1968 Assassinat du militant noir pour les droits civiques, Martin Luther King.
1969 Premier alunisage habité : Neil Armstrong et Edwin Aldrin font les premiers pas sur la lune.
Années 1980 Boom économique à Seattle où s'installent de nombreuses firmes de la "nouvelle économie" (Microsoft, Amazon, Nintendo).
1992 L'acquittement de 4 policiers, accusés d'avoir passé à tabac un jeune Afro-Américain, déclenche de violentes émeutes raciales faisant 53 morts.
2001 Les attentats du 11 septembre à New York et Washington ouvre une période de "guerre contre le terrorisme" (guerre d'Afghanistan, création du camp de détenus de Guantanamo, augmentation des mesures de sécurité publique). L'éclatement de la bulle Internet plonge tout particulièrement la Silicon Valley et Seattle dans une crise économique.
2003 Sous Arnold Schwarzenegger – ancien culturiste autrichien et Terminator, puis gouverneur de Californie de 2003 à 2011 –, la Californie s'engage dans la protection de l'environnement et la promotion des énergies renouvelables.
2007 La crise financière sévit en Californie.
2009 Le démocrate Barrack Obama est le premier président Afro-Américain des États-Unis.
2016 La sécheresse persistante dans l'Ouest des USA menace l'agriculture notamment dans la Vallée Centrale de Californie. Imposition de mesures strictes pour réduire de 25 % la conso d'eau dans les villes et communes. En Californie, leader mondial de la production d'amandes, l'irrigation des plantations d'amandiers très gourmands en eau est menacée par la baisse d'eau dans les réservoirs.
2017 Le président Donald Trump durcit la politique vis-à-vis des immigrants : il veut construire un mur le long de la frontière mexicaine et son décret interdit l'accès des USA à des musulmans de sept pays.

Foto: Rainer Hackenberg

TERRE D'IMMIGRATION

Un père avec des ancêtres écossais et siciliens, une mère de Hong-Kong, une tante d'origine juive russe : il n'y a qu'aux États-Unis qu'on trouve ce genre d'hérédité. Les États-Unis sont probablement la seule (et la plus grande) société au monde fondée sur l'immigration. Aucun autre État, aucune autre société ou culture de la planète n'accueille et n'organise l'immigration comme l'Amérique. Chaque année, un million de personnes arrivent en toute légalité dans ce pays, et probablement autant illégalement.

On peut en trouver les raisons dans son histoire même. Ce sont ses colons et ses immigrants qui ont fait la grandeur de l'Amérique. Jusqu'au milieu du XIXe siècle, la moitié d'entre eux venait de Grande-Bretagne et d'Irlande. Après la guerre civile, ce fut le tour de l'immigration allemande et scandinave.

Ci-dessus : la foule se presse au poste-frontière d'El Paso avec le Mexique. Ci-contre : selon les statistiques, bon nombre d'immigrants viennent d'Asie.

Après 1890, on vit arriver des Européens de l'Est et du Sud, très pauvres et sans qualification. Cette deuxième grande vague d'immigration atteignit son point culminant en 1907. Plus d'un million de personnes débarquèrent cette année-là dans le Nouveau Monde. Cela prit fin en 1924 avec une loi durcissant les conditions d'immigration. Elle visait justement les gens arrivant d'Europe de l'Est et du Sud. On appliqua alors un système de quota pour chaque pays, basé sur le nombre de ses nationaux vivant sur le territoire américain en 1890. La dernière modification importante des lois de l'immigration prit place en 1965, avec l'introduction d'un statut préférentiel, selon lequel on privilégie chez l'immigrant ses liens de parenté avec des citoyens américains et sa qualification professionnelle.

Parallèlement se développait une immigration clandestine (surtout depuis le Mexique), qui atteignit des proportions alarmantes à la fin des années 1980, avec près de 1 600 000 Mexicains entrant illégalement chaque année. La politique d'immigration est aujourd'hui relativement libérale, mais les lois régissant l'asile politique ne changent que graduellement. Durant la guerre froide, on accueillait en priorité les réfugiés des pays communistes, alors que les gens qui fuyaient les dictatures d'extrême-droite n'étaient pas considérés comme réfugiés politiques.

6 % des Américains sont nés dans un autre pays. Depuis des années, 80 % des immigrants arrivant chaque année viennent du Mexique, ou d'Amérique latine, et de pays asiatiques – tendance qui est appelée à se poursuivre dans les prochaines années, voire les prochaines décennies. Les immigrants européens sont moins de 10 %. Cette modification de la composition des nouveaux arrivants renforce l'aspect pluriculturel de la société américaine. L'Amérique est aujourd'hui composée de 75,1 % de Blancs, 12,3 % d'Afro-Américains, 12,5% de Latino-Américains et 3,6 % d'Asiati-

Foto: Jay Lazarin (iStockphoto)

ques. Ces derniers devraient être au moins 7 % en 2020, année où les Latino-Américains devraient atteindre les 15%.

Ceci dit, il faut préciser que l'Amérique n'a jamais été un véritable *melting pot*. La plupart des groupes ethniques ont maintenu leur identité de génération en génération. Aujourd'hui encore, de nombreux Américains sont fiers de raconter d'où leurs ancêtres sont issus. Et la cohabitation de différents groupes ethniques continue à bien fonctionner. L'une des raisons de ce succès vient de la promesse faite à chaque Américain d'une *equal opportunity*, d'une chance égale pour tous ; chaque nouvel arrivant a en effet la possibilité de gravir les échelons de la société. De plus, ces nouveaux immigrants trouvent dans la plupart des grandes villes des communautés originaires de leur propre pays. Les races ne se mélangent que dans les zones les plus pauvres ou les plus riches. Mais malgré ces frontières clairement dessinées, la société fait pression sur chacun pour qu'il se conforme à la culture et au langage encore dominés par les Blancs. Il peut arriver qu'un enfant chinois, mexicain ou coréen américanise son nom après quelques années passées dans le pays.

L'économie libérale ne donne pas les mêmes chances à tous les immigrants actuels. Pour remédier à cela, des organismes officiels appliquent les règles de "l'action affirmative" : toutes les administrations et les universités doivent respecter un certain quota à l'embauche et à l'inscription de membres des minorités, en proportion de leur nombre dans la société. Ce système fait l'objet de débats houleux. Les conservateurs blancs se plaignent d'une "discrimination inversée", et de ce que les membres d'une minorité peuvent être embauchés selon des critères de race ou de culture, plutôt que selon leurs compétences pour exercer un travail.

En 2017, le président américain Donald Trump a durci la politique d'immigration. Il veut faire construire un mur le long de la frontière mexicaine et a interdit par décret l'accès aux USA à des musulmans de sept pays.

Foto: Rainer Hackenberg

LES INDIENS, LES OUBLIÉS DU RÊVE AMÉRICAIN

Les "Indiens" : c'est ainsi que Christophe Colomb les nomma, croyant avoir enfin trouvé la route de l'Inde ; et les colons continuèrent à les nommer ainsi. Mais les millions d'Amérindiens qui habitaient l'Amérique du Nord bien avant l'arrivée des Européens appartenaient en fait à différentes civilisations, selon leur tribu, leur langue et leurs coutumes. Pour apaiser leurs querelles permanentes, les tribus des Iroquois créèrent l'alliance des Cinq Nations au XVIe siècle. Leur système démocratique ressemblait au système américain, mais il le devançait de quelques siècles.

L'avidité des premiers colons envers les terres des Amérindiens s'appuyait sur une loi du jeune gouvernement des États-Unis. L'*Indian Removal Act* (acte de déplacement des Indiens) de 1830 "autorisait" la déportation des Indiens dits des "cinq tribus civilisées" – dont les Cherokee et les Séminoles vivant sur leurs territoires à l'est du Mississipi – au-delà de ce fleuve. Elle concernait 60 000 Indiens d'Amérique. Les Cinq Tribus fondèrent alors une association dans la réserve indienne de l'Oklahoma où ils avaient été déplacés.

Ci-dessus : l'art de la céramique des Indiens Pueblo.
Ci-contre : un Indien Pueblo dans le village de Taos.

Cela prit fin avec la guerre de Sécession. Pour "punir" les Indiens d'avoir soutenu les États sudistes rebelles, le gouvernement américain reprit leurs terres de l'ouest, les installant avec d'autres tribus, dont certaines étaient leurs ennemis depuis toujours. L'image typique de l'"Indien" est de nos jours celle d'un Sioux, guerrier à cheval couvert de peintures de guerre et coiffé de plumes, tel qu'on en voit dans le film *Danse avec les loups*. Au XIXe siècle, ce sont les tribus nomades de la Prairie qui souffrirent le plus des décisions du gouvernement américain.

Aujourd'hui encore, le nom des tribus indiennes est souvent faux, et celles-ci essaient de reprendre leur nom d'origine. Ainsi, le mot *Sioux* est en fait un mot chippewa qui signifie "vipère". De même, *Apache* est un mot des Zunis qui veut dire "ennemi". Les Sioux se donnaient le nom de *Dakota*. Les *Navajo*, nom qui provient de l'espagnol signifiant "peuple des champs labourés," s'appellent dans leur langue les *Dineh*, les "hommes".

De nos jours, il y a près de 3 millions de *Native Americans* (soit 1 % de la population des USA), comme l'on dit de nos jours pour parler "politiquement correct". Ils se battent pour la conservation et la survie de leurs cultures, tout en faisant face à d'écrasantes difficultés. L'alcoolisme est un grave problème dans de nombreuses réserves, en partie en raison du peu de perspectives offertes à la jeunesse. Malgré la création d'écoles publiques dans les réserves, de nombreux enfants doivent quitter ces dernières pour faire des études secondaires ; certains ne reviennent plus. Et de plus en plus de jeunes ne parlent plus leur langue tribale. Il y a eu différentes tentatives pour renverser cette tendance. Jusqu'à ces dernières années, il n'existait pas de système de transcription. Aujourd'hui, des érudits ont créé des dictionnaires de navajo et tentent d'élaborer une anthologie de textes dans cette langue pour en permettre l'enseignement dans les écoles.

Aujourd'hui les tribus, dont les membres sont citoyens américains depuis 1924, sont à la tête de casinos très lucratifs et de stations de ski. L'administration des tribus n'échappe pas aux jeux du pouvoir et à la corruption, comme c'est le cas pour tous les pouvoirs politiques du monde. L'énorme pouvoir qu'exercent les chefs tribaux a mené à des excès : ainsi, l'ancien chef Navajo MacDonald est aujourd'hui en prison pour détournement de fonds.

Les fières tribus du Sud-Ouest

Les tribus Pueblo du Sud-Ouest ont pu conserver leur identité culturelle. Les dix-neuf pueblos du Nouveau-Mexique

Foto: Ulf Müller-Moewes

font partie des plus anciens villages d'Amérique du Nord. Les habitations en adobe et en brique de l'époque précolombienne ressemblent fort à celles des villages d'aujourd'hui, tels ceux d'Acoma ou Taos. Les Navajos, également dans le Sud-Ouest, forment la plus grande tribu indienne des USA (environ 200 000 personnes).

On vend de splendides poteries, des bijoux en argent ornés de turquoise, des tapis et des poupées *kachina* fabriqués par les tribus Pueblo à travers tout le Sud-Ouest. Certaines formes d'artisanat ne sont pas indiennes à l'origine ; elles se sont développées après leur introduction par les Espagnols. Mais la tradition a su s'adapter. Chaque année, dans de nombreux endroits des États-Unis, ont lieux des événements comme les *pow-wows*, concours de danseurs costumés et lieux de rendez-vous où se retrouvent les membres des tribus dispersées. Tout le monde est bienvenu dans ces fêtes qui offrent un joyeux compromis entre l'attrape-touriste et le maintien des traditions.

Foto: José F. Poblete

LE SPORT AUX USA

Aux yeux de beaucoup d'Européens, l'Américain typique est un individu obèse, dont la vie se limite au fast-food et les loisirs à la télévision. Cela peut être vrai, du moins en partie, mais il ne faut pas oublier que les États-Unis constituent une grande nation sportive qui remporte régulièrement des médailles dans les grandes compétitions internationales et qui encourage les jeunes talents à l'école et à l'université. À leur retour, les sportifs qui ont remporté une compétition sont fêtés dans tout le pays. En raison de la demande, les médias offrent aux *couch potatoes* (sportifs avachis devant leur télé) l'accès à de nombreux sports : base-ball, basket-ball, hockey, golf, ski ou surf.

Pour de nombreux Américains, le jeu américain par excellence est encore le **base-ball**. Comme le cricket en Angleterre, c'est un jeu qui ne peut être compris et apprécié que par ceux qui le connaissent depuis la naissance. Les passionnés adorent les après-midi d'été passés à assister à un *doubleheader* (deux parties simultanées) : les joueurs extérieurs attendent que la balle arrive sur eux, les coureurs suent à grosses gouttes sous le soleil, tandis que les spectateurs vont s'acheter une bière ou une glace à un stand.

Ci-dessus : le sport engendre des héros nationaux. Ci-contre : celle qui désire devenir "cheerleader" doit s'entraîner tôt.

Pour les non initiés, toute cette procédure lente et ennuyeuse peut sembler une perte de temps. Mais il ne faut pas manquer de s'intéresser à ce jeu, ne serait-ce que parce que le base-ball, depuis qu'Abner Doubleday l'inventa en 1839, est une partie intégrale du mode de vie américain. À la différence du football ou du hockey, le base-ball est un sport "littéraire", qui a servi de décor à d'innombrables romans et films. Et de nombreux grands joueurs de base-ball – Babe Ruth, Joe DiMaggio, par exemple – sont devenus de véritables stars.

Dans le base-ball, un *pitcher* (lanceur) lance une balle à une vitesse pouvant atteindre 160 km/h vers un *batter* (tapeur) qui essaie de la frapper. Le *batter* prend souvent un grand élan pour frapper la balle, et la rate – c'est ce qu'on appelle un *strike*. Au bout de trois strikes, il est remplacé. Mais s'il touche la balle à l'intérieur de sa zone de jeu, il court à la première *base* (marque sur le sol) ; un joueur doit courir jusqu'aux quatre bases pour donner un point à son équipe. Plus il renvoie loin la balle, plus il pourra courir d'une base à la suivante ; et s'il arrive à faire le tour des quatre bases, alors il pourra fêter un triomphal *home run*.

En dehors du base-ball, le seul autre sport qui fasse délirer les foules américaines est le **football américain** (très différent du *soccer* ou du football européen). Chaque dimanche d'automne, ce sport rassemble 70 000 spectateurs dans les tribunes, plus les quelques millions qui regardent les matches à la télévision. Au palmarès des émissions

Foto: IPGGutenbergUKLtd (iStockphoto)

de télévision les plus regardées de l'histoire, le *Super Bowl* annuel détient 5 des 10 premières places : env. 38 millions de foyers regardent ce spectacle en janvier.

Si le base-ball est élégant, le football est agressif et très "physique", au sens littéral : en effet, une grande partie du jeu semble se terminer en un enchevêtrement de corps empilés les uns sur les autres. Chaque équipe tente de se frayer un chemin à travers les rangs de l'équipe adverse pour déposer un ballon de cuir ovoïde, ou *pigskin*, derrière la ligne des buts. Pour un sport baptisé "football", les pieds n'ont pas un grand rôle, mais il arrive que les joueurs envoient le ballon au-dessus des poteaux de but, pour un *field goal*.

En hiver, le **basket-ball** vient s'ajouter aux grands sports américains (le hockey a aussi ses partisans passionnés). Si la couleur de la peau est devenue indifférente dans la plupart des sports professionnels aux USA depuis que le premier Afro-Américain – Jackie Robinson, star des Brooklyn Dodgers – est entré dans une ligue de base-ball connue en 1947, le sport professionnel n'est plus réservé aux seuls Blancs ; c'est au basket en particulier que les joueurs noirs se sont illustrés. Tous les faubourgs des villes américaines ont leur terrain de basket-ball – souvent une simple surface cimentée, avec un panier de chaque côté –, et pour nombre de jeunes joueurs doués, ce sport est le ticket de sortie du ghetto et d'entrée dans le stade. Certains étrangers réussissent aussi à percer comme Tony Parker, qui joue pour l'équipe des Spurs de San Antonio, ou Joakim Noah, qui a joué pour les Chicago Bulls.

Dans les collèges et les universités, on pratique aussi avec grand enthousiasme le football et le basket, et les matches qui s'y déroulent sont suivis de près par les médias. Et il n'y a pas que les collèges : traversez n'importe quelle petite ville des USA par un vendredi soir d'automne, et vous verrez la plus grande partie de la population assister au match de football de la *high school* locale – surtout si c'est l'occasion d'opposer deux écoles rivales.

Foto: vuk8691 (iStockphoto)

"GO WEST!"

Un voyage à travers la Terre Promise

L'Amérique n'est jamais tant l'Amérique que dans ses contrées les plus éloignées d'Europe : dans les métropoles de la côte Ouest, les canyons de l'Utah et du Colorado, les vallées des Montagnes Rocheuses, les salles de jeux de Las Vegas, les *pueblos* d'Arizona ou dans les villes fantômes désertées du Nevada. L'Ouest américain est un mythe, une légende, voire une idéologie. Dès la fin du XIXe siècle, le Far West (les Américains utilisent le terme de *Wild West*), réputé dangereux et indompté, appartenait déjà à l'histoire.

C'est en 1893 que le mythe de l'Ouest vit le jour, quand l'historien américain Frederick Jackson Turner publia sa célèbre thèse sur la *frontier* américaine. Selon lui, les immigrants européens ne pouvaient devenir d'authentiques Américains qu'à la frontière avec le monde sauvage, frontière qui se déplaçait toujours plus loin vers l'ouest. Pour lui, ce nouveau type d'homme n'avait plus rien à voir avec l'Europe, l'expérience de la "frontière" en faisant des individualistes incorruptibles et par conséquent plus démocratiques. Les historiens contemporains réfutent aujourd'hui cette thèse qui aurait idéalisé la vie réelle à la frontière et contribué à la naissance de la légende.

La conquête de l'Ouest

La mythe de la Frontière dissimule un aspect sombre de l'histoire américaine car le Far West n'était pas une terre vierge. Bien avant l'arrivée des Blancs vivaient en Amérique du Nord entre 4 et 10 millions d'Amérindiens. En 1890, on n'en comptait plus que 300 000.

À gauche : à midi, c'est l'heure du show à Tombstone (110 km au sud-est de Tucson/Arizona).

Les premières expéditions vers l'ouest – la plus célèbre étant celle de Lewis et Clark de 1804 à 1806 – établirent des contacts amicaux avec la plupart des tribus qu'elles rencontrèrent. Mais les générations de colons, chercheurs d'or et éleveurs qui suivirent se livrèrent à une véritable guerre d'extermination. Le génocide des Amérindiens – Sioux, Apaches, Cheyennes et Nez-Percé et bien d'autres nombreuses tribus – est encore aujourd'hui le chapitre le plus sombre de l'histoire des USA.

Il est intéressant de noter que, dans les recensements récents, de plus en plus de citoyens américains se sont déclarés d'origine indienne : près de 3 millions en 2008, soit 1 % de la population, plus du double qu'il y a trente ans. Quoi qu'il en soit, les guerres indiennes sont toujours un sujet délicat dans la vie publique américaine. Au XIXe siècle, les nordistes étaient conscients de l'injustice que représentait l'institution sudiste de l'esclavage. Mais en dehors de quelques réactions outragées à la suite des atrocités les plus spectaculaires commises par l'armée, l'élite intellectuelle de la côte Est se désintéressait plutôt des guerres indiennes. Cela n'est guère surprenant à la lumière de la croyance fort répandue parmi les Américains depuis 1840 en un "destin manifeste" : l'idée était que le destin manifestement d'origine divine des immigrants blancs était de conquérir tout le continent – et c'est ce qu'ils firent.

Historiquement, la tendance a toujours été de définir "l'Ouest" comme les territoires dépourvus de toute ciivilisation, au-delà des zones de colonisation les plus occidentales. Si, au XVIIIe siècle, les "territoires du Nord-Ouest" s'étendaient au sud des Grands Lacs, le même terme s'appliquait, un siècle plus tard, à ce qui forme aujourd'hui les États de l'Oregon et de Washington, sur la côte nord du Pacifique.

À l'issue de la victoire de la Grande-Bretagne dans la guerre coloniale contre la France, le souverain d'Angleterre

Foto: Archiv für Kunst und Geschichte, Berlin

Georges III fit une Proclamation royale en 1763 fort impopulaire car elle interdisait aux colons blancs de s'accaparer les terres indiennes à l'ouest des Appalaches.

Cependant, après que les colons américains eurent gagné la guerre d'Indépendance en 1776, la jeune nation reprit son expansion jusqu'en Floride au sud et aux Grands Lacs au nord. En 1803, l'achat de la Louisiane à la France doubla la superficie des États-Unis. Au départ, les négociateurs n'avaient prévu de discuter avec Napoléon que de l'achat de la Nouvelle-Orléans, mais l'Empereur leur offrit la totalité du territoire qui s'étendait du Mississipi aux Montagnes Rocheuses pour la somme ridicule de 15 millions de dollars. La frontière se déplaça ainsi vers l'ouest de 1 600 km d'un seul coup. Après cet achat de terres, le plus important de l'histoire de l'humanité, un flot continu de colons se déversa vers l'ouest. En 1830, un quart seulement des Américains vivait à l'ouest des Appalaches ; en 1850, ils étaient déjà la moitié. Le gouvernement des États-Unis signait des accords avec les Indiens, puis les dénonçait au bout de quelques années. L'annexion de la République du Texas et la fin de la guerre avec le Mexique (1846-1848) donnèrent aux USA la totalité du sud-ouest du continent.

C'est vers cette époque que prit corps le mythe du *Wild West*, l'Ouest sauvage. Naturellement, les clichés sur les cowboys et les Indiens n'ont que peu de rapport avec la réalité, à quelques exceptions près. La vie quotidienne dans l'Ouest au XIXe siècle était bien différente. Pour commencer, les colons qui se frayaient un chemin vers l'ouest par l'Oregon Trail et d'autres pistes trouvèrent souvent un sol si peu fertile qu'on ne pouvait l'utiliser que pour faire paître du bétail. Et c'est l'or qui poussa des milliers d'aventuriers – dont bien peu s'enrichirent – vers l'Utah, le Colorado et

Ci-dessus : les Rocheuses (Rocky Mountains) étaient le principal obstacle pour les convois de colons en route vers l'Ouest. Lithographie en couleur de 1875.
Ci-contre : la ville fantôme de Goldfield.

Foto: Oliver Antony

la Californie. Quelques villes fantômes, dans les désert salés et les vallées des Rocheuses, sont aujourd'hui les seuls témoins de la ruée vers l'or.

La dernière grande vague se produisit entre 1870 et 1900, grâce aux nouvelles voies ferrées qui amenèrent deux millions de colons à la frontière. Le "cheval de fer", comme les Indiens appelaient la locomotive à vapeur, galopait à travers tout le continent. Le 10 mai 1869, les voies de la *Union Pacific* et de la *Central Pacific* se rejoignirent près de Promontory Point, dans l'Utah, formant la première liaison transcontinentale des USA. Les trains amenèrent vers les prairies du Far West des chasseurs de la côte Est qui anéantirent presque complètement les troupeaux de bisons, privant les tribus indiennes de leur principale source de nourriture. En 1868, le déjà célèbre Buffalo Bill pouvait ainsi se vanter d'avoir abattu 4 300 bisons en huit mois à peine. Vers 1900, les quelque 32 millions de buffles d'Amérique du Nord avaient presque tous disparu. Lorsque Frederick Jackson Turner publia sa thèse sur la *frontier* en 1893, le sujet même de ses pensées avait donc pratiquement disparu.

Mais le mythe a survécu. Tout comme les immigrants allemands et scandinaves qui arrivèrent en masse au siècle dernier au Kansas et au Wisconsin, ce sont aujourd'hui les Mexicains qui viennent par camions entiers en Californie et au Texas pour réaliser leur propre version de l'*american dream*. Mais il y a loin de la coupe aux lèvres. Là où ils viennent chercher prospérité et fortune, de nombreux *Chicanos*, comme on appelle souvent les Mexicains aux USA, se retrouvent pris aux pièges de la pauvreté et du désespoir.

L'Amérique et le Far West

C'est dans l'Ouest que l'Amérique s'est forgée une identité et est devenue le pays qu'elle est aujourd'hui. "*Go West young man, and grow up with the country*" (Pars à l'Ouest, jeune homme, et grandis avec le pays), conseillait l'écrivain américain Horace Greeley il y a plus

Foto: Randi Slaughter (iStockphoto)

Ci-dessus : les Indiens furent les grands perdants de la conquête vers l'Ouest par les Blancs. Ci-contre : l'individualisme a une grande valeur.

de 150 ans. Et celui qui partait dans l'Ouest revenait transformé.

Le Far West donna à la nation entière de nouvelles impulsions sociales et politiques, et fit de l'Amérique la puissance économique et politique qu'elle est devenue. La Prairie, les Rocheuses et la côte Pacifique étaient vierges, excitantes, jeunes, sauvages et sans pitié. Quiconque voulait survivre dans l'Ouest, qu'il soit pionnier, éleveur ou chercheur d'or, ne pouvait compter que sur lui-même. Mais s'il s'en sortait, il pouvait réussir partout ailleurs. L'Ouest avait ses propres lois – dans les bons et mauvais sens du terme – dictées par les âpres conditions de vie.

Les femmes, qui mettaient la main à la pâte autant que les hommes, eurent le droit de vote dès les années 1860. Les armes d'abord, puis les dollars plus tard, dictaient ici les lois. C'était la loi du plus fort qui prévalait et qui fut employée d'abord contre les Indiens, puis contre les nouveaux arrivants de l'Est, et finalement, quand la terre se fit rare, contre ses propres voisins.

La mentalité américaine

L'histoire de l'Ouest américain a influencé, si ce n'est créé, la mentalité des hommes qui vivent au-delà du Mississipi. Et cet héritage historique est encore évident de nos jours. Nombre de bons côtés et de traits de caractère américains qui frappent tant le visiteur européen remontent à l'ère des pionniers.

L'un des plus surprenants aspects de la mentalité de l'Ouest est la tension constante qui existe entre d'une part un individualisme poussé à l'extrême et d'autre part une forte solidarité sociale. C'est certes une contradiction, mais les État-Unis sont bien assez vastes pour vivre avec cette dualité.

Les Américains de la côte Ouest ou du Middle West seraient plus amicaux et hospitaliers que leurs concitoyens de la côte Est : s'il vous arrive d'être en panne sur l'autoroute, vous pouvez être sûr que quelqu'un s'arrêtera pour vous aider. Mais par ailleurs, les hordes de *homeless*, les sans-logis des métropoles commes Los Angeles, n'ont rien à espérer de quiconque. C'est pourtant dans cette même ville que des milliers de gens dépensent sans compter pour sacrifier au culte typiquement californien de la jeunesse et de la beauté, consacrant tout leur temps libre à des activités de loisirs poussées à l'excès comme pour échapper à l'ennui.

Pourtant, ces mêmes individus égocentriques et narcissiques peuvent soudain faire front commun, comme la population de New-York le prouva après l'attentat du 11 septembre 2001. Dans de tels moments, la démocratie *grass-roots* (à la base) se réveille dans la communauté et on assiste par ex. à des campagnes pour la construction d'une nouvelle école ou à des pétitions.

Foto: Riccardo Spila (SIME/Schapowalow)

Ces Américains deviennent alors *community oriented*, leur sens de la communauté reprend le dessus, et ils se dévouent sans compter pour une cause – même s'il s'agit de quelque chose d'aussi trivial que le nettoyage d'une portion d'autoroute. Ce paradoxe (individualisme et esprit de groupe) découle directement de l'époque des pionniers. Lorsque le plus proche voisin vivait à 80 km, au cœur d'un pays sauvage, la solidarité seule permettait de survivre en cas de besoin. Mais dès que les difficultés avaient disparu, ce même voisin redevenait un concurrent dans la quête de nouvelles terres, de nouvelles ressources ou de pouvoirs.

Les rapports entre les côtes Est et Ouest ne sont pas exempts d'animosité. La bonne société de l'Est regarde de haut les fermiers et éleveurs du Middle West qu'elle considère comme des ploucs (*rednecks*) naïfs et grossiers. Les habitants de l'Oklahoma et du Kansas sont la cible de blagues et de railleries du reste du pays. Il y a dans ces blagues une part de vérité, dans la mesure où c'est surtout au centre du pays que l'on trouve ces Américains patriotiques et vivant dans la crainte de Dieu, durs à la tâche, conservateurs, réactionnaires. On appelle d'ailleurs cette partie du pays *the American Heartland*, le cœur de l'Amérique. Et c'est bien là que l'Amérique semble la plus américaine.

Les métropoles de la côte Ouest, Los Angeles et San Diego en particulier, font également l'objet de moqueries des habitants de New York ou Boston. Selon ces derniers, la vie sous le soleil de Californie est artificielle, superficielle, sans règles de vie, sans mesure et sans morale. Ces dernières années, des politiciens de la lointaine Washington se sont mis à présenter Hollywood comme la responsable de la décadence morale du pays tout entier. Aujourd'hui, tous les maux qui s'abattent sur les États-Unis semblent venir de l'Ouest, même si certains des hommes politiques les plus en vue sont eux-mêmes nés au-delà du Mississipi. Ceux qui parcoureront l'Ouest pourront se faire leurs propres jugements sur tous ces préjugés.

"On the Road"

La voiture est le moyen de locomotion idéal pour découvrir l'Amérique. Les autoroutes éternellement droites à travers des étendues interminables plongent le conducteur dans une plaisante somnolence. À la différence de la plupart des Européens, les Américains considèrent la voiture comme une manière agréable de voyager, plutôt que comme un mal nécessaire et fatigant. Et ils sont en déplacement constant. On trouve pratiquement tout dans les *drive-thru* (magasin) et on pourrait passer toute sa vie à se déplacer, sans jamais s'arrêter vraiment quelque part.

C'est ainsi que les Américains vivent dans l'Ouest depuis plus d'un siècle. Si on ne se plaît pas à un endroit, on va voir plus loin. En moyenne, les Américains déménagent sept fois et changent d'emploi huit fois au cours de leur vie.

Ci-dessus : des routes sans fin sillonnent le pays.
Ci-contre : parade de Harley Davidson sur Cabrillo Boulevard, à Santa Barbara.

Être *on the move* (en mouvement) est chose normale. En témoignent les nombreux mobile-homes (*trailer homes*) dans le sud-ouest et les énormes camping-cars Winnebago, avec lesquels des couples de retraités parcourent le pays entier.

Aux USA, l'automobile reste le symbole de la liberté et du possible. Le *hobo* (ouvrier agricole) voyage dans des trains de marchandises à la recherche d'un boulot. Le vagabond (*tramp*) profite de tous les véhicules qui passent. Le hippie d'antan s'est usé le pouce à découvrir tout le pays. Tous sont des nomades des temps modernes, des mythes américains. Ils sont la réincarnation contemporaine du cow-boy et Hollywood a usé et abusé mille fois, jusqu'à en lasser les spectateurs, des clichés sur les durs-à-cuire à cheval et sur la grandeur des paysages sauvages. Le véritable *Wild West* y a ainsi rendu l'âme une seconde fois.

L'industrie du cinéma a ensuite fait la part belle au "cow-boy motorisé", dans un genre à part, le "road movie". L'*Easy*

Foto: Bernd Jonkmanns (Hundertprozent)

Rider traversant les States en Harley est une vision moderne de l'archétype du héros américain, au même titre que le camionneur solitaire.

Le roman culte *Sur la route* ("On the Road", paru en 1957) de Jack Kerouac, l'écrivain le plus célèbre de la *beat generation*, a aussi pour sujet les errances d'un héros sillonnant le pays dans des trains de marchandises, des camions et des voitures volées.

Les États de l'Ouest

Les superbes étendues de l'Ouest ébahirent les premiers colons espagnols puis ceux qui leur succédèrent. La faune et la flore, inconnues dans la vieille Europe, participaient de cet étonnement. De nos jours, l'incroyable étendue de ce pays se mesure à la densité de la population : 30 habitants au kilomètre carré, contre 115 en France, par exemple. Un cinquième de la population vit dans les 17 États situés entre Kansas City et San Francisco, soit 4,8 millions de kilomètres carrés, la moitié de la superficie du pays.

La Californie incarne à elle seule la côte Ouest, la Terre Promise par excellence. Aucun autre État américain n'a autant promis à ses nouveaux arrivants, et n'a autant donné corps à ses promesses. L'or, les prairies fertiles, les pâturages et les eaux poissonneuses ont attiré les conquérants et les aventuriers. De nos jours, avec environ 38 millions d'habitants, la Californie est l'État le plus important de l'Union sur le plan économique. Sa tradition politique libérale, qui culmina avec le mouvement du *Flower Power* dans les années 1960, en a fait le phare culturel et politique de l'Occident.

De nos jours, ce sont les industries de pointe installées entre Los Angeles et San Francisco qui attirent ceux à la recherche d'un emploi – mais cette fois-ci dans le domaine technique. En retour, la technologie développée ici influence profondément le reste du monde. Certes, la Californie, l'"État du soleil", a ses pans d'ombre, mais quelques tremblements de terre n'ont pu ternir l'attraction exercée par le *golden dream* (rêve

Foto: Oliver Antony

doré) de la côte Ouest. Cependant, la criminalité et le chômage en augmentation dans les villes, les hausses des loyers lui ont fait perdre un peu de son lustre. Certains habitants de Californie ne se sentent plus en sécurité dans leur propre contrée. Il n'est pas étonnant que certains États, comme Washington ou l'Orégon, soient devenus de véritables alternatives à la Californie.

Les États du Sud-Ouest, eux, sont généralement arides et peu peuplés. Les paysages de l'Arizona, de l'Utah, du Nouveau-Mexique et du Nevada sont faits de montagnes et de déserts déclinés dans toutes les couleurs de la terre. Les levers et couchers de soleil y offrent des tableaux vibrants de rouges, d'ocres et de bruns. Un voyage dans le Sud-Ouest vous mènera aux sites historiques de cultures indiennes disparues et dans des réserves, dans lesquelles vivent toujours les descendants des premiers habitants. Entre-temps, le Sud-Ouest a développé sa propre culture avec sa cuisine, sa mode et même son argot.

Ce sens de l'indépendance est encore plus prononcé dans l'État voisin du Texas. Il est aussi bien plus ancien, puisqu'il est né au milieu du XIXe siècle. Le Texas est aux Américains ce que la Bavière est aux Allemands, le Pays de Galles aux Anglais et la Provence aux Français. Tout ici est différent, plus grand, plus détendu et, par dessus tout, plus riche. Le Texas, cela signifie de larges chapeaux Stetson mais aussi des cow-boys, des puits de pétrole et des métropoles florissantes comme Dallas, Fort Worth ou Houston.

Au nord de ces États, les Rocheuses (*Rocky Mountains*), chaîne de montagne la plus longue d'Amérique du Nord, s'étirent du nord au sud et traversent le Colorado, l'Idaho (peut-être le plus bel État américain), le Nebraska, le Wyoming et le Montana. En dépit des problèmes d'environnement, les Rocheuses à la beauté intacte et à couper le soufle n'ont leur pareil nulle part ailleurs sur

Ci-dessus : Wupatki, vestiges d'une culture indienne disparue. Ci-contre : les immigrants asiatiques ont réussi économiquement.

Foto: Markus Kirchgessner

tout le continent. Sur la côte nord-ouest bordant le Pacifique, on trouve encore des lacs de montagnes clairs et calmes blottis dans des coins retirés. L'Oregon et l'État de Washington sont des destinations touristiques récentes pour les touristes européens. Certains endroits et forêts de cette région ont gardé leur beauté virginale d'avant la conquête et la colonisation. Et même dans les villes modernes comme Portland ou Seattle, on ressent toujours que les Américains ne se sont implantés ici qu'il y a 150 ans.

L'avenir est à l'Ouest

L'Ouest aime encore à se voir comme jeune, indiscipliné et tourné vers l'avenir. C'est là que se concentre le moteur économique et technologique de la nation. Le Kansas et le South Dakota sont les greniers à blé du pays. Le Texas, le Nebraska et l'Oklahoma alimentent en bœuf la moitié du monde. Le Texas, la Californie, l'Oklahoma et le Wyoming produisent deux fois plus de pétrole que l'Alaska. Une grande partie de l'industrie aéronautique et de l'armement s'est établie dans l'État de Washington, en Californie et au Texas. Les géants de l'informatique et les entreprises de recherche en génétique ont installé leurs laboratoires du futur sur la côte Ouest et dans la Salt Lake Valley, dans l'Utah.

En tant que 8e puissance économique mondiale, la Californie est à l'avant-garde des nouvelles tendances. Sous l'ex-acteur autrichien (*Terminator*) et culturiste Arnold Schwarzenegger, qui fut gouverneur de cet État de 2003 à 2011, le *Golden State* a joué un rôle de précurseur en matière de protection de l'environnement et d'énergies renouvelables et a trouvé un soutien dans l'engagement écolo du gouvernement d'Obama. En outre, passer du statut de M. Muscle immigré sur Venice Beach à celui de gouverneur à Sacramento, voilà une sacrée carrière bien américaine ! En raison de la sécheresse persistante, le nouveau gouverneur de Californie (depuis 2011), le démocrate Jerry Brown, a pris des mesures draconiennes pour réduire le gaspillage de l'eau.

photoquest7/iStockphoto

Los Angeles, qui compte des millions d'habitants, est nichée entre mer et montagnes.

Foto: Salvio Parisi (SIME/Schapowalow)

DE LOS ANGELES À PHOENIX

LOS ANGELES
SAN DIEGO
LE DÉSERT DE SONORA
DE L'OUEST DE L'ARIZONA À PHOENIX

Pour être au top de la mode, il vous faudra deux paires de lunettes : un modèle chic pour Los Angeles et un autre arrêtant les UV pour rouler dans le désert. Comme si ces dernières étaient des lunettes de réalité virtuelle, les ondes de chaleur qui s'élèvent du sol font parfois apparaître des images contrastées comme des mirages, qui opposent l'opulente Beverly Hills aux simples missions espagnoles, les luxueuses stations balnéaires aux villes fantômes, les parcs nationaux à la nature vierge aux métropoles modernes nichées en plein désert. Le tour suivant vous fera découvrir l'Old West (Vieil Ouest), dont le mythe perdure aujourd'hui.

★★Los Angeles

Ce tour débute sur la côte californienne à **★★Los Angeles ❶**, cité des stars du cinéma, qui s'étend comme une pieuvre géante dans un rayon de 120 km. C'est sur les Highways à six voies qui traversent la ville de part en part qu'apparaît le mieux son caractère. Les voitures les plus cools – Corvettes rouges, vieilles Chevies et "low-rider" El Camino côtoient de longues limousines blanches aux vitres teintées. Le culte du corps a le vent en poupe sur les longues plages de sable où des hommes musclés et enduits d'huile s'entraînent au soleil. Bienvenue à Los Angeles, la Cité des Anges. Avec son ciel presque toujours bleu (souvent assombri par le smog) et l'aura clinquante que lui confère Hollywood, le Los Angeles des gens riches et beaux fait l'effet d'un monde de rêve factice. Cependant, les problèmes spécifiques de L.A. – tremblements de terre, désordres raciaux, criminalité liée à la drogue et incendies de forêts dans les quartiers chics – viennent troubler le sommeil de plus d'un nanti.

Fondé en 1781 par onze familles espagnoles, le centre de la ville compte aujourd'hui 3,7 millions d'habitants, et l'agglomération plus de 14. Emblème du melting-pot américain, que ce soit de *Koreatown* à *Little Tokyo*, du ghetto noir de Watts aux *barrios* hispaniques d'East L.A., cette ville est toujours sous pression, bouillonne et parfois déborde.

Il existe toujours des quartiers dangereux à Los Angeles où des gangs armés se livrent des combats de rue sans merci. Bien que les médias aient parfois tendance à couvrir ces faits avec exagération, il est cependant préférable d'éviter les rues et quartiers peu sûrs.

Curiosités à visiter à Los Angeles

Le **Wilshire Boulevard** est bordé d'une série de musées, dont le **★★Los**

À gauche : on peut explorer la côte Pacifique-Los Angeles à vélo de location.

» Carte p. 40-41, plan de ville p. 36, fiche pratique p. 47

Angeles County Museum of Art ①, un chef-d'œuvre de l'architecture où sont présentées des collections d'art de la préhistoire à nos jours. Le musée attenant, le **Broad Contemporary Art Museum**, signé Renzo Piano, mérite une visite, de même que **La Brea Tar Pits** ("puits d'asphalte") qui se trouve non loin de là et abrite plus de 200 sortes de fossiles, exposés au **Page Museum**.

Le quartier d'**★El Pueblo** ②, où se dressent les plus anciennes constructions de la ville, constitue le cœur historique de Los Angeles. En se promenant dans la **Olvera Street**, on découvre l'héritage hispanique de la ville, tandis que **Chinatown** (au nord ; Hill Str. / Alpine Str.) et **Little Tokyo** (au sud ; Alamerda Str. / First Str.) baignent dans une atmosphère tout asiatique. À l'est du Pueblo domine la **Union Station**, une gare attrayante de 1939, qui a déjà servi de cadre à de nombreuses séries policières.

Ci-contre : boutique de luxe à Beverley Hills.
À droite : cascadeurs en action dans les célèbres Universal Studios d'Hollywood.

Au sud du vieux centre, le **Civic Center** ③ et le **★City Hall** offrent un panorama sur la ville. 300 m plus à l'ouest surgit l'impressionnant **★Walt Disney Concert Hall**, chef-d'œuvre dû à Frank Gehry. Au sud-ouest du City Hall, les multiples boutiques sur **Broadway** et le **Grand Central Market**, avec plus de 50 échoppes, attirent une foule de badauds. Au sud, le mégacomplexe **L.A. Live** abrite le **Nokia Theater**, le **Staples Center** (arène pour concerts et événements sportifs) et le **Grammy Museum**.

Connu depuis les années 1930, **Sunset Strip** ④, situé entre Hollywood et Beverly Hills, est le haut lieu de la vie nocturne. Aujourd'hui comme hier, mieux vaut découvrir en cabriolet cette artère riche en tradition, qui fait partie du légendaire **★Sunset Boulevard**.

★Mulholland Drive ⑤, longue rue connue de LA, déroule ses lacets depuis les collines de Hollywood, à travers les **★Santa Monica Mountains** verdoyantes avant d'arriver presque jusqu'à l'océan – les loueurs d'Harley Davidson la recommandent à leurs clients.

» **Plan de ville p. 36, fiche pratique p. 47**

Foto: Bodo Bondzio

Foto: Holger Hühn

Dans le Westside, entre La Cienaga et Beverly Boulevard, le **Beverly Center** ⑥ invite les visiteurs à venir faire leurs emplettes dans les rayons répartis sur de nombreux étages. On explorera plutôt à pied la plus élégante rue commerçante de **Beverly Hills**, appelée **★Rodeo Drive** ⑦. La foule se presse (surtout la nuit) sur **Melrose Avenue**, un autre point de rencontre à la mode, où s'exhibent des rockers en herbe. On trouve de nombreuses boutiques et petits magasins entre **Fairfax** et La Brea.

Le quartier de **Wilshire Boulevard** et **★Miracle Mile** ⑧ à Hollywood sont des secteurs où les Angelinos adorent pratiquer le *cruising*, sorte de parade ou de promenade en voiture, pour se rendre de Beverly Hills au centre de L.A.

Dans les montagnes brille le célèbre logo d'Hollywood. Parmi la pléiade de curiosités que compte **★Hollywood**, mentionnons l'exotique **TLC Chinese Theater** ⑨ (ancien **Grauman's**), temple du cinéma le plus connu au monde, où les stars sont immortalisées avec les traces de leurs pieds et de leurs mains dans le ciment de l'arrière-cour. Là commence aussi le **Hollywood Boulevard** avec le **★Hollywood Walk of Fame**, ce trottoir recouvert d'**étoiles de marbre** gravées des noms de plus de 2 100 stars; celle de Michael Jackson se trouve juste à côté du Chinese Theater. À quelques pâtés de maisons de là (au niveau de Vine Street), une autre étoile sur Sunset Boulevard rend aussi hommage à Michael Jackson – elle honore les Jackson Five, groupe de musiciens composé des membres de sa famille, où le petit Michael débuta sa carrière. Les Oscars sont remis au **Kodak Theatre**, qui fait partie du Hollywood & Highland Center.

Les **★★Universal Studios Hollywood** ⑩ (à l'ouest du Griffith Park, accès possible aussi par le Hollywood Freeway) proposent divers shows dans des simulateurs de vol et des mini-volcans. Juste devant les Universal Studios, le **Universal City Walk**, artère commerçante et de loisirs, est prise d'assaut le samedi soir par les Angelinos qui envahissent les cinés, les champs de course virtuels et les multiples restos et clubs.

» **Plan de ville p. 36, fiche pratique p. 47**

Foto: Stella Levi (iStockphoto)

Dans le Griffith Park, le **Autry National Center** ⑪ évoque l'Ouest sauvage.

Le **Museum of Tolerance** ⑫ témoigne des heures sombres du racisme en Amérique et de l'Holocauste.

Le **Hammer Museum** ⑬ présente d'intéressantes expositions (surtout peinture européenne à partir de 1500).

La collection Getty se trouve à l'ouest de l'Interstate 405, dans le nouveau **★★Getty Center** ⑭, espace de 50 ha contenant des œuvres d'art de qualité issues du monde entier.

À **Malibu**, sur la Pacific Coast Highway, la **★★Villa Getty** ⑮ expose des œuvres de l'Antiquité.

Les stations balnéaires de **Pacific Palisades** ⑯, Santa Monica et Venice ont chacune une ambiance particulière.

Sur le **★Pier** ⑰ de la ville de **Santa Monica**, on pourra monter sur un **manège** ancien. Les boutiques de la **Third Street Promenade**, une zone piétonne, sont idéales pour faire du shopping. Jalonné de restaurants et de magasins de souvenirs, l'**★★Ocean Front Walk** – lieu incontournable pour les touristes de Californie – sur la **plage de sable** de **★★Venice Beach** ⑱ tient lieu de scène aux amateurs de body-building, de rollers et aux artistes qui aiment parader.

Ci-dessus : jolie plage de sable dans la ville soignée de Santa Monica. Ci-contre : artistes de rue à Venice Beach.

En direction du sud sur la ★★Pacific Coast Highway

L'itinéraire suivant mène de **Los Angeles** ❶ à San Diego dans le sud. Il vous fera passer par **Long Beach** ❷ (où est ancré le **Queen Mary**, l'un des plus grands paquebots de croisière du monde avec boutiques, hôtels et restaurants) et **Newport Beach** ❸. Ces deux stations haut de gamme en bord de plage sont réputées pour être des villes résidentielles destinées à une clientèle très aisée. Entre les deux se trouve **Huntington Beach** ❹, haut lieu du surf.

Si vous voyagez avec des enfants, faites une halte à 25 miles à l'est, à la

» Plan de ville p. 36, carte p. 40-41, fiche pratique p. 47

Foto: Andrea Alborno (SIME/Schapowalow)

Knott's Berry Farm, un grand parc de loisirs centré sur les personnages de la bande dessinée *Peanuts*.

Au sud-est de cette "ferme", à **Anaheim**, se trouve ★★**Disneyland** ❺, fondé en 1955 par Walt Disney. Vous y rencontrerez Mickey et sa famille grandeur nature, vous voyagerez dans l'espace et le temps dans l'un des sept parcs à thèmes. Une de ses nouvelles attractions est le **California Adventure Park** avec des montagnes russes.

Le parc de loisirs **Six Flags Magic Mountains**, à l'extrémité nord de L.A., recèle aussi de vertigineuses montagnes russes.

À **Yorba Linda** ❻, au nord d'Anaheim, le **Richard M. Nixon Presidential Center** renferme la maison natale du président ainsi qu'un **musée**.

La célèbre autoroute côtière ★★**Pacific Coast Highway** (Highway 1) est époustouflante avec ses panoramas de vagues écumantes et de falaises escarpées. Au printemps, un tapis de fleurs blanches et roses recouvre les falaises au niveau de **Laguna Beach**.

Plus à l'est, sur l'I-5, se trouve **San Juan Capistrano** ❼, la plus ancienne ville de l'**Orange County**. L'Orange County eut longtemps la réputation d'être la commune qui se développait le plus rapidement des États-Unis – jusqu'à ce qu'elle soit acculée à la ruine en 1994, à la suite de spéculations en bourse par ses administrateurs.

La ★**Mission San Juan Capistrano** sur le **Camino Real** ("voie royale") est l'une des 21 missions construites à la fin du XVIIIe siècle, à un jour de cheval les unes des autres. Cette mission est célèbre pour ses myriades d'hirondelles qui y font halte chaque année à la même époque.

Dans l'élégante station balnéaire de **Del Mar** ❽ se déroule chaque été la *Del Mar Fair*, une foire qui attire beaucoup de monde.

À 14 miles au nord de San Diego, la pittoresque ville universitaire de **La Jolla** ❾ est le siège de la renommée Scripps Institution of Oceanography qui abrite le **Stephen Birch Aquarium and Museum** et la **University of California**.

» Carte p. 40-41, fiche pratique p. 47

★San Diego

★San Diego ⑩ (1,2 million d'hab.), la 2e plus importante ville de Californie, fait vite oublier Los Angeles par son architecture de style hispanique, sa vue sur l'océan, sa flore luxuriante et ses rues calmes. Pour goûter au charme de la ville, il suffit d'emprunter les larges boulevards qui longent la mer.

La **Mission Bay**, au nord-ouest de la City, est un Eldorado pour les fans de sports nautiques et recèle le zoo marin connu de **★★Sea World**. De fins spectacles de dauphins et d'orques et des montagnes russes y attendent les visiteurs. Grâce à la douceur du climat méditerranéen, les palmiers, les yuccas et une grande variété de buissons fleuris poussent ici en abondance. Cette ville d'un million d'habitants passe pour être un véritable paradis sur terre et compte aussi, signalons-le, le plus grand nombre de terrains de golf par habitant que toute autre ville américaine.

San Diego est aussi considéré comme le berceau de la Californie, car c'est dans la baie de San Diego qu'accosta, en 1542, l'explorateur portugais Juan Rodriguez Cabrillo. Elle reste toujours un port important, et abrite des bases navales de la Garde côtière américaine et de la Marine.

Le **Cabrillo National Monument**, aménagé comme un parc, et le petit **Point Loma Lighthouse** (phare), installés sur le plus haut relief de la péninsule de Point Loma, offrent une vue superbe sur la ville et la mer scintillante. Le Mexique paraît tout proche, et il est possible de faire un crochet jusqu'à la ville mexicaine de **Tijuana** ⑪, pour goûter quelques *burritos* et *margaritas* et acheter des souvenirs bon marché. En aucun cas, il ne faut manquer la visite de la **Mission San Diego de Alcala**, magnifique ancienne construction pueblo, de même que la vieille ville de San Diego et son **Gaslamp Quarter**, quartier de style victorien, et le **Junipero Serra Museum**, dont le nom évoque le Franciscain qui, d'une certaine manière, fonda la Californie.

Le vaste **★★Balboa Park** compte plusieurs **musées** (entre autres sur les Indiens Pueblo, sur la flore tropicale), un **Science Center** avec un **cinéma Imax**, un théâtre, une orgue en plein air et des restaurants. Un quart du parc est occupé par le **★★San Diego Zoo**, qui attire de nombreux visiteurs. Il couvre plus de 250 ha et abrite 800 espèces d'animaux exotiques qui, du panda au kiwi de Nouvelle-Zélande, vivent dans des espaces adaptés. Le zoo s'est taillé une solide réputation grâce à ses travaux scientifiques visant à sauver les espèces en voie d'extinction.

Le Sonora Desert

En allant de Los Angeles à Palm Springs, on traverse le faubourg de **Riverside** ⑫, capitale des agrumes californienne. De nos jours, on peut encore voir le soi-disant premier oranger qui fut planté, en 1873, au coin des avenues Magnolia et Arlington.

» Carte p. 40-41, fiche pratique p. 47

En continuant vers l'est sur l'I-10, le paysage laisse peu à peu la place aux vastes espaces arides du **Sonora Desert**. Cette immense zone sèche s'étend de part de d'autre de la frontière entre la Californie et l'Arizona, et va jusqu'au Mexique ; elle constitue la plus grande partie du Sud-Ouest américain. Il y a plusieurs millions d'années, cette région était recouverte par la mer. Aujourd'hui, une maigre végétation pompe le peu d'humidité du sable. De nombreuses plantes ont une durée de vie très courte. Seuls échappent à la règle les cactus, capables d'emmagasiner de l'eau et d'atteindre plus de cent ans. Les températures l'été grimpent à 40 °C et il ne tombe que 7 cm d'eau par an, au printemps.

★Palm Springs

★Palm Springs ⓭, adorable villégiature en plein désert, se trouve au milieu de la Coachella Valley. Dans ce joyau scintillant, on peut tout faire : baignade, golf, tennis, randonnées à bicyclette et à pied, et on trouve tout : galeries marchandes, célébrités du show business – et surtout beaucoup de soleil.

Grâce à la proximité de Los Angeles, l'endroit attire les vedettes depuis les années 1930. Bob Hope, Frank Sinatra, Elvis Presley et les présidents américains Eisenhower, Kennedy, Johnson, Nixon et Ford ont passé ici leurs vacances. Il est devenu la terre de prédilection des riches et des stars, attirant ainsi dans leur sillage les touristes et les *snowbirds* (oiseaux d'hiver), à savoir les retraités du nord du pays en quête de soleil.

Arrêtez-vous au **Village Green Heritage Center** ou au **Palm Springs Desert Museum** pour connaître l'histoire de Palm Springs. La ville a été élevée sur le territoire d'Indiens Cahuilla, dont les descendants possèdent toujours une grande partie des terres communales. La région fut découverte en 1774 par des conquérants espagnols, qui appelèrent cet endroit Agua Caliente en raison de ses sources chaudes. Au XIXe siècle, Palm Springs était une étape sur la route des diligences, et on y

» Carte p. 40-41, fiche pratique p. 47

Foto: Bart Everett (Dreamstime)

construisit une gare pour le chemin de fer de la Southern Pacific Railroad.

Au **Moorten's Botanical Garden**, on admirera la végétation des zones désertiques. Ce petit parc fut créé il y a plus de 50 ans par Patricia et Chester "Cactus Slim" Moorten.

On approfondira ses connaissances en botanique dans le ★**Palm Canyon**, à 4 miles au sud de l'**Agua Caliente Indian Reservation** : dans cette oasis, quelque 3 000 palmiers bordent une rivière à la végétation luxuriante. Les palmiers californiens auraient 2 000 ans et offrent une ombre idéale aux pique-niqueurs. Dans les **Living Desert Zoo & Gardens** (480 ha) à Palm Desert, on peut observer les animaux sauvages dans leur environnement naturel.

L'★**Aerial Tramway** de Palm Springs vous mènera – du fond d'un canyon jusqu'à une altitude de 2 560 m – au ★**Mount San Jacinto State Wilderness Area**, dont vous pourrez faire l'ascension jusqu'au sommet.

Ci-dessus : joueurs de polo à Palm Springs, lieu de villégiature de rêve en plein désert. Ci-contre : une végétation semi-désertique parsème l'Anza-Borrego Desert State Park.

Dans les proches environs, à **Desert Hot Springs**, le **Cabot's Old Indian Pueblo Museum**, qui existe depuis 1913, présente des reproductions de maisons des Pueblos et des expositions de l'artisanat indien.

Colorado Desert

Dans le **Colorado Desert**, qui est en fait une partie du désert de Sonora mais est nommé ainsi à cause de la rivière qui le traverse, il y a deux vallées. Ces dernières sont devenues d'importants centres agricoles grâce aux techniques modernes d'irrigation : la **Coachella Valley** ⓮ au nord du grand lac d'eau salée **Salton Sea** (à 70 m en dessous du niveau de la mer) et, au sud, l'★**Imperial Valley** ⓯. Depuis cette zone d'agriculture intensive, irriguée artificiellement, située à la frontière mexicaine, on pourra faire un saut à la ville de **Mexicali** ⓰, au Mexique.

» Carte p. 40-41, fiche pratique p. 47

Foto: Manfred Braunger

À l'endroit où l'Imperial Valley jouxte l'Arizona à l'est, s'étire un paysage désertique impressionnant qui se caractérise par des **dunes de sable**. On y a d'ailleurs tourné des scènes des films *Laurence d'Arabie* et *Rambo III*. Aujourd'hui, des pilotes de buggy y mettent à épreuve leur habileté.

★Anza-Borrego Desert

La Highway 78 traverse l'★**Anza-Borrego Desert State Park** ⓱, à 90 miles à l'est de San Diego. Ce parc national, qui porte le nom de l'explorateur mexicain Juan Bautista de Anza, est le plus grand des États-Unis. Au printemps, ce vaste désert de sable de 2 000 km^2 (soit environ 100 km du nord au sud) se couvre de **cactus** en fleurs et de fleurs sauvages. Ses dunes de sable sont idéales pour faire du camping.

★Joshua Tree National Park

À l'est de Palm Springs s'étend le décor époustouflant du ★**Joshua Tree National Park** ⓲, un trésor naturel d'environ 2 300 km^2 consacré à la préservation des déserts du Mojave californien et du Colorado.

Dans les années 1920 et 1930, les défenseurs de la nature se mobilisèrent pour défendre cette flore qui disparaissait rapidement au profit de jardins privés. En 1936, cette réserve du désert fut créée pour protéger les cactus. Ce joli parc porte le nom du photogénique **arbre de Josué**, un yucca géant dont les branches peuvent atteindre plus de 9 m. Ce nom lui fut donné par les Mormons de l'Utah : la vue de ses longues branches leur rappelaient les bras levés de leur prophète Josué.

Dans la partie nord du parc, de bizarres **formations rocheuses** forment un terrain d'entraînement idéal pour les grimpeurs, notamment pendant la saison où il fait plus frais.

On accède à l'entrée nord du parc, où se trouve l'**Oasis Visitor Center**, par la Highway 62 ; et à l'entrée sud, **Cottonwood**, par la I-10. Ces deux entrées mènent au **Wonderland of Rocks**, à

» Carte p. 40-41, fiche pratique p. 47

Foto: Hubert Stadler

Ryan Mountain, Keys View et à la Lost Horse Goldmine. **A noter** : il n'y a ni eau potable, ni magasin dans le parc. Si vous comptez passer la nuit dans un camping, munissez-vous de suffisamment d'eau (disponible au Visitor Center) et mettez des vêtements appropriés pour pouvoir résister aussi bien à la chaleur torride de la journée qu'aux nuits très fraîches.

DE L'OUEST DE L'ARIZONA À PHOENIX

Juste avant la frontière de l'Arizona, l'I-10 vous mènera à **Blythe ⓳**, qui doit son nom à Thomas Blythe, le constructeur de canaux d'irrigation qui fonda cette localité dans les années 1870. Il y a peu de choses à voir, mais ceux qui aiment faire du canoë pourront naviguer sur la **Colorado River** voisine.

On peut grossièrement diviser l'histoire de l'Arizona en quatre périodes: les cultures indiennes précolombiennes, l'époque des conquistadors et la colonisation espagnole, la domination mexicaine et l'ère des pionniers américains du Wild West. Bien avant que Christophe Colomb ne découvre le "Nouveau Monde", les tribus Anasazi, Hohokam et Mogollon peuplaient depuis déjà longtemps cette région avant d'en disparaître mystérieusement entre l'an 1100 et l'arrivée des conquistadors espagnols au XVIe siècle.

En 1540, Francisco Vasquez de Coronado monta une expédition dans le Sud-Ouest américain pour y chercher de l'or. Le minerai étant rare, l'Espagnol se rabattit sur la conversion des âmes. À la fin du XVIIe siècle, des missionnaires s'installèrent en de multiples endroits sous la bannière espagnole.

Lorsque le Mexique devint indépendant en 1821 et que les États-Unis annexèrent l'Arizona actuel en 1848, commerçants, trappeurs, prospecteurs et colons américains arrivèrent bientôt en masse. Par la suite, les conflits entre les Blancs et les indigènes, les tribus

Ci-dessus : au Joshua Tree National Park. Ci-contre : des cactus Saguaro dans le sud-ouest de l'Arizona.

» Carte p. 40-41, fiche pratique p. 47

Foto: Berthold Schwarz

Apache, Papago et Pima, donnèrent lieu à une succession de guerres contre les Indiens.

Après la ruée vers l'or de 1849, l'Arizona devint une étape clé sur la route de la Californie. Le territoire n'accéda au statut d'État qu'en 1912, les autorités fédérales suspectant ses habitants d'avoir sympathisé avec les Confédérés pendant la guerre civile. À la fin de la ruée vers l'or de Californie, la quête de l'or et d'autres minerais précieux amena de nombreux colons en Arizona, contrée à l'époque encore intacte et sauvage. Finalement, fermes et ranchs y apparurent avec la création de canaux d'irrigation. On découvrit ensuite de riches filons de cuivre qui augmentèrent la prospérité du pays et lui valurent son surnom de "The Copper State" (État du cuivre).

Mais la construction du chemin de fer dans les années 1870 et 1880 permit l'arrivée de nouvelles vagues de colons dans l'Ouest. Un chiffre très éloquent : depuis les années 1940, la population de l'Arizona a plus que triplé.

Quartzsite

La petite ville de **Quartzsite** ⑳ se trouve en bordure de l'I-10. Ce "site du quartz" et autres minerais est le paradis des amateurs de minéraux. Cette bourgade bien tranquille sort chaque année de sa torpeur avec l'arrivée d'un million de *snowbirds*, en fait des retraités du nord attirés par la douceur du climat.

Un surprenant monument pyramidal honore la mémoire d'**Hadji Ali**, chamelier originaire d'Orient chargé par l'armée américaine en 1856 de tester l'utilisation de ces "vaisseaux du désert" dans le sud-ouest des USA. Mais on leur préféra des poneys. "Hi Jolly" devint alors prospecteur.

Au nord de Quartzsite, le **Colorado River Indian Tribes Museum and Library** ㉑ présente de l'artisanat indien préhistorique. Le musée se trouve au cœur de la vaste réserve indienne du même nom.

La piste (Route 72) qui mène de Quartzsite à **Bouse** est une aventure en soi. À l'arrivée, on est toutefois récom-

» Carte p. 40-41, fiche pratique p. 47

Foto: Bernd Jonkmanns

pensé par la découverte des **mines**, extrêmement bien conservées, dont l'exploitation fut abandonnée en 1924.

Wickenburg

Ancienne ville du Far West, **Wickenburg** ㉒, sur l'Hwy 60, au nord-est de Quartzsite, doit son nom à un prospecteur prussien, Henry Wickenburg, qui trouva en 1863 des pépites d'or en allant à la chasse au vautour. Il y eut ici jusqu'à 80 mines d'or en activité et Wickenburg était alors la 3e ville d'Arizona. Aujourd'hui encore, certains continuent à y chercher le métal précieux, mais le tourisme est devenu la principale source de revenus. Les touristes affluent en février pour assister à la fête des *Gold Rush Days* ou bien ils s'installent dans un des ranches des environs accueillant des visiteurs.

En ville, **Frontier Street** est bordée de bâtiments historiques du XIXe siècle. Le **Jail Tree**, arbre où on enchaîna les prisonniers durant les 27 années que dura la construction de la prison, semble bien macabre ! La **Little Red Schoolhouse** (petite école rouge) est typique de l'époque du Far West avec son unique salle de classe. Le **Desert Caballeros Western Museum** présente des scènes de rue reconstituées du vieux Wickenburg. À l'extérieur de la ville, la **Vulture Mine** et la ville fantôme de **Vulture City** se visitent.

À 3 miles au sud de Wickenburg, l'**Hassayampa River Preserve** est une réserve dont les forêts des très rares peupliers nord-américains abritent de nombreuses espèces d'oiseaux.

Le centre de l'Arizona et Phoenix

Quittons l'ambiance *Old West* de Wickenburg par la Rte 60 en bon état et filons vers le sud-est et la **Valley of the Sun** (région entourant Phoenix), avec son désert de cactus – dont les gigantesques *Saguaros* – et ses rochers déchiquetés. Plus à l'est, tel un mirage au milieu du désert, apparaît **Phoenix** ㉓ (cf. p. 49), qui compte parmi les grandes agglomérations de l'Ouest des États-Unis.

Phoenix doit son existence au réseau d'irrigation des Indiens : les Hohokam, ancêtres de l'actuelle tribu des Pima, entretenaient il y a près de 1000 ans un réseau de canaux de 480 km de long qui amenait l'eau de la Salt River dans le désert. Dans le désert, l'eau était en effet aussi précieuse que l'or et l'argent, tout au moins jusqu'avant l'arrivée des Blancs. À la fin de la ruée vers l'or, les immigrants européens se consacrèrent à l'agriculture, alimentant leurs cultures en eau avec les vieux canaux indiens encore existant. Un pionnier prédit qu'une nouvelle ville s'élèverait un jour sur le site de la colonie comme le phénix, l'oiseau mythique qui renaît de ses cendres. C'est ainsi que la cité reçut son nom. De nos jours, 1,4 million d'habitants vivent à Phoenix.

Ci-dessus : le pic du Gila se nourrit des fruits du cactus.

LOS ANGELES (☎ 213 / 310 / 323)

Downtown L. A. Visitor Information Center, 800 N. Alameda St. (près de Union Station), www.discoverlosangeles.com.

CHER : **Bel-Air Dining Room**, 701 Stone Canyon Rd, Bel Air, tél. (310) 472-1211, cuisine californienne. ***MOYEN*** : **Campanile**, 624 S La Brea Ave., L. A., tél. (323) 938-1447. Italo-californien. ***MODÉRÉ*** : **Sidewalk Café**, 1401 Ocean Front Walk, Venice Beach, tél. (310) 399-5547, branché, vue sur la plage.

Disneyland, Harbor Blvd, Anaheim, tél. (714) 781-4000, http://disneyland.disney.go.com, horaires variant selon les saisons, mais en général 8h-24h. **Villa Getty**, 17985 Pacific Coast Hwy, mer-lun. 10h-17h, entrée libre mais réservation obligatoire sous www.getty.edu.

The Getty Center, 1200 Getty Center Dr., L.A., www.getty.edu, mar.-dim. 10h-17h30, sam. 10-21h, entrée libre.

L. A. County Museum of Art, 5909 Wilshire Blvd, tél. (323) 857-6000, www.lacma.org, lun., mar., jeu. 11h-17h, ven. 11h-20h, sam.-dim. 10h-19h, fermé mer. **TCL Chinese Theater** (ex-**Grauman's**), 6801 Hollywood Blvd, tél. (323) 463-9576, www.chinesetheaters.com t.l.j. tours guidés. **Museum of Tolerance**, 9786 W Pico Blvd, tél. (310) 772-2505, www.museumoftolerance.com, t.l.j. 10h-17h, fermé sam., réservation obligatoire. **Universal Studios Hollywood**, Universal City, 100 Universal Dr., tél. (818) 622-3801, www.universalstudioshollywood.com, 10h-18h, plus longtemps sam.-dim. et en été.

SAN DIEGO (☎ 619)

International Information Center, 1140 North Harbor Drive, San Diego, tél. 236-1212, www.sandiego.org.

Balboa Park, Park Blvd, www.balboapark.org, avec des musées et le **San Diego Zoo**, tél. 231-1515, www.sandiegozoo.org, juin-sept. 9h-21h, sinon 9h à minimum 17h. **Birch Aquarium**, 2300 Expedition Way, La Jolla, tél. 858-534-3474, http://aquarium. ucsd.edu, t.l.j. 9h-17h.

Cabrillo N. M., Point Loma, tél. 557-5450, www.nps.gov/cabr. **Mission San Diego de Alcala**, 10818 San Diego Mission Rd, tél. 281-8449, www.missionsandiego.com, tous les jours 9h-16h45.

Sea World, 500 Sea World Dr., Mission Bay, tél. (619) 226-3901, http://seaworldparks.com/en/seaworld-sandiego, ouvert 10h-18h, plus longtemps sam.-dim. et en été.

PALM SPRINGS (☎ 760)

Palm Springs Visitors Information Center, 2901 N. Palm Canyon Dr., tél. 778-8418, www.palmsprings.org.

CHER : **Johannes Restaurant**, 196 S. Indian Canyon Dr., tél. 778-0017, www.johannesrestaurants.com, resto primé.

Cabot's Old Indian Pueblo Museum, 67616 East Desert View, Desert Hot Springs, tél. (760) 329-7610, www.cabots-museum.org, mar.-dim. 9h-16h, juin-sept. mer-sam 9-13h.

Joshua Tree N. P., 74485 Nat. Park Dr., Twentynine Palms, www.nps.gov/jotr. **Living Desert Zoo & Gardens**, près de Palm Desert, www.living-desert.org, t.l.j. 9h-17h, en été 8h-13h30.

Moorten's Botanical Garden, 1701 S Palm Canyon Dr., www.moortengarden.com, t.l.j. sf mer. 10h-16h, en été seulement ven.-dim.

Palm Springs Aerial Tramway, sur la CA 111 à 2 miles au nord de Palm Springs, tél. 325-1391, www.pstramway. **Palm Springs Desert Museum**, 101 Museum Dr, www.psmuseum.org, mar., mer., ven.-dim. 10h-17h, jeu. 12h-20h.

Village Green Heritage Center, 221 South Palm Canyon Dr., Palm Springs, tél. (760) 323-8297, de mi-oct. à mai jeu.-sam. 10h-16h, mer. et dim. 12h-15h.

QUARTZSITE ET WICKENBURG (☎ 928)

Quartzsite Chamber of Commerce, www.quartzsitebusinesschamber.com, tél. 927-9321 **Wickenburg Visitor Center** au Santa Fe Depot, 216 N Frontier St., tél. 684-5479, www.outwickenburgway.com.

Colorado River Indian Tribes Museum and Library, au s-o de Parker sur la 2nd Ave./Mohave Rd, tél. 669-9211, www.crit-nsn.gov, lun.-ven. 8h-17h, sam. 10h-15h. **Desert Caballeros Western Museum**, 21 N. Frontier St., www.westernmuseum.org, lun.-sam. 10h-17h, dim. 12h-16h, juin-août fermé le lun.

Foto: Fred Young (iStockphoto)

DE PHOENIX À SANTA FE

PHOENIX
CIRCUIT DANS LE SUD DE L'ARIZONA
DE PHOENIX À FLAGSTAFF
DE FLAGSTAFF À SANTA FE
LES ENVIRONS DE SANTA FE

Partons à la rencontre des cow-boys et des Indiens du Sud-Ouest américain. Cet itinéraire de 500 miles (800 km, sans faire de détour, prévoir suffisamment de temps) abondent en curiosités : communautés New-Age, villages troglodytes des Indiens Anasazi, hôtels de luxe, ainsi que la façade futuriste de Biosphère 2.

Bien que leur histoire soit distincte, les cultures contemporaines de l'Arizona et du Nouveau-Mexique forment pourtant depuis longtemps une unité, celle du Sud-Ouest américain. En architecture ou en art, dans le design ou dans la cuisine s'est imposé le style *southwest*. Les touristes viennent de toute l'Amérique à Santa Fe ou à Phoenix pour profiter des pueblos, des villages de vacances, des terrains de golf et du soleil à gogo.

Phoenix, la ville du désert

Phoenix ❶, la capitale de l'Arizona (1,5 million d'hab., 4 millions avec l'agglomération) sise dans la Valley of the Sun, est une métropole moderne en plein désert de Sonora, qui constitue le cœur du Sud-Ouest. Elle offre un centre d'affaires chic et florissant, plusieurs universités, des lotissements pour retraités (comme par ex. **Sun City**) et 312 jours d'ensoleillement par an. Phoenix et sa voisine Scottsdale regorgent d'hôtels chic et d'activités de plein air, tels le golf et la montgolfière.

Le **Musical Instruments Museum**, top moderne, est le plus grand musée du monde de ce genre avec une collection de plus 15 000 instruments des quatre coins de la terre. Les visiteurs pourront apprécier toutes sortes de musique grâce à des casques et des vidéos. On peut également essayer de nombreux instruments.

Le ★**Heard Museum** présente l'une des plus belles expositions d'art indien du Sud-Ouest avec des collections exceptionnelles de bijoux, de textiles, de poteries et d'objets en osier. La collection de *kachinas* (poupées sacrées des tribus Hopi et Zuni) occupe à elle seule une pièce entière.

Au **Pioneer Arizona Living History Museum**, un écomusée en plein air, des acteurs en costumes d'époque mettent en scène les divers dangers auxquels les premiers colons furent confrontés. Quant au **Desert Botanical Garden**, il sera une bonne introduction pour ceux qui veulent découvrir l'étonnante végétation épineuse du désert du Sud-Ouest. Les montagnes voisines de **Camelback Mountains** et **Squaw Peak** offrent aux amateurs d'alpinisme les plus beaux panoramas sur la ville.

À gauche : lors d'un Pow Wow indien, en Arizona.

» Carte p. 50, fiche pratique p. 61

CIRCUIT DANS LE SUD DE L'ARIZONA

Avant de quitter Phoenix en direction du nord pour continuer vers Santa Fe, on pourra entreprendre un tour circulaire à travers le sud de l'Arizona.

Le village de ★**Taliesin West**, créé par l'architecte Frank Lloyd Wright à **Scottsdale ❷**, attire les étudiants en architecture au beau milieu du **Désert de Sonora**, au pied des monts McDowell. Ils vivent ici dans de simples tentes et s'inspirent du paysage grandiose pour esquisser leurs plans de maisons.

L'★**Apache Trail** (piste apache) se faufile autour des **Superstition Mountains**. Cet ancien sentier de guerre des Apaches offre des passages un peu aventureux et des paysages époustouflants. De Phoenix, mettez le cap vers l'est jusqu'à **Apache Junction ❸**, puis prenez la Route 88, où commence l'Apache Trail (44 miles). Depuis **Roosevelt ❹**, on peut aussi faire le circuit de 200 miles sur l'**Apache Trail Loop**.

À **Goldfield Ghost Town** (cf. photo p. 24), au nord d'Apache Junction, on peut visiter une ancienne **mine d'or** et jouer les orpailleurs. Dans les environs, le **Lost Dutchman State Park**, nimbé de mystère, doit son nom au mineur Jacob Waltz (qui en réalité était allemand, et non hollandais, comme pourrait le faire penser le mot *Dutch* = hollandais). Sa mine d'or n'a jamais été retrouvée et nombreux sont ceux qui essayèrent de la retrouver et y laissèrent leur vie.

À 2 miles plus au nord, une vue s'offre sur **Weaver's Needle**, un pic déchiqueté haut de 1 387 m.

Pour sortir des sentiers battus, vous pourrez faire une randonnée au cœur de la végétation du désert, des fleurs sauvages et des hauts pins, dans les 64 000 ha de ★**Superstition Wilderness**, au sud de l'Apache Trail. Allez aussi admirer le plus haut barrage du monde, le **Roosevelt Dam** (85 m). À 60 miles en amont sur la **Salt River**, des tours de rafting et de kayak dans le

» Carte p. 50, fiche pratique p. 61

Foto: Oliver Antony

Salt River Canyon vous procureront des impressions inoubliables.

Près de Roosevelt, le ★**Tonto National Monument** possède deux villages troglodytes des Indiens Salado ("salé", en espagnol). Ces artisans talentueux, qui vivaient ici au début du XIVe siècle, ont laissé de belles poteries polychromes et des tissages élaborés.

La petite ville de **Globe** ❺, près de la **San Carlos Indian Reservation**, se trouvait en territoire apache quand on y découvrit un énorme filon d'argent de 20 km de long. Les Blancs s'emparèrent des terres des Indiens, qui réagirent en attaquant sans relâche la colonie blanche, jusqu'au traité de paix que leur chef Geronimo signa en 1886.

Si l'argent finit par s'épuiser dans la mine, le cuivre par contre abondait dans l'**Old Dominion Mine**. Le **Gila County Historical Museum** a reconstitué une partie de la mine et expose des objets provenant des ruines de **Besh-Ba-Gowah**, un village d'Indiens Salado. Plus au sud, non loin de la Route 77, peu avant la ville d'Oracle, on découvre l'étonnante ★**Biosphere 2** ❻, un écosystème artificiel de 12 000 m^2 protégé par d'immenses serres de verre. Plusieurs visites guidées permettent d'appréhender les différentes fonctions de ce gigantesque laboratoire.

La Rte 77 file vers **Tucson** ❼ (prononcer "Tousson"), où ★**Old Tucson**, la ville servant de décor aux westerns propose de captivants spectacles de cascadeurs. Autres curiosités d'intérêt: le zoo dénommé ★**Arizona-Sonora Desert Museum** et le plus beau parc de cactus d'Arizona, le ★★**Saguaro National Park** ; au sud de la ville, le **Pima Air & Space Museum** (près de l'immense cimetière d'avions **AMARC**) voué à l'histoire de l'aéronautique, la **San Xavier Mission** (cf. photo p. 44) ainsi que le réseau de grottes des ★**Kartchner Caverns** (au sud de la ville de Benson, sur la I-10).

De Tucson, la I-10 retourne à Phoenix en passant par **Casa Grande** ❽.

Ci-dessus : un écosystème artificiel est recréé dans les serres de Biosphere 2 (sud-est de Phoenix).

» Carte p. 50, fiche pratique p. 61

Foto: Volkmar E. Janicke

À quelque 20 miles de Casa Grande, juste au nord de Coolidge, le ★**Casa Grande Ruins National Monument** évoque le souvenir des civilisations passées. Haute de quatre étages, la Casa Grande est le plus haut bâtiment érigé par les Indiens Hohokam ; il aurait servi d'observatoire astronomique. Il vit le jour vers l'an 1320, et ses murs épais de 1,4 m sont en *kalich*, un substrat de carbonate de calcium. Plus de 600 poutres soutiennent les planchers et le toit. En février, lors des **O'Odham Tash-Casa Grande's Indian Days**, des rodéos, des parades et des danses rituelles sont mis en scène. On trouvera au **Gila River Arts and Crafts Center**, dans la réserve de la Gila River, des objets d'artisanat des tribus indiennes Pima, Hopi, Navajo et Maricopa. En empruntant la I-10 vers le nord, on retourne ensuite à Phoenix.

Ci-dessus : à Tucson, l'église de la mission San Xavier compte parmi les nombreuses missions espagnoles fondées aux XVIIe et XVIIIe siècle. À droite : les rochers "two sisters", dans le Red Rock State Park, près de Sedona.

DE PHOENIX À FLAGSTAFF

L'I-17 est jalonnée de part et d'autre d'une nature variée, allant des cactus à de fraîches forêts. Les fans d'architecture innovative feront un crochet à ★**Arcosanti** ❾ (à 60 miles au nord de Phoenix par l'I-17, sortie 262). Cet éco-village a été créé par l'architecte Italo-Américain Paolo Soleri (qui vint en Arizona pour travailler avec F. L. Wright). Sa communauté de 150 habitants tente de vivre selon les principes d'une synthèse associant *ar*chitecture urbaine et éco*logie*, appelée *archologie*.

On reprend la I-17 pour aller dans la Verde Valley. Depuis **Camp Verde** ❿, une route va au **Montezuma Castle** ; on notera les logements troglodytiques bâtis dans les falaises. Les six lacs et les zones naturelles protégées de la **Tonto National Forest** sont propices à la détente à l'abri de ce désert sauvage.

De là, un détour vers l'est mène d'abord à **Strawberry** ⓫, qui possède la plus vieille école de l'Arizona, puis à **Payson** ⓬. En 1881, c'était surtout

» Carte p. 50, fiche pratique p. 61

Foto: Frans Ten Voorde (Dreamstime)

l'or qui attirait les hommes à Payson. Aujourd'hui les visiteurs y viennent voir des curiosités comme la cabane en rondins de **Zane Grey**, auteur américain connu pour ses romans-westerns d'aventures, et le **Tonto Natural Bridge State Park**, où l'on contemplera le plus grand pont naturel en tuf du monde.

La vie de bohème à Sedona

La route 89A, dont le tracé est parallèle à l'I-17, constitue une alternative de choix à l'I-17 car elle offre des paysages d'une beauté époustouflante. Elle passe par la ville de **Sedona** ⓭. Cette Mecque socio-culturelle du *Red Rock Country* est devenu l'un des hauts lieux du mouvement New Age. L'engouement des artistes et touristes est axé sur le **Bell Rock** et l'**Airport Mesa**, deux centres énergétiques hautement spirituels.

Les rochers rouges autour de Sedona dégagent en effet une atmosphère quasi magique que l'on ressentira au plus profond de soi-même au cours d'une randonnée dans le **Red Rock State Park** (au-sud-ouest de Sedona), ou en parcourant en voiture l'★**Oak Creek Canyon** ou encore en dévalant en douceur une cascade naturelle dans le **Slide Rock State Park**.

Chaque année, fin septembre, a lieu à Sedona le festival **Jazz on the Rocks**, et en octobre la **Fiesta del Tlaquepaque**, le carnaval mexicain. **Tlaquepaque** est un quartier adorable de Sedona, avec des bâtiments de style mexicain, des places pittoresques, des cours désertes et de nombreux cafés et restaurants.

Flagstaff et la ★Route 66

Le nom de **Flagstaff** ⓮ remonte au 4 juillet 1876, date du premier centenaire des États-Unis. N'ayant pas de mât pour le drapeau, des patriotes enlevèrent à un pin ses branches pour y hisser en haut la bannière américaine. Seuls quelques édifices historiques au centre de cette ville toute en longueur, bordée de stations-service, de motels et de restaurants rappeleront aux visiteurs l'époque du Far West.

» Carte p. 50, fiche pratique p. 61

Flagstaff se niche au pied des **San Francisco Peaks**, les plus hautes montagnes d'Arizona. On y pratique randonnée, camping, vélo et ski. Au nord-ouest de Flagstaff, on découvrira la vie et l'histoire des Indiens sur le plateau du Colorado au **Museum of Northern Arizona**, qui a pour thème la vie sur le plateau du Colorado. C'est au **Lowell Observatory**, tout proche, que fut découverte en 1930 la minuscule planète Pluton. Des visites guidées ainsi que des observations nocturnes attirent de nombreux amateurs d'astronomie.

Ne manquez pas de prendre la légendaire ★**Route 66** (cf. p. 228). Inaugurée en 1926, cette highway, autrefois la "route principale de l'Amérique", relie sur 2 400 miles Chicago à Santa Monica, en Californie. Le chanteur Bobby Troup l'immortalisa dans la chanson *Get your kicks on Route 66*. Des panneaux indiquent l'accès à la route historique. Nous vous recommandons de faire un crochet au départ de Flagstaff pour rejoindre la portion de la Route 66 comprise entre Seligman (à 53 km à l'ouest de Flagstaff) et Kingman (à 120 km à l'ouest de Flagstaff) : cet itinéraire passe par les **Grand Canyon Caverns**, des grottes étonnantes. De Peach Springs, on peut même poursuivre jusqu'au **Grand Canyon West** et s'avancer sur l'époustouflante **Skywalk** (cf. p. 106).

La Route 66 est jalonnée de boutiques de souvenirs et d'artisanat où on s'achètera des vêtements de style *southwestern* tels des bottes de cow-boy, des *dusters* (manteaux), une cravate de western ou des boucles d'oreilles en argent et turquoise. Les relais pour routiers (*truck stops*) servent de vraies *tortilla chips* et de la sauce *salsa* et, dans les bars, vous pourrez déguster une tequila avec du sel et du citron en écoutant de la musique country.

Au nord de Flagstaff

Le ★**Walnut Canyon National Monument**, à 7,5 miles à l'est de Flagstaff sur l'I-40, possède des centaines de petites **habitations troglodytes** des anciens Indiens Sinagua ("sans eau" en espagnol), qui seraient les ancêtres des Hopis. Les surplombs des parois de grès de ce canyon profond de 122 m ont protégé de l'érosion ces ruines qui datent du XIIe siècle. Du bord du canyon, un chemin abrupt descendant au fond de la vallée vous fera passer devant 25 habitations troglodytes.

À 15 miles au nord de Flagstaff, sur l'US 89, le **Sunset Crater Volcano National Monument** est le plus jeune des 400 volcans endormis dans les San Francisco Mountains. Sur la route de Cameron, on pourra visiter le plus grand site archéologique en surface d'Arizona, constitué de groupes d'habitations des tribus Sinagua et Anasazi dans le **Wupatki National Monument**. Les Sinaguas y vécurent jusqu'en 1064, date de l'éruption du Sunset. Des *rangers* vous amèneront à quelques-unes des 2 500 grottes préhistoriques : la **Wupatki** ("grande maison" en hopi) avec sa cour de danse bien conservée, la **Wukoki** ("large maison" en hopi), la **Citadel** et la **Lomaik** ("belle maison"). En avril et octobre, les gardes organisent aussi des randonnées de deux jours aux **ruines de Crack-in-Rock**.

Plus au nord, le Visitor Center à **Cameron** ⓯ vous informera sur la **réserve des Indiens Navajo**. Au nord et à l'est de Cameron, le **Painted Desert** décline toutes les couleurs de la terre.

Près de **Tuba City** ⓰, on observera des ossements de dinosaures et des buttes de grès aplanies par l'érosion (appelées "pieds d'éléphant").

DE FLAGSTAFF À SANTA FE

Les réserves indiennes

Traverser l'Arizona et le Nouveau-Mexique en voiture, cela signifie traverser l'*Indian Country*, le pays des Indiens. Au fil des siècles, on a toujours empiété sur les droits de ces premiers habitants

» Carte p. 50, fiche pratique p. 61

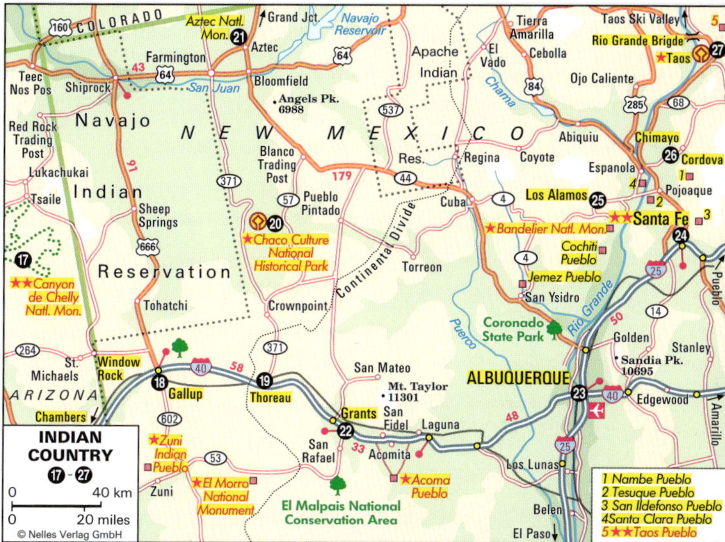

du Sud-Ouest. Les conflits territoriaux ont engendré un quasi génocide lorsque les Pimas, les Hopis, les Navajos et les Apaches se soulevèrent contre les Espagnols, les Mexicains et finalement les Américains. Des forts militaires furent érigés pour protéger les colons, qui menèrent une guerre d'usure non déclarée contre les Indiens. De moins en moins nombreux, ceux-ci durent signer des traités qui les consignèrent dans des réserves.

C'est le nord-est de l'Arizona qui forme le cœur du pays indien, et ses arides collines désertiques, ses grottes et ses *mesas* (plateaux) sont sacrés pour les tribus des Navajos et des Hopis.

Vivre en harmonie avec la nature constitue la base de leur culture. Leur croyance dans les esprits animistes guidait autrefois les cérémonies rituelles, pour amener les pluies et avoir de bonnes récoltes. De nos jours, les anciens des villages regrettent la perte de la transmission de ces traditions dont les jeunes, qui quittent souvent les réserves, se désintéressent. Mais, ces dernières années, les jeux de hasard ont apporté un nouveau souffle à la morne vie dans les réserves. Celles-ci n'étant pas assujetties aux lois américaines, les Indiens ont le droit d'ouvrir des casinos dans de nombreux États. Ces antres du jeu rapportent chaque année des milliards de dollars. Dans le Pojoaque Pueblo, près de Santa Fe, le chômage est passé de 40 % à zéro en quelques années, grâce à l'argent et aux emplois apportés dans la réserve.

Un détour au ★★Canyon de Chelly

La localité de **Chambers** est le point de départ d'un détour par la Highway 191 jusqu'au **★★Canyon de Chelly** ⓱ (cf. aussi p. 115) où se dressent **Spider Rock** (rocher aux araignées) et **White House Ruin**.

Habité depuis plus de 2 000 ans, ce pays magique des Anasazis allie une beauté naturelle de toute splendeur à une histoire récente tragique. En effet, pendant les guerres du XIXe siècle, ce canyon servit de dernier refuge aux

» Carte p. 55, fiche pratique p. 61

Foto: Volkmar E. Janicke

Indiens contre les Blancs. Mais Christopher "Kit" Carson et ses 1 000 hommes obligèrent 8 000 Navajos et d'autres tribus indiennes à se rendre dans le canyon, puis les forcèrent lors d'une longue marche infamante (*long walk*) à aller jusqu'à Fort Sumner, au Nouveau-Mexique.

Tout près de là, **Window Rock**, un imposant arc rocheux de grès rose, donne son nom à la capitale de réserve indienne, à la frontière entre l'Arizona et le Nouveau-Mexique. Chaque année s'y tient en septembre le plus grand festival indien au monde. Le **Navajo Tribal Museum** présente de l'art artisanal indien.

Gallup

Lorsque sur l'Interstate 40 on franchit la frontière allant au Nouveau-Mexique **(New Mexico)**, le *Land of Enchantment*, comme le surnomment les Américains, paraîtra à certains peu enchanteur avec son désert interminable de sable ocre. Pour vous mettre dans l'ambiance, lisez un roman de Tony Hillerman (décédé), auteur de best-sellers dans lesquels il a si bien mis en scène les légendes du Sud-Ouest américain.

Version moderne des comptoirs commerciaux d'antan, **Gallup** ⓲ n'attire les habitants de la région que pour ses supermarchés. Pique-niquez au pied des falaises de grès rouge du **Red Rock State Park.** Plus de 50 tribus des États-Unis, du Canada et du Mexique y convergent chaque année en août pour l'★★**Intertribal Indian Ceremonial**, grand rassemblement indien. Pendant la **Navajo Nation Fair** (foire qui commence le mercredi qui suit le Labor Day), les traditions indiennes sont à l'honneur avec des danses, des rodéos et un marché d'artisanat.

Ne traversez pas l'ouest du Nouveau-Mexique d'un seul trait pour gagner Santa Fe au plus vite.

On peut rejoindre Grants (6), la prochaine grande ville sur la I-40, en faisant un splendide détour par la Rte 53. Celle-ci traverse d'abord des réserves indiennes et mène au ★**Zuni Indian Pueblo**, le plus grand des 19 pueblos du Nouveau-Mexique, que le premier européen, le conquistador Francisco Coronado, fut le premier à fouler de ses pieds en 1539. On peut y acheter de beaux bijoux, des objets en bois et de la vaisselle fabriqués par les Zunis.

À l'est se trouve le ★**El Morro National Monument**, un rocher exposé, couvert d'écritures gravées dans la pierre, qui servait déjà de panneaux aux convois il y a des siècles.

La **El Malpais National Monument and National Conservation Area** (*el mal pais* : en espagnol "le mauvais pays") couvre 150 000 ha et renferme entre autres des canyons en grès, où l'on peut voir des pétroglyphes et des inscriptions de tribus préhistoriques et de conquérants espagnols.

Ci-dessus : le Spider Rock dans le canyon de Chelly.
À droite : Balloon Fiesta à Albuquerque.

» Carte p. 55, fiche pratique p. 61

Foto: Charles A. Schug (iStockphoto)

Thoreau

Sur la I-40, il faut être très attentif pour ne pas manquer la **Continental Divide**, la ligne de partage des eaux entre l'Atlantique et le Pacifique (située à 5 miles avant Thoreau). Ceux qui portent un grand intérêt à la culture indienne feront une étape prolongée à **Thoreau** ⑲. C'est là en effet que l'une des plus grandes civilisations indiennes s'est développée dans le Chaco Canyon entre le IXe et le XIIIe siècle. Le site du **★Chaco Culture National Historical Park** ⑳ a été inscrit en 1987 au Patrimoine mondial par l'Unesco. Parmi ses villages, le **Pueblo Bonito** (joli village) en forme de demi-lune est particulièrement impressionnant avec ses innombrables pièces et ses lieux de culte (*kivas*). Des ruines du même genre sont aussi visibles plus au nord, juste avant la frontière avec le Colorado, dans le **Aztec National Monument** ㉑.

Grants

Grants ㉒ est une ancienne ville minière où l'on extrayait autrefois de l'uranium. Le **New Mexico Mining Museum** y montre des morceaux d'uranium. À 30 miles à l'est de Grants, une bifurcation mène à l'**★Acoma Pueblo**, le plus ancien village Pueblo encore habité en Amérique du Nord.

Albuquerque

Au premier regard, **Albuquerque** ㉓ ressemble à Phoenix : les deux villes sont blotties dans des vallées désertiques, cernées de montagnes. Leur climat est chaud, et partout on y trouve du sable et des boutiques de souvenirs. Pourtant, on remarquera une différence notable entre les deux : la langue qu'on entendra souvent à Albuquerque est l'espagnol, vestige de l'époque coloniale du XVIIe siècle. La **★Old Town Plaza** et son architecture en grès témoigne également de l'influence espagnole. La place est bordée de boutiques de souvenirs, de restaurants et de galeries d'art.

Vous pourrez aussi visiter l'imposante église espagnole de **San Felipe de Neri**, sur la Old Town Plaza, le **New Mexico Museum of Natural History**, l'**★Indian Pueblo Cultural Center** et l'**American International Rattlesnake Museum** (musée du serpent à sonnette).

Le **Pow-Wow Gathering of Nations** rassemble en avril plus de 5 000 danseurs, tandis que la State Fair a lieu en septembre. Ne manquez pas la fameuse **★★Balloon Fiesta** en octobre.

Toute l'année, des fêtes traditionnelles ponctuent la vie dans les pueblos ; les visiteurs peuvent assister aux cérémonies, hautes en couleur, et aux danses rituelles.

★★Santa Fe

On gagnera **★★Santa Fe** ㉔ par l'Interstate 25, en longeant le **Coronado State Park**, à l'ouest de la route, ou, alternative plus séduisante, en emprun-

» Carte p. 55, fiche pratique p. 61

Foto: S. Greg Panosian (iStockphoto)

tant la **Turquoise Trail**, à l'est d'Albuquerque, par la Route 14.

Dans cette région, la présence humaine remonte à plus de 2 000 ans, et Santa Fe est toujours un foyer de culture indienne. Même les maisons modernes, construites dans le "style de Santa Fe" s'inspirent de l'architecture indienne Pueblo et de l'adobe. Bien que les Espagnols aient bâti cette ville comme la base la plus au nord de leur empire mexicain, Santa Fe a su préserver son caractère indien authentique.

Après que les tribus Pueblo eurent chassé les conquistadores en 1680, Santa Fe servit au XIXe siècle de poste commercial important sur l'ancien **Santa Fe Trail**, l'axe du commerce est-ouest de l'époque, jusqu'à ce que le chemin de fer remplace les diligences.

Les rues qui entourent la place centrale, la **Santa Fe Plaza,** ne manquent pas de charme et de passé historique, et regorgent de musées, de boutiques et de galeries d'art. Partout, on voit des maisons dans le style de "Santa Fe", qui se ressemblent souvent à s'y méprendre. Au nord-est de la place, le **★Palace of the Governors**, érigé par les Espagnols, ne peut être confondu avec aucun autre monument ; c'est le symbole du centre-ville et le plus ancien bâtiment public du pays. Tout près de là, le **New Mexico Museum of Arts**, également construit en adobe (briques de terre crue), présente les œuvres d'artistes renommés du Sud-Ouest.

Santa Fe n'est pas seulement un épicentre de l'art indien mais, de plus en plus, de l'art moderne américain. La ville est la troisième ville du pays pour le marché de l'art, juste derrière New York et Los Angeles. Les galeries et les boutiques élégantes bordant la **Canyon Road** abondent en œuvres de sculpteurs et de peintres, dont celles de la plus célèbre artiste du XXe siècle de la région, Georgia O'Keeffe (1887-1986). Le **★Georgia O'Keeffe Museum** a été inauguré en 1997 en son honneur.

Ci-dessus : construction traditionnelle en adobe à Santa Fe. Ci-contre : atelier de céramique au Pueblo San Ildefonso.

» Carte p. 55, fiche pratique p. 61

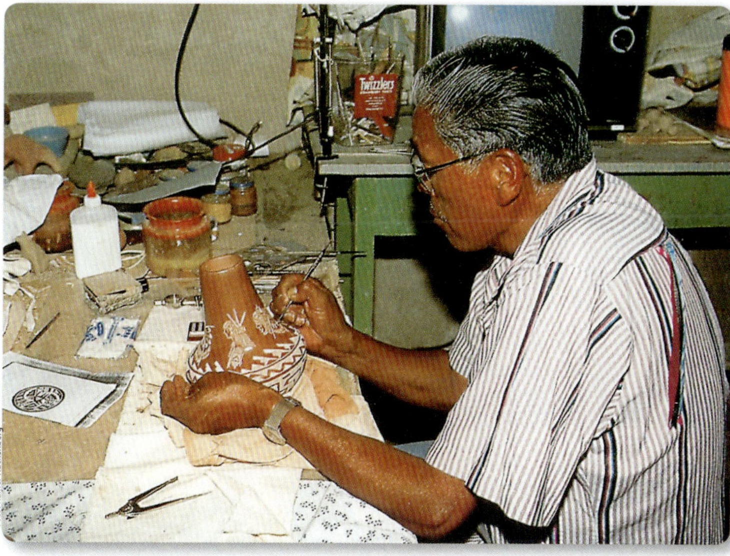

Foto: Rainer Hackenberg

Les autres musées sur la Museum Hill sont aussi excellents : le **Museum of International Folk Art** présente une collection d'artisanat du monde entier et le ★**Wheelwright Museum of the American Indian** est dédié à l'art indien.

En août, le *Santa Fe Indian Market* est la plus grande exposition d'artisanat d'art indien du Sud-Ouest. Le fameux **Santa Fe Opera** attire en été des milliers de spectateurs pour des concerts en plein air. Santa Fe offre aussi maintes activités sportives : le Rio Grande tout proche se prête à la pratique du rafting au printemps, tandis que la station de **Santa Fe Ski Basin** offre en hiver ses pistes de neige aux skieurs.

LES ENVIRONS DE SANTA FE

Les pueblos autour de Santa Fe

Le Nouveau-Mexique est également connu pour ses Indiens Pueblo dont font partie les tribus Zuni, Acoma, Sandia, Tao et Jemez. Tous descendraient des Anasazis. Le terme de *pueblo* désigne à l'origine un village indien habité en permanence. On peut visiter quelques pueblos indiens dans les canyons et le long du Rio Grande, au nord et au sud de Santa Fe, dont le **San Ildefonso Pueblo**, où travailla la célèbre potière Maria Martinez. Ses œuvres sont exposées dans de nombreux musées de la région. Dans le **Santa Clara Pueblo**, les ★**Puye Cliff Dwellings** sont considérées comme les habitations troglodytes les plus spectaculaires de la région. Il y a d'autres pueblos intéressants, parmi lesquels **Tesuque**, **Jemez** et **Cochiti**.

Los Alamos et le ★Bandelier National Monument

Sur la Route 4, au nord-ouest de Santa Fe, se trouve **Los Alamos** ㉕. Dans ses **National Laboratories**, le scientifique américain d'origine allemande Robert Oppenheimer mit au point la bombe atomique dans le cadre du *Manhattan Project*. La première bombe fut testée dans le sud de l'État le 16 juillet 1945. Le champignon atomique formait une

» Carte p. 55, fiche pratique p. 61

Foto: Volkmar E. Janicke

tache si claire dans le ciel qu'il fut visible jusqu'à Santa Fe et El Paso.

Le **Frijoles Canyon**, au sud-ouest de Los Alamos, entaille les terres volcaniques des Janey Mountains (ruines Anasazi). Son attraction principale est le ★**Bandelier National Monument**, avec des vestiges d'habitations troglodytes et de lieux de cultes des XIIIe-XVIe siècles. Il doit son nom à l'ethnologue américain d'origine suisse A. F. Bandelier (1840–1914), expert des Indiens Pueblo.

★Taos

La route de Santa Fe à Taos offre de jolis paysages. Elle passe par le **Nambe Pueblo**, où les Nambe Falls comptent parmi les plus hautes cascades du Nouveau-Mexique. À **Chimayo** ㉖ se trouve le ★**Santuario de Chimayo**, une église où se produiraient des guérisons miraculeuses. Et les multiples ex-voto et remerciements couvrant le mur de la salle du fond en sont le témoignage vivant. Des générations de tisserands ont vécu à Chimayo et leurs œuvres sont toujours visibles. Les amateurs de sculpture sur bois visiteront **Cordova**.

À★**Taos** ㉗, le ★★**Taos Pueblo**, inscrit au patrimoine mondial de l'UNESCO, est l'un des pueblos les mieux conservés. Comme jadis, les 1 000 Indiens Taos y vivent dans des maisons en adobe sans eau courante ni électricité. On peut le visiter. De nombreux artistes et adeptes du New Age y vivent. Des boutiques et restos bordent la **Plaza**. Le **Kit Carson Home and Museum** présente la maison du général de la guerre civile, ainsi que de l'art latino-américain et indien. Les amateurs d'art apprécieront le **Blumenschein Home & Museum**, où vécut le peintre américain Ernest Blumenschein, et le **Taos Art Museum**, ancienne maison et atelier du peintre russe Nicholai Fechin.

À 16 km au nord-ouest de Taos, le **Rio Grande Bridge**, qui s'élance à près de 200 m au-dessus du fleuve, est l'un des plus hauts ponts des États-Unis.

Ci-dessus : en route pour l'église (Taos Pueblo, au Nouveau-Mexique).

» Carte p. 55, fiche pratique p. 61

PHOENIX (☎ 602) ET AUTOUR DE SCOTTSDALE (☎ 480)

Downtown Phoenix Visitor Info Center, 125 N. Second St., Phoenix, AZ 85004, tél. 602-452-6282, www.visitphoenix.com.

Arcosanti, www.arcosanti.org, visites guidées tlj 9h-17h.
Musical Instruments Museum, 4725 E. Mayo Blvd, tlj. 9h-17h.
Biosphere 2 Center, à 120 miles au sud de Phoenix près de la ville d'Oracle, www. b2science.org, visites guidées tlj. 9h30-16h.
Casa Grande Ruins N. M., à 1 mile au nord de Coolidge, tél. (520) 723-3172, www.nps.gov/cagr.
Desert Botanical Garden, 1201 N. Galvin Pkwy, Phoenix, tlj 8h-20h.
Heard Museum, 2301 N. Central Ave., Phoenix, www.heard.org, lun-sam 9h30-17h, di. 11h-17h.
Kartchner Caverns, tél. (520) 586-CAVE, visites guidées tlj 8h20-14h.
The Pioneer Arizona Living History Museum, 3901 W Pioneer Rd, Phoenix, tél. (623) 465-1052, juin-sept. mer.-dim. 8h-14h, sinon mer.-dim. 9h-16h. **Pueblo Grande Museum**, 4619 E Washington St., Phoenix, www.pueblogrande.org, mar-sam. 9h30-16h45, oct.-avril aussi dim. 13h-16h45. **Rawhide**, 5700 W. North Loop Rd, Chandler, AZ 85226, tél. 480-502-5600, www.rawhide.com, mer.-ven. 17h-21h30, sam. et dim. 12-21h. Ville-western avec spectacles.

LE SUD DE L'ARIZONA ET LES ENVIRONS DE PHOENIX (☎ 520 ; 480 ; 928)

Rim Country Regional Chamber of Commerce, 100 W Main St., Payson, tél. (928) 474-4515, www.rimcountrychamber.com.

Arizona-Sonora-Desert Mus. (zoo), 2021 N. Kinney Rd., Tucson, www.desertmuseum.org, mars-mai et sept. 7h30-17h, juin-août sam. jusqu'à 22h, oct.-février 8h30-17h.
Goldfield Ghost Town tél. (480) 983-03333, www.goldfieldghosttown.com. **Lost Dutchman State Park**, par AZ 88, à 4 miles au nord de l'Apache Junction, tél. 982- 4485, www.stateparks.com. **Tonto N. M.**, à 5 miles de Roosevelt, tél. (928) 467-2241, www.nps.gov/tont.
Montezuma Castle N. M., P.O. Box 219, Camp Verde, AZ 86322, tél. (928) 567-3322, www.nps.gov/moca. **Saguaro N.P.**, 3693 S. Old Spanish Trail, tél. (520) 733-5158, www.nps.gov/sagu.
Old Tucson, 201 S. Kinney Rd, www.oldtucson.com, tlj. 10h-18h, mai-août seulement sam/dim 10h-18h. **Desert Voyagers**, Box 9053, Scottsdale, AZ 85252, tél. (480) 998-7238, www.desertvoyagers.com, rafting.

SEDONA, FLAGSTAFF, GALLUP, L'INDIAN COUNTRY ET SANTA FE

Flagstaff Visitor Center, 1 E. Rte 66, tél. (928) 774-9541, www.flagstaffarizona.org.
Gallup Visitors Center, 103 W. Historic Hwy 66, Gallup, tél. (505) 863-3841, www.gallupnm.org.
Santa Fe C & V Bureau, 201 W. Marcy St., tél. (505) 955-6200, www.santafe.org. **Sedona Visitor Center**, 331 Forest Rd, www.visitsedona.com.

El Morro N. M., à 30 miles à l'est de Zuni, tél. (505) 783-4226, www.nps. gov/elmo.
Georgia O'Keeffe Museum, 217 Johnson St., Santa Fe, www.okeeffemuseum.org, tlj. 10h-17h, ven. jusqu'à 19 h.
Lowell Observatory, 1400 W. Mars Hill Rd., tél. (928) 774-3358, nov.-fév. 12h-17h, mars-oct. 9h-17h, sept.-mai également les lun., mer., ven., sam. 17h30-21h30, juin-août tlj. 17h30-21h30.
Museum of Northern Arizona, 3101 N. Fort Valley Rd, Flagstaff, tél. (928) 774-5213, tlj. 9-17h.
New Mexico Mining Museum, 100 North Iron St., Grants, tél. (505) 287-4802, lun.-sam. 9h-16h.
New Mexico Museum of Art, 107 West Palace Ave., Santa Fe, mar.-dim. 10h-17h, en été aussi lun.-ven. jusqu'à 20h.
Sunset Crater Volcano N. M., tél. (928) 526-0502, www.nps.gov/sucr. **Walnut Canyon N. M.**, à 7,5 miles à l'est de Flagstaff, tél. (928) 526-3367, www. nps.gov/waca.
Wheelwright Museum of the American Indian, 704 Camino Lejo, Santa Fe, www.wheelwright.org, tlj. 10h-17h.
Wupatki N. M., à 35 miles au nord-est de Flagstaff, par la US 89, tél. (928) 679-2365, www.nps.gov/wupa.
Zuni Pueblo, à 40 miles au sud de Gallup, tél. (505) 782-7238, www.experiencezuni.com.

Le rodeo, un sport d'hommes ! Les testicules des taureaux sont comprimés pour rendre l'animal plus sauvage.

Rainer Hackenberg

N&NANCY
JEFFERY
PRACT
LOUNG
1

Foto: Rainer Hackenberg

DE SANTA FE À AUSTIN

VERS FORT STOCKTON
DU TEXAS HILL COUNTRY
À AUSTIN
AUSTIN

Le Texas est le second État de l'Union par la taille – le premier étant l'Alaska – et tout y est plus grand que dans le reste des USA. Les hommes sont grands, portent de grandes bottes, conduisent de très longues voitures, mangent des steaks énormes et parlent de sommes d'argent colossales gagnées avec leurs grands ranches ou puits de pétrole.

C'est au Texas que le visiteur venu de l'Ouest comprendra vraiment ce que sont de longues distances. S'il sait s'adapter à la taille, à la platitude, à la lumière et au vide de la Prairie, il découvrira une contrée très fascinante où certains paysages semblent appartenir à une autre ère géologique. Le long de l'I-10 en direction de l'est, on pénètre peu à peu dans les collines verdoyantes du Texas Hill Country et atteint là le vrai cœur du Texas : Austin, la capitale, et San Antonio, la ville historique, où se mêlent le parfum de l'ancien Mexique et un mode de vie moderne.

Pour se rendre de Santa Fe à San Antonio, il y a deux possibilités : le trajet le plus rapide par l'I-25 et l'I-10 amène rapidement à San Antonio, à 1 050 miles (1 700 km), en passant par El Paso et Fort Stockton. En empruntant la Route 285, on met plus de temps pour rejoindre l'I-10 à Fort Stockton (900 miles/ 1 450 km sans faire le moindre détour).

Ci-contre : le Guadalupe Mountains National Park.

EN ROUTE POUR FORT STOCKTON PAR L'I-25 ET l'I-10

Depuis **Santa Fe** ❶, par l'Interstate 25, on gagne rapidement Albuquerque. Ensuite, jusqu'à El Paso, il n'y a plus de villes présentant un intérêt particulier. De **San Antonio** (**NM**) ❷, on peut faire un détour par la Lincoln National Forest et au Three Rivers Petroglyph Site (cf. p. 68).

Excursion au White Sands National Monument

De **Las Cruces**, on rejoint le ★**White Sands National Monument** ❸, un paysage blanc de gypse qu'un circuit de 16 miles vous fera découvrir. Les dunes se trouvent dans une zone d'essais militaires, le **White Sands Missile Range**.

El Paso / Ciudad Juarez

“Le plus captivant à **El Paso** ❹, c'est Ciudad Juarez” : ces propos visent en fait la ville jumelle de l'autre côté de la frontière. À bien des égards, **Ciudad Juarez** et El Paso semblent une seule et même ville, seulement coupée en deux par le Rio Grande. Juarez (1,4 million d'habitants) est une grande ville industrielle mexicaine en pleine expansion dont dépend l'économie d'El Paso. Ce-

Santa Fe
Colorado Springs
Las Vegas
Conchas Lake
Trujillo
Gallinas
Pecos
ALBUQUERQUE
Flagstaff
Moriarty
Santa Rosa
Amarillo
10096
Belen
Willard
Encino
Sumner L.
Vaughn
Fort Sumner
Rio Grande
U. S. A.
Mesa
Corona
Socorro
NEW MEXICO
San Antonio
Bingham
CAPITAN MTS.
Lincoln Natl. Forest
White Sands Missile Range
Carrizozo
Bitter Lake Natl. Wildlife Refuge
Lincoln
Elephant Butte Res.
3 Rivers Petroglyph Site
Ruidoso Downs
Roswell
Truth of Consequences
Mescalero Apache Ind. Res.
Tatum
Plains
Tularosa
4474
Lovington
White Sands Natl. Mon.
Alamogordo
Artesia
Hobbs
Seminole
Brantley Res.
Fort Bliss Military Res.
Las Cruces
Carlsbad
Eunice
Andrews
Tucson
Carlsbad Caverns Natl. Park
EL PASO
Guadalupe Peak 8741
Pine Springs
Guadalupe Mts. Natl. Park
Kermit
Odessa
Cornudas
Monahans Sandhills State Park
CIUDAD JUÁREZ
Ysleta
Fabens
Sierra Blanca 6894
Dallas
Monahans
San Isidro
Samalayuca
Ft. Hancock
Guadalupe
TEXAS
Pecos
Grand Falls
Toyah
Van Horn
Balmorhea
Fort Stockton
Rio Grande
Rio Bravo del Norte
Lucero
DAVIS MTS.
Balmorhea State Park
Valentine
Villa Ahumada
Laguna de Santa Maria
Davis Mts. State Park
Fort Davis
Coyanose
Caverns of Sonora, Ft. Lancaster Hist. Site (310 miles to San Antonio)
MEXICO
Marfa
Alpine
Marathon
Candelaria
Chinati Peak 7730
Santiago Mtn. 6521
El Sueco
San Jacinto Mountain 4965
Chihuahua
Presidio
Big Bend Natl. Park
Coyame
Ojinaga
Lajitas
Terlingua
Conchos
CHISOS MTS.
Waco
Llano
Burnet
Taylor
Pedernales Falls State Park
Colorado
Round Rock
Johnson City
AUSTIN
Bastrop
Fredericksburg
Aquarena Springs
Lockhart
Houston
El Paso
Canyon L.
San Marcos
Guadalupe State Park
New Braunfels
Gonzales
Sea World
SAN ANTONIO
San Antonio Missions
Lytle
Floresville
Pleasanton
Karnes City
San Antonio
Laredo
Kenedy
Campbellton
Corpus Christi
DE SANTA FE À AUSTIN
0 50 100 km
0 30 60 miles
© Nelles Verlag GmbH, München

pendant, avec le triste record de 3 000 meurtres par an, Juarez est devenue la ville la plus dangereuse du Mexique ces dernières années en raison de la guerre sanglante que se livrent les cartels de la drogue. En outre, une série de meurtres, jamais stoppée depuis 1993, et jamais élucidés de jeunes filles et femmes a déjà fait des centaines de victimes.

Parmi les premiers colons se trouvaient des missionnaires espagnols. Juarez compte de ce fait une **mission** de 1658 qui jouxte la **cathédrale** sur l'Av. 16 de Septiembre. Le dimanche, a lieu le **Mercado Juárez** (plus à l'est dans l'avenue) et il y a parfois des corridas sur la **Plaza de Toros**.

San Isidro ❺, su sud d'El Paso sur le Rio Grande, serait la plus ancienne mission des USA. Les Indiens Tigua proclament que leur réserve près d'**Ysleta** (ouverte au public) est la plus vieille communauté indienne des USA (bien que les Zunis en disent autant).

Le **Rio Grande**, appelé Rio Bravo del Norte par les Mexicains, débordait fréquemment autrefois. Aujourd'hui les rives bétonnées en contrôlent les crues. Cette régularisation de la rivière s'est aussi avérée nécessaire pour des raisons politiques : en effet, après une crue, la rivière suivait souvent un autre cours, changeant ainsi le tracé de la frontière entre le Mexique et les États-Unis.

En route vers l'est et Fort Stockton

Depuis El Paso ("le col", en espagnol), l'Interstate 10 est la seule route de passage à travers les montagnes. Elle suit tout d'abord le Rio Grande avant de bifurquer à l'est pour couper à travers l'État. Cette région est l'une des plus désertes du Texas en terme de peuplement. Rien n'a guère changé dans cet endroit que les premiers Espagnols surnommèrent *despoblado*, "dépeuplé."

Foto: Manfred Braunger

En haut : tout est plus grand au Texas – y compris les chapeaux !

EN ROUTE POUR LE TEXAS EN MUSARDANT

Si vous ne voulez pas prendre l'I-10 pour rejoindre le Texas, vous pouvez faire un détour par l'extrémité sud-est du Nouveau-Mexique. Cette région rurale chargée d'histoire recèle des lieux et curiosités qui valent le déplacement.

Roswell

Si le nom de **Roswell** ❻ est inscrit sur les cartes topographiques, c'est grâce à deux événements spatiaux. C'est là qu'eurent lieu les premiers lancements de fusées du physicien et ingénieur Robert Goddard et l'"affaire de Roswell": un ovni se serait écrasé en 1947 à l'extérieur de la ville avec d'étranges créatures à son bord. Le **Museum and Art Center**, avec le laboratoire de recherche de Goddard, et l'**International UFO Museum** sont consacrés aux thèmes qui ont fait la réputation de la ville.

En hiver, le **Bitter Lake National Wildlife Refuge**, au nord-est de la

Foto: Rainer Hackenberg

ville, offre une halte à de nombreuses espèces d'oiseaux migrateurs, dont des pélicans, en route vers le sud.

Roswell est une bonne base de départ pour effectuer un circuit dans l'arrière-pays de la Route 285. La Rte 380 traverse les ★**Capitan Mountains**, dotées d'une station de ski, la **Ski Apache Resort**. Plus loin se trouve ★**Lincoln** ❼, la jolie ville natale du légendaire *Billy the Kid*, qui s'évada en 1881 de la **Courthouse** (se visite).

La route continue via Carrizozo et Tularosa (avec possibilité de continuer jusqu'au **White Sands National Monument**, voir p. 65) avant d'atteindre le **Three Rivers Petroglyph Site**. On revient à Roswell par **Ruidoso Downs** ❽.

★★Carlsbad Caverns National Park

Un peu plus au sud, à **Carlsbad** ❾, le ★★**Carlsbad Caverns National Park**, inscrit en 1995 au patrimoine mondial de l'UNESCO, attire des milliers de visiteurs. Ses fantastiques grottes de stalactites longues de 5 km forment un étonnant spectacle, notamment le soir, lorsqu'elles sont envahies par des centaines de milliers de chauves-souris.

À la frontière avec le Nouveau-Mexique, le Guadalupe Peak domine de ses 2 267 m le **Guadalupe Mountains National Park** ❿.

Ford Stockton et ses environs

Que l'ouest du Texas profite des richesses du pétrole – près de la moitié du pétrole américain est extrait au Texas – s'avère être une évidence à **Fort Stockton** ⓫, la plus grande ville de la région. Au nord de Fort Stockton, la Rte 18 mène au **Monahans Sandhills State Park**, une partie d'une zone de dunes de sable s'étirant sur 300 km. Au Park Headquarter, on peut louer des luges de sable pour glisser dans les dunes.

À l'ouest, sur la I-10, les conducteurs se reposeront de la chaleur près

Ci-dessus : de l'autre côté du Rio Grande, à Boquillas del Carmen (Mexique). Ci-contre : dans le Big Bend National Park.

» Carte p. 66, fiche pratique p. 73

Foto: Rainer Hackenberg

du **Lake Balmorhea**, dans le parc du même nom.

Un détour par le sud-ouest du Texas

La contrée est traversée par les derniers contreforts des Rocheuses. Les montagnes se poursuivent vers le sud, où un détour de 130 miles par les Rtes 17 et 118 vous mènera à l'un des paysages les plus spectaculaires du Texas. Les **Davis Mountains** sont à vrai dire les seules montagnes de l'État dignes de ce nom. Près de **Fort Davis** ⓬, la plus haute ville du Texas (1 493 m), se situe le **McDonald Observatory** ; l'altitude et la pureté du ciel en font un lieu idéal pour l'observation des étoiles.

De là, la Rte 118 amène vers le haut lieu du tourisme de l'ouest du Texas, le ★**Big Bend National Park** ⓭ délimité par la grande "courbe" décrite par le **Rio Grande** dans le **désert** brûlant **de Chihuahua**. On y trouve d'impressionnants canyons photogéniques tel le **Santa Elena Canyon** et les **Chisos Mountains** (2 385 m) d'origine volcanique avec à leur pied la plaine alluviale verdoyante de ★**Basin** (visitor center, lodge).

Attention : les deux stations-service du parc ferment à 17 h ! Le rafting et la randonnée sont les deux meilleures manières d'explorer cette région. Non loin de là, il y a deux petites villes fantômes : **Lajitas**, qui revit aujourd'hui grâce au tourisme, et **Terlingua**, où les Texans se réunissent chaque automne lors du *National Chili Cook-Off*, un concours de cuisine "épicée".

Vers San Antonio

Sur la I-10, à l'est de Fort Stockton, les forts de cavalerie du XIXe siècle, construits pour enrayer le "problème indien", donnent une bonne idée de ce que furent le passé et la vie quotidienne à la *Frontier*. Les ruines en adobe de **Fort Lancaster** en sont un exemple.

Près de **Sonora**, les **Caverns of Sonora** constituent l'un des complexes de grottes souterraines les plus longs du Texas.

» Carte p. 66, fiche pratique p. 73

Foto: Manfred Braunger

San Antonio

C'est à El Paso et à **San Antonio** ⓮ que l'héritage mexicain s'est le mieux conservé. San Antonio est la plus ancienne ville du Texas. Plus de la moitié de ses 1,3 million d'hab. étant d'origine mexicaine, leur langue et leur culture sont partout présentes dans la vie quotidienne, d'**El Mercado**, le plus grand marché mexicain des USA, à la *fiesta* annuelle et au quartier animé de **La Villita**, truffé de restos et magasins tex-mex. Enfin, San Antonio eut le premier maire d'origine hispanique aux États-Unis.

Les Espagnols y fondèrent des missions catholiques dès 1718. San Antonio abrite des sites majeurs de l'histoire du Texas comme l'★**Alamo Chapel**, une mission établie en 1793 qui fut dotée d'un fort : elle symbolise immanquablement la lutte pour l'indépendance du Texas. Sur ce site se déroula en 1836 le siège de Fort Alamo au cours duquel des insurgés indépendantistes texans (dont le célèbre David Crockett) affrontèrent les troupes mexicaines supérieures en nombre et trouvèrent la mort. La résistance héroïque des insurgés, retranchés dans le fort, permit de couvrir le retrait du général Houston et d'établir la République du Texas où l'esclavage, contrairement aux lois mexicaines, était autorisé. Mais en 1845, le Texas fut annexé par les USA et devint un État de l'Union.

Ci-dessus : l'Alamo Chapel symbolise les fortes aspirations texanes à l'indépendance. Ci-contre : la River Walk – promenade réputée de San Antonio.

En raison de ses nombreux canaux, San Antonio est surnommée la "Petite Venise du Texas". Au cœur de la ville, le paisible canal ★**Paseo del Rio** aménagé sur la **rivière San Antonio** est sillonné par des bateaux touristiques en forme de gondole. Il est bordé par la **River Walk** : cette promenade de plusieurs kilomètres jalonnée de boutiques, de bars et de bons restaurants est le point de rencontre des noctambules.

Les touristes au Texas entendront souvent l'expression *six flags over Texas* (six drapeaux flottant sur le Texas) en référence aux six nations (Espagnols,

» Carte p. 66, fiche pratique p. 73

Foto: Nickolay Stanev (Dreamstime)

Français, Mexicains, Texans, Confédérés, Américains) qui l'occupèrent. L'**Institute of Texan Cultures**, situé près de la tour panoramique ★**Tower of the Americas** (228 m) dans le **HemisFair Park**, documente cet héritage. On l'observera également dans des bâtiments historiques tels que le **Governor's Palace** espagnol de 1722, les cinq ★**missions espagnoles** (Patrimoine de l'Unesco) le long du **Mission Trail** (au sud de la ville), la **Cathédrale San Fernando**, achevée en 1873, de style néo-gothique, et dans le **King William District**, aménagé par des immigrants allemands au XIXe s.

Dans le **Brackenridge Park**, le **Witte Museum** est un musée d'histoire naturelle. En face de la chapelle Alamo, le remarquable bâtiment Art déco du **Menger Hotel**, inauguré dans la moitié du XIXe siècle, a connu des hôtes prestigieux, dont Oscar Wilde, Sarah Bernhardt et le général sudiste Robert Lee.

À 27 km au nord de la ville, le grand parc à thèmes ★**Sea World**, qui compte quelque 12 000 animaux marins, est un but d'excursion idéal pour les familles.

DU TEXAS HILL COUNTRY À AUSTIN

Le **Texas Hill Country** est un monde à part, qui semble à mille lieux des plaines arides de l'ouest. Cette région est considérée comme le véritable "cœur du Texas". Des rivières et des lacs viennent interrompre les étendues vertes plantées de chênes. On pratique ici le canotage, la pêche, le canoë et la natation. La chasse est aussi populaire.

La rapide Route 35 d'Austin passe par **New Braunfels** ⑮, fondée en 1845 par des colons allemands, et **San Marcos** (sur l'I-35) agrémentée d'un parc nautique, l'**Aquarena Center**, et de la gigantesque grotte **Wonder World**. A une demi-heure de voiture de là, le **National Bridge Wildlife Ranch** abrite des animaux exotiques dont des autruches et des girafes. Les stalagmites et stalactites des **Natural Bridge Caverns**, les plus vastes grottes du Texas, offrent un spectacle impressionnant.

Depuis San Antonio, on peut aussi gagner Austin par les Rtes 281 et 290.

» Carte p. 66, fiche pratique p. 73

Foto: Brandon Seidel (Dreamstime)

Au nord de San Antonio, le Texas Hill Country se montre sous son plus beau jour dans le **Guadalupe River State Park**. Ce parc est prisé des fans de nature et d'oiseaux mais aussi des adeptes de canoë qui peuvent s'exercer sur les rapides de la rivière Guadalupe.

Le Texas Hill Country est connu en tant que lieu de naissance de Lyndon B. Johnson (président de 1963 à 1968, né en 1908 près de Stonewall). La région est pleine de mémoriaux à Johnson – son nom est souvent évoqué, comme c'est le cas avec le **LBJ National Historical Park**, près de **Johnson City** ⑯, où l'on pourra visiter la maison de l'ancien président. Après Johnson City, le **Pedernales River State Park** offre un large éventail de sports nautiques.

Jusqu'au XIXe siècle, les colons évitèrent cette contrée. Les Mexicains, qui gagnèrent leur indépendance en 1821, virent d'un très bon œil des immigrants allemands s'installer autour de San Antonio, car ils formaient une zone tampon contre les Comanches belliqueux. De cette époque nous sont restés des noms de ville allemands tels que Hochheim, Waelder, Bergheim, Neiderwald, New Braunfels ou Luckenbach.

À l'est de l'I-10, sur la Rte 290, **Fredericksburg** ⑰ est l'une des plus connues de ces colonies. Elle n'a rien perdu de son caractère germanique : on entend encore parler allemand dans la boutique au charme suranné du **County Store**, et on peut visiter le musée de la **Vereins Kirche**. L'histoire des colons est approfondie au **Admiral Nimitz State Historic Site**, dont la **Bush Gallery** présente une exposition sur la guerre du Pacifique entre les États-Unis et le Japon, et au **Pioneer Museum Complex**. On y produit même des saucisses et de l'eau-de-vie de poire d'après des recettes traditionnelles allemandes.

Austin

Austin ⑱ est une ville très courue aux Etats-Unis en raison de la qualité de sa vie. Les jeunes y viennent à cause de son université réputée et de la musique, d'autres y sont attirés par la beauté de la ville avec ses vieilles allées plantées de chênes et ses troquets aménagés dans des édifices plus que centenaires.

L'**Old Pecan Street**, dans le **6th Street Historic District**, et le campus de l'**University of Texas** (nombreux cafés étudiants) sont des points de ralliement populaires. Sur le campus, des musiciens réputés se produisent dans des bars à blues tel **Antone's** (213 W 5th St.). Près de l'université, le **Lyndon B. Johnson Library and Museum** en marbre bleu recèle des livres et des objets du président de la guerre du Vietnam. Les bâtiments gouvernementaux se voient de loin : le ★**State Capitol Building** est ainsi plus haut que celui de Washington D.C. ! Il fut construit en granit rouge, matériau nettement plus élégant que l'habituel grès du Texas. En face se dresse la **Governor's Mansion** construite en 1856.

Ci-dessus : le State Capitol Building, à Austin.

» Carte p. 66, fiche pratique p. 73

LE NOUVEAU-MEXIQUE (☎ 505)

Carlsbad Chamber of Commerce, 5934 Priestley Drive, tél. 932-8400, www. carlsbad.org.

Bitter Lake National Wildlife Refuge, à 13 miles au nord-est de Roswell (par la US 70), tél. 622-6755, www.fws.gov/south-west/refuges/newmex/bitterlake/index.html.
Carlsbad Caverns National Park, à 27 miles au sud-ouest de Carlsbad, sur la US 62/180, tél. 785-2232, www.nps.gov/cave ; visites individuelles ou guidées, t.l.j. 8h30-16h30 (dernière admission à 15h30), juillet-août 8h30-18h30.
Lincoln National Forest, près de Alamogordo, tél. 434-7200, www.fs.fed.us/r3/lincoln.
Roswell Museum & Art Center, 100 W 11th St., tél. 624-6744, lun.-sam. 10h-17h, dim. 13-17h.
Three Rivers Petroglyph National Recreation Site, à 36 miles au sud de Carrizozo, par la US 54. **White Sands National Monument**, à 15 miles au sud-ouest d'Alamogordo, sur la US 70/82, tél. 679-2599, www.nps.gov/whsa.

L'OUEST DU TEXAS (☎ 915, 325, 432)

El Paso Convention & Visitors Bur, 1 Civic Center Plaza, El Paso, TX 79901, tél. (915) 534-0600, www.visitelpaso.com.

Big Bend National Park, à 165 km au sud d'Alpine, sur la TX 118, informations tél. (432) 477-2251, www.nps.gov/bibe.
Caverns of Sonora, à 8 miles à l'ouest de Sonara, par l'I-10, sur la RM 1989, www.cavernsofsonora.com, t.l.j. 8h-18h, mars/avril 9h-17h.
Fort Davis National Historic Site, tél. (432) 426-3224, www.nps.gov/foda.
Fort Lancaster State Historic Site, Sheffield TX 79781, tél. (432) 836-4391, www.tpwd.state.tx.us. **Guadalupe Mountains National Park**, à 15 miles au nord de Van Horn, par la TX 54, tél. (915) 828-3251, www.nps. gov/gumo.
McDonald Observatory, sur le Mt. Locke, tél. 426-3640, t.l.j. 10h-17h, www.mcdonaldobservatory.org, parfois soirées "étoiles" (*star parties*).
Tigua Indian Reservation qui abrite aussi la **Ysleta Mission**, tél. (915) 859-7913.

TEXAS HILL COUNTRY (☎ 830)

Fredericksburg Convention & Visitors Bureau, 106 N Adams, Fredericksburg, tél. 997-6523, www.fredericksburg-texas.com.

Admiral Nimitz State Historic Site, 340 E Main St., Fredericksburg, tél. 997-4379, t.l.j. 9h-17h. **Lyndon B. Johnson National Historical Park**, t.l.j. 8h45-17h. **Vereins Kirche Museum**, Market Square, Fredericksburg, lun.-sam. 10h-16h, dim. 13h-16h.

AUSTIN (☎ 512) ET SAN ANTONIO (☎ 210)

Austin Visitor Center, 301 Congress Ave., www.austintexas.org. **San Antonio Visitor Center**, 317 Alamo Plaza, tél. 207-6748, www.visitsanantonio.com.

Chart House, 600 Hemisfair Plaza Way, tél. 223-3101. Restaurant chic tournant, vue splendide sur la Tower of the Americas.
La Margarita, 120 Produce Row, tél. 210-227-7140, resto mexicain à la mode.

The Alamo, Alamo Plaza, San Antonio, tél. 225-1391, t.l.j. 9h-17h30, juin-août 9h-19h, www.thealamo.org. **Brackenridge Park**, N Broadway (US 81), San Antonio, www.sanantoniocvb.com. **Governor's Mansion**, Austin, visites lun.-ven. et certains sam. 14h-16h, réservation obligatoire sous tél. 512-305-8524. **Institute of Texan Cultures**, HemisFair Park, San Antonio, tél. 458-2330, mar.-sam. 10h-17h, dim. 12h-17h.
Lyndon B. Johnson Library & Museum, sur le campus de l'University of Texas, Austin, tél. 721-0200, t.l.j. 10h-17h. **Spanish Governor's Palace**, 105 Military Plaza, San Antonio, tél. 224-0601, lun.-sam. 9h-17h, dim. 10h-17h.
State Capitol, 11th/Congress Ave., Austin, tél. 463-0063, lun.-ven. 8h30-16h30, sam. 9h30-15h30, dim. 12h-15h30. **Witte Museum**, 3801 Broadway/Tuleta St., San Antonio, www.wittemuseum.org, t.l.j. 10h-17h, mar. 10h-20h.
Sea World San Antonio, tél. 523-3000, fermé jan.-fév., sinon 10h-18h, plus longtemps sam.-dim. et en été, infos sous http://seaworldparks.com/en/seaworld-sanantonio/

Foto: Bernd Jonkmanns

LA CÔTE DU TEXAS

DE SAN ANTONIO À CORPUS CHRISTI
CORPUS CHRISTI ET SES ENVIRONS
DE CORPUS CHRISTI À GALVESTON
HOUSTON

Le découvreur espagnol Alonso Alvarez, qui cherchait une route directe vers Cathay (Asie centrale), fut le premier à explorer la côte du golfe du Mexique au XVIe siècle. Le cartographe espagnol Pineda dressa les premières cartes détaillées de cette large baie de sable et de marais fertile.

Contrairement aux déserts inhospitaliers s'étirant dans l'ouest du Texas, la côte du Texas est très attrayante avec ses longues plages de sable. La côte texane n'a pas été aussi fortement touchée par la terrible marée noire due à l'explosion d'une plate-forme pétrolière en 2010 que les autres États de l'Union américaine bordant le golfe du Mexique. À noter : les plages du Texas étant considérées comme des routes publiques, il est autorisé d'y circuler en 4x4.

Le trajet en bord de mer de 300 miles (480 km) qui séparent San Antonio de Houston peut être parcouru en quelques heures ou plus rapidement par l'I-10 qui relie directement les deux métropoles. Seuls les touristes très pressés feront une croix sur la magnifique portion de côte longeant le golfe du Mexique.

Ci-contre : une sculpture de Dubuffet dans le dédale de gratte-ciel de Houston.

DE SAN ANTONIO À CORPUS CHRISTI

Depuis **San Antonio ❶**, l'I-37 file vers le sud-est à travers une région plutôt monotone. Le paysage de steppe s'étirant du centre du Texas à la côte n'est propice qu'aux chasseurs qui y sont à l'affût de pigeons et de sangliers. Cette étendue sèche et vide s'étend jusqu'au point le plus méridional du Texas, où le cours d'eau du Rio Grande joue le rôle de frontière avec le Mexique.

Une grande partie de la région au sud de l'I-37 fait partie du **King Ranch**, le plus grand ranch du monde qui couvre 330 000 ha (et qui est plus vaste que l'État de Rhode Island). Itinéraire pour s'y rendre : prendre la Rte 77 vers le sud pour aller à **Kingsville ❷**, puis la Rte 141 en dir. de l'ouest pour rejoindre le centre des visiteurs du ranch. Celui-ci fut fondé au milieu du XIXe siècle par Richard King, un capitaine de bateau à vapeur. Une visite guidée vous fera découvrir une petite partie du domaine gigantesque et vous donnera une idée du travail quotidien des vrais cow-boys.

Corpus Christi et ses environs

Corpus Christi ❸ est à deux heures de voiture de San Antonio. C'est au XVIe siècle que le cartographe espagnol Pineda lui donna ce nom très catholique

» Carte p. 76-77, fiche pratique p. 83

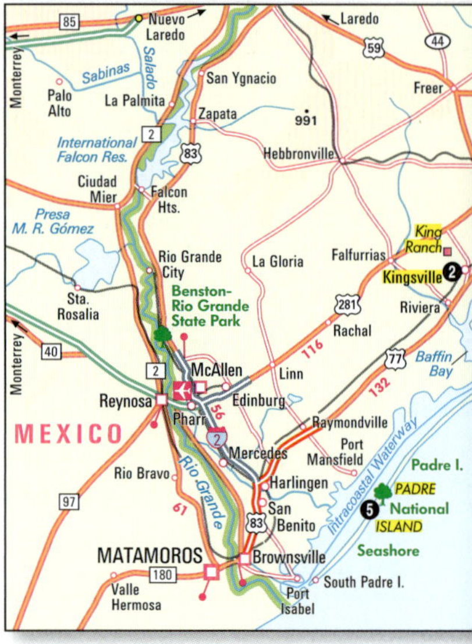

de "corps du Christ". Cette ville semble appartenir à un autre monde. Pourtant, ce n'est pas son cachet historique espagnol qui attirent les touristes mais ses plages de sable blanc, sa pêche sportive et ses hôtels balnéaires.

Corpus Christi n'est pas qu'un lieu de loisirs et de détente comme son port grouillant d'animation en témoigne. La ville fut une base militaire importante durant la guerre avec le Mexique (1846-1848), à l'aube du rattachement du Texas à l'Union ; et les bases navales (ouvertes au public) des environs perpétuent de nos jours cette tradition. Ceux qui s'intéressent à tout ce qui touche à l'armement pourront visiter le porte-avions *U.S.S. Lexington*, qui fut en activité durant toute la Seconde Guerre mondiale et est désormais un musée flottant.

Le port est séparé de la baie de Corpus Christi par le **Harbor Bridge**, le plus haut pont de l'État. Au pied du pont, la **Bayfront Plaza** est le nouveau pôle d'attraction de la ville : les employés du **Convention Center** voisin viennent se promener à la pause du déjeuner dans le **Watergarden**.

Non loin de là, on peut faire un saut au **South Texas Institute for the Arts** (dont le bâtiment est l'œuvre de l'architecte Philip Johnson) ou tout apprendre sur les épaves au **Corpus Christi Museum of Science and History**.

Autre attraction dans le port : les ★**Ships of Christopher Colombus**, des répliques grandeur nature des caravelles avec lesquelles Christophe Colomb découvrit le Nouveau Monde en 1492, sont ancrées dans le port de Corpus Christi. À proximité, le **Heritage Park** abrite de superbes demeures historiques restaurées.

Le **Texas State Museum of Asian Cultures** ne manque pas d'originalité avec sa belle collection japonaise de gravures sur bois, ses objets en laque et ses sculptures. On doit ce musée à une habitante de la ville, collectionneuse passionnée, Billie Trimble Chandler, qui travailla plusieurs années au Japon comme enseignante.

Sur l'autre rive, le **Texas State Aquarium** héberge de nombreux requins et d'autres animaux marins : tortues de mer, loutres, crocodiles, méduses et dauphins. On y profitera en outre d'une belle vue sur les plages.

Que serait Corpus Christi sans ses plages et vents puissants qui font le bonheur des surfeurs, des kite-surfeurs et des mordus de cerfs-volants ? La plage de la ville, **North Beach**, offre de fortes vagues très appréciées des surfeurs. Plus au sud, la plage abritée de **McGee Beach** convient bien aux familles avec de jeunes enfants.

Mustang Island

Le **Mustang Island State Park**, à l'extrémité nord de **Mustang Island** ❹, possède des plages peu fréquentées. À la pointe du parc, **Port Aransas** est un paisible village de pêcheurs, qui est devenu beaucoup plus touristique ces dernières années. Mais il continue à être

» Carte p. 76-77, fiche pratique p. 83

un lieu agréable pour musarder dans les boutiques ou sur les quais du port. On peut y louer des bateaux pour pratiquer la pêche en haute mer ou pêcher tranquillement au lancer depuis la **Horace Caldwell Fishing Pier**, une jetée longue de 400 m au bord du golfe. Les murs de la **Tarpon Inn** (auberge) sont couverts de souvenirs de pêcheurs voulant laisser à la postérité la trace de leurs meilleures prises.

Padre Island

Les plus belles plages du Texas se trouvent sur **Padre Island** ❺. Cette île, qui s'étend sur 160 km, constitue la plus longue langue de terre du monde. Dans le nord s'égrène une succession de résidences, d'hôtels et de restaurants. Les constructions se raréfient au fur et à mesure qu'on se dirige vers le sud, et le paysage n'est plus alors que dunes, marais, mer et ciel.

Dans la partie tournée vers le continent, des criques délicieuses abritent dans leurs bas-fonds chauds et dans la vase toutes sortes d'espèces animales marines. Quelque 350 espèces d'oiseaux y nichent aussi. Du côté de la mer, la plage est parsemée de coquillages et de galets. Le sable sur les plages est si mouvant et si profond qu'on s'y enfonce sans cesse lors d'une promenade. Pour explorer le sud l'île, il vaut mieux louer un 4 x 4, d'autant qu'il est permis de rouler sur la plage au Texas.

Outre ses trésors naturels, c'est surtout grâce à l'or que cette côte doit sa richesse : trois galions espagnols chargés d'or et d'objets de valeur coulèrent en 1554 au large de cette côte surnommée "la tombe du Golfe". Une grande partie de leur cargaison a été récupérée.

Villages de pêcheurs et réserves animales

De Port Aransas sur la Mustang Island, un bac mène gratuitement à **Aransas Pass** ❻, où une énorme flotte de bateaux se sont spécialisés dans la pêche à la crevette. De l'autre côté de la baie, l'île inhabitée de **San José Island**

» Carte p. 76-77, fiche pratique p. 83

Foto: Philip Lange (Dreamstime)

offre une protection naturelle à la côte contre les ouragans.

Sur la côte texane, on aura l'occasion d'explorer de nombreuses réserves animales, dont l'**Aransas National Wildlife Refuge** ❼. Tous les ans, à la mi-octobre, des grues rares d'Amérique viennent y hiverner depuis le Canada. Leur population, presque éteinte il y a quelques dizaines d'années, est remontée à une cinquantaine d'individus grâce aux efforts des écologistes.

La région est si impliquée dans la protection de sa faune que les puits de forage pétrolier du large doivent interrompre leurs activités durant cette saison. On redoute qu'un accident avec un pétrolier en route sur la Gulf Intracoastal Waterway, qui traverse la réserve naturelle, ne provoque une catastrophe écologique sans précédent. Le pétrole ou les produits chimiques anéantiraient les crustacés ou la nourriture de tous les oiseaux. L'explosion de la plate-forme pétrolière Deepwater Horizon au large des côtes de Louisiane en 2010, qui a provoqué l'une des plus graves pollutions pétrolières connues, constitue un sérieux avertissement sur les éventuelles conséquences catastrophiques pour l'environnement. Cette portion de côte a joué de beaucoup de chance : les vents favorables ont empêché la pollution de la réserve naturelle d'Aransas.

Les grues et les autres espèces rares vivant ici (tortues, alligators, pélicans bruns) se sont bien adaptées au trafic maritime. Ces exigences contradictoires entre l'homme et l'animal rappellent que la côte texane ne se limite pas à des sites touristiques et à des réserves naturelles. Utilisé par l'exploitation pétrolière offshore, le couloir étroit s'étirant entre le continent et la barrière d'îles constitue aussi une portion du **Gulf Intracoastal Waterway**, une voie d'eau qui relie les ports du Texas à la Nouvelle-Orléans. Cette importante ar-

Ci-dessus : l'exploitation pétrolière offshore constitue une menace indéniable pour l'écosystème du golfe du Mexique – ainsi que pour le pélican brun.
Ci-contre : un chalutier-crevettier à Port Ysabel, au large de la côte texane.

» Carte p. 76-77, fiche pratique p. 83

Foto: Manfred Braunger

tère maritime parcourt 1 200 miles (soit 2 000 km) entre Brownsville (Texas) et la Floride. Terminée en 1949, la *waterway* est continuellement draguée pour garantir au minimum une profondeur de 3,65 m et une largeur de 38 m. La chaîne d'îles ne se contente pas de délimiter ce chenal, mais protège dans une certaine mesure les bateaux de la furie des tempêtes de la mer et des ouragans. Chaque année, une centaine de millions de tonnes de marchandises sont transportées ainsi d'un port à l'autre.

DE CORPUS CHRISTI À ★GALVESTON

Il n'est pas possible de rouler directement au bord de la *waterway*, mais la Rte 35 se déroule parallèle à la côte à l'intérieur des terres et passe par des villages de pêcheurs et des ports chargés d'histoire.

Au nord de la réserve naturelle d'Aransas, dans la baie de Matagorda, **Port O'Connor** ❽ et **Port Lavaca** ❾ attirent pêcheurs, chasseurs et vacanciers.

Dans le passé, certaines localités de cette région furent rayées de la carte par des cyclones : ainsi **Indianola** fut dévastée par une tempête au XIXe siècle, si bien qu'il n'en reste plus aucune trace. **Palacios** ❿, de l'autre côté de la baie, fut quasiment épargnée par le cyclone et a de ce fait conservé son charme victorien d'antan.

★Galveston

Les ouragans ont laissé leur empreinte dévastatrice dans nombre de localités de la côte texane. Parmi elles figure **★Galveston** ⓫ (48 000 hab.) au sud-est de Houston. Au XIXe siècle, cette dernière était le centre économique de la région. Mais les 8/9 septembre 1900, la ville fut touchée par un cyclone d'une extrême violence qui compte, avec "Katrina" (2005), au nombre des pires catastrophes naturelles qu'aient jamais connues les États-Unis. Plus de 6 000 personnes périrent, et la ville fut à ce point ravagée qu'on ne voulut tout d'abord pas la rebâtir.

» Carte p. 76-77, fiche pratique p. 83

Foto: Rainer Hackenberg

Heureusement, quelques superbes maisons victoriennes, telle l'**Ashton Villa** de 1859, ont survécu, et Galveston, malgré les destructions massives, est l'une des villes historiques les plus populaires du Texas. Entre-temps, un énorme brise-lames de 5 m de haut a été érigé pour prévenir de nouvelles catastrophes. Galveston est souvent appelée *Oleander City* (ville des lauriers-roses) car il y pousse plus de 60 espèces de lauriers-roses.

Le **Strand Historic District**, qui possède des entrepôts de style victorien, est un quartier commerçant animé. Autre vestige de l'époque d'avant la grande tempête, le **Grand 1894 Opera House** est l'une des plus belles anciennes salles de spectacles d'Amérique.

Le passé maritime du port est présenté au **Texas Seaport Museum** sur la Pier 21 (jetée 21) et sur l'*Elissa*, un vieux bâteau à voiles de 1877.

Ci-dessus : la ligne d'horizon des gratte-ciel de Houston la nuit. Ci-contre : une station de métro à Houston.

À Galveston, les visiteurs – notamment les familles – ne manqueront pas de se rendre aux **Moody Gardens**. Cet immense complexe comprend trois pyramides de verre hautes de dix étages : l'une abrite la faune et et la flore d'une forêt tropicale, la 2e héberge un grand aquarium ; dans la troisème, il y a des expositions temporaires et un cinéma IMAX en 4D qui entraîne le public dans des mondes encore plus exotiques.

De Galveston, on peut embarquer pour des croisières d'une journée ou se rendre en bac gratuitement à la **Bolivar Peninsula**. Au-delà de l'imposant phare de Port Bolivar, la péninsule possède des km de plages désertes et de dunes.

Galveston Island est reliée au continent par une Hwy. Ses 51 km de plages lui ont valu le surnom de *Queen of the Texas Coast*. Jadis, c'était un village de pêcheurs florissant comme le rappelle chaque année au printemps le **Shrimp Festival** (f. de la crevette). Cette fête débute traditionnellement par la bénédiction des bateaux (à l'ouverture de la saison) et s'achève par une *square dance*.

» Carte p. 76-77, fiche pratique p. 83

Foto: John Zellmer (iStockphoto)

Houston

Sur la route de Houston, la Rte 146 passe par le **Clear Lake** et **Kemah**, où vous pourrez déguster des fruits de mer d'une grande fraîcheur et bénéficier d'une vue splendide sur le golfe.

Houston ⓬ (2,2 millions d'hab.) est la plus grande ville du Texas. Elle doit son nom au général Sam Houston qui lutta pour l'indépendance de la République du Texas. Cette métropole se caractérise par sa diversité ethnique et culturelle : Latino-Américains, Asiatiques et Afro-Américains perpétuent leurs traditions en célébrant leurs propres fêtes.

Du côté ouest du Clear Lake se dresse le ★**Space Center Houston**. La NASA y a aménagé un musée qui offre aux visiteurs une rétrospective allant des premières capsules spatiales à des fragments de roche ramenés de la Lune. Le premier mot prononcé par le premier homme qui marcha sur la Lune (Neil Amstrong, le 21 juillet 1969) fut "Houston", tout le monde ici vous le dira. La visite du Space Center est un must pour tous les passionnés de conquête spatiale. En outre, la métropole offre un éventail très varié d'activités artistiques qui vont du **Houston Grand Opera**, avec ces mises en scène somptueuses, aux **night-clubs** qui jalonnnent la **Richmond Avenue**. Non loin de là, la **Galleria**, artère commerçante chic, propose des vêtements de haute couture.

Houston possède aussi le charme rude et sans chichis d'un quartier portuaire, comme par exemple à **Kemah**.

Au sud-ouest de Downtown se trouvent trois musées intéressants : le **Contempory Arts Museum** (expos temporaires d'art moderne), le **Museum of Fine Arts** (collections d'œuvres d'art du monde entier) et la **Menil Collection**, où se trouve rassemblée la collection du couple Menil. À l'est du Menil Museum, la **Rothko Chapel** abrite 14 tableaux grand format du peintre américano-letton Marc Rothko (1903-1970), illustre représentant de l'expressionnisme abstrait.

À l'ouest de la ville, l'animation est permanente dans le quartier élégant

» Carte p. 76-77, fiche pratique p. 83

Foto: Rainer Hackenberg

de **Montrose** où vit la plus grande *gay community* (homosexuelle) du Texas. Les cafés installés sur le trottoir et les petites boutiques sont typiques du quartier, au même titre que la **Westheimer Street** et ses nombreux restaurants tex-mex.

Le centre-ville de Houston est quadrillé par un réseau de passages et de tunnels qui permettent de faire les boutiques à pied. Au-dessus de cette cité souterraine jaillissent des gratte-ciel, seuls reliefs de cette ville plate. Tout comme à Los Angeles, la municipalité de Houston s'est vue récemment plus ou moins forcée de mettre en place un réseau de transports publics. Le **Houston Metro Light Rail** dispose ainsi d'un réseau de voies ferrées de 12 km de long et de 16 stations qui permettent d'acccéder confortablement aux principales curiosités.

Au nombre des architectes modernes qui ont marqué la ville, mentionnons Philip Johnson ou I.M. Pei (dont le **Texas Commerce Bank Building** a été surnommé par certaines personnes mal intentionnées la "pierre tombale du Texas"). Le **Humble Civic Center**, composé de divers bâtiments accueillant conférences, activités sportives et quelques salles de concert, constitue le pôle de la vie culturelle de la cité. Au sud du Sam Houston Coliseum s'étend le **Sam Houston Park**, où a lieu tous les ans l'*International Festival*.

Le ★**Reliant Astrodome**, l'immense stade de Houston que certains habitants appellent la "huitième merveille du monde", accueille des matchs de football, de baseball, des courses de motos, des concerts ou encore des rodéos.

Citons encore le **San Jacinto Battleground State Historic Park**, devant lequel est ancré le navire de guerre *Texas*. De la **terrasse** du San Jacinto Monument, on a une vue extraordinaire. À l'est de Houston se trouve **Port Arthur**, avec le complexe touristique de **Pleasure Island** et le Sea Rim State Park.

Ci-dessus : au Space Center Houston, la conquête spatiale se conjugue à la fois au passé et au futur.

» Carte p. 76-77, fiche pratique p. 83

CORPUS CHRISTI ET SES ENVIRONS (☎ 361)

Corpus Christi Downtown Visitor Center, 1590 N Shoreline Blvd, www.visitcorpuschristitx.org.

Aransas National Wildlife Refuge, à 35 miles au nord-est de Rockport, au nord par la TX 35, infos par tél. 286-3559, www.fws.gov.
Bentsen-Rio Grande State Park, à 3 miles à l'ouest de la US 83, FM 2062 au sud, tél. (956) 585-1107, www.worldbirdingcenter.org.
Museum of Science and History, 1900 N Chaparral St., tél. 826-4650, www.ccmuseum.com, mar.-sam. 10h-17h, dim. 12h-17h.
Gladys Porter Zoo, 500 Ringgold St., Brownsville, www.gpz.org, t.l.j. 9h-17h, plus longtemps en été. **Heritage Park**, 1581 N Chaparral St., lun.-jeu. 9h-17h, ven. 9h-14h, sam. 11h-14h.
King Ranch, à l'ouest de Kingsville, tél. 592-8055, petit musée, visites guidées thématiques, www.king-ranch.com.
Texas State Mus. of Asian Cultures, 1809 N. Chaparral St., tél. 882-2641, mar.-sam. 10h-16h.
Mustang Island State Park, à 14 miles au sud de Corpus Christi sur la TX 361, tél. (361) 749-5246, www.tpwd.state.tx.us. **Padre Island National Seashore** (depuis Corpus Christi, accès par la John F. Kennedy Causeway), tél. 949-8068, www. nps. gov/pais. **Art Museum of South Texas**, 1902 N Shoreline Blvd, www.artmuseumofsouthtexas.org, mar.-sam. 10h-17h, dim. 13h-17h.
Texas State Aquarium, Corpus Christi Beach, tél. 881-1200, www.texasstateaquarium.org, t.l.j. 9h-17h, 18h en été. **USS Lexington**, Corpus Christi Bay, tél. 888-4873, t.l.j. 9h-17h, 18 h en été.

EXCURSIONS / ACTIVITÉS SPORTIVES : **Captain Clark's Flagship**, Corpus Christi Bayfront, tél. 884-8306, www.captclarksflagship.com, sorties en bateau à vapeur. **World Winds Windsurfing**, Padre Island National Seashore, tél. 949-7472, www.worldwinds.net.

GALVESTON ET LA CÔTE DU TEXAS (☎ 409)

Galveston Island Visitors Center, dans l'Ashton Villa, 2328 Broadway, tél. (888) 425-4753, www.galveston.com. **Port Lavaca Chamber of Commerce**, 2300 Highway 35 North, tél. (361) 552-2959, http:// www.portlavacatx.org.

Clary's Seafood Restaurant, 8509 Teichman Rd, tél. (409) 740-0771, fruits de mer, cadre romantique. **Fisherman's Wharf**, Pier 22 & Harborside Dr., tél. (409) 765-5708. Crevettes, homard et crabes sont les spécialités de ce restaurant qui compte parmi les meilleurs de la ville.

Ashton Villa, 2328 Broadway (at 24th St.), office de tourisme t.l.j. 10h-17h, aussi infos sur les visites guidées de la villa.
Galveston Island State Park, à 11 miles au sud-ouest de FM 3005, tél. 737-1222, www.tpwd.state.tx.us. Grande zone de loisirs avec camping et aire de pique-nique.
Grand 1894 Opera House, 2020 Post Office St., tél. 763-7173, www.thegrand.com.
Moody Gardens, 1 Hope Blvd, tél. 744-4673, www.moddygardens.com, t.l.j. 10h-18h.
Texas Seaport Museum, Pier 21, tél. 763-1877, t.l.j. 10h-17h.

HOUSTON ET SES ENVIRONS (☎ 713)

Houston Visitors Center, 901 Bagby St., Suite 100, tél. 437-5556 ou 1-800-4-HOUSTON, www.visithoustontexas.com.

Churrascos, 9705 Westheimer Rd., tél. 952-1988, restaurant de style sud-américain, excellents steaks.

Houston Grand Opera, Wortham Theater Center, 510 Preston St., tél. 228-6737, www.houstongrandopera.org.
Menil Collection, 1515 Sul Ross, www.menil.org, mer.-dim. 11h-19h.
Museum of Fine Arts, 1001 Bissonnet, www.mfah.org, mar. et mer. 10h-17h, jeu. 10h-21h, ven., sam. 10h-19h, dim. 12h15-19h.
Rothko Chapel, 1409 Sul Ross, tél. 524-9839, sam.-mar. 10h-18h, mer.-ven. 10h-19h.
Space Center Houston, à environ 35 miles au sud sur l'I-45, sortie 2351, www.spacecenter.org, lun.-ven. 10h-17h, sam. 10h-19h.

Manfred Braunger

Les néons aguicheurs de Las Vegas.

Foto: Volkmar E. Janicke

DE LOS ANGELES À LAS VEGAS

LE DÉSERT DE MOJAVE
LA VALLÉE DE LA MORT
LA HIGHWAY 95 VERS LAS VEGAS
LAS VEGAS

Grise et monolithique, la métropole tentaculaire de Los Angeles repose souvent sous un couvercle de smog. Mais en sortant de la ville, le ciel au-dessus de l'autoroute est d'un bleu étincelant. Au fil des kilomètres, la terre devient de plus en plus ocre et les paysages de plus en plus déserts et monotones. Chaque mile vous rapproche des terres désertiques de Californie et du Nevada. La route est bordée de lacs salés asséchés, de villes fantômes, d'étranges formations rocheuses qui se dressent vers le ciel. Enfin apparaît le désert proprement dit : *Death Valley*, la Vallée de la Mort, et le désert de Mojave. Des paysages lunaires qui semblent morts et cachent pourtant une vie grouillante. Et puis, au bout de ce périple de 450 miles (700 km), Las Vegas apparaît comme un mirage au cœur du désert, avec son monde hypnotisant de tables de roulette ou de blackjack.

LE DÉSERT DE MOJAVE

La route qui, après avoir quitté **Los Angeles** ❶ par l'est, s'enfonce dans le désert, arrive d'abord à **Barstow** ❷, par l'Interstate 15. Cette modeste bourgade, qui fut conçue comme nœud ferroviaire, n'offre pas grand intérêt, excepté la visite du **California Welcome Center** et du **Mojave River Valley Museum**. Mais de nombreux visiteurs sont attirés par les *outlet-centers*, qui vendent des articles à prix d'usine.

Ci-contre : la Vallée de la Mort vue du Zabriskie Point.

Calico, au nord-est de Barstow, mérite un détour. Ses gisements d'argent y attirèrent 3 500 prospecteurs vers 1880. La population de Calico diminua avec la chute des cours de l'argent en 1896. Il ne resta plus qu'une ville fantôme qui a, depuis, été restaurée, et propose aux curieux un tour de 48 km à travers la **Silver King Mine**. On pourra s'essayer au maniement de la batée, boire un verre dans un authentique saloon ou faire un tour en train à vapeur. Et si vous voulez absolument passer la nuit dans une ville fantôme, vous pourrez vous installer sur le terrain de camping voisin.

Au nord de Barstow, une attraction historique d'un tout autre genre vous attend : des insectes et d'autres animaux fossilisés dans la roche du **Rainbow Basin** et de l'**Owl Canyon** rappellent qu'il y a quelques millions d'années ce désert aujourd'hui sans trace de vie était fertile et peuplé d'animaux.

La route qui s'enfonce dans le désert de Mojave passe devant de nombreux lacs salés asséchés avant d'arriver à **Soda Springs** ❸, sur les berges du lac à sec du même nom. La ville était un avant-poste dans le désert, où les cowboys venaient abreuver leurs chevaux

» Carte p. 89, fiche pratique p. 95

Foto: Friedrich Schmidt

et se détendre ; puis elle devint une sorte de ville thermale, sous l'étrange nom de Zzyzx. Comment prononcer ce nom reste un grave sujet de débat chez les rares habitants – de toute manière, entre-temps, la source s'est tarie.

Au sud de **Baker** ❹ s'étire le Mojave National Preserve. Au premier abord, ce plateau en altitude, situé entre 900 et 1 500 m au-dessus du niveau de la mer, semble dénué de toute vie. Pourtant, outre une faune de lapins du désert, de tortues et de coyotes, il existe aussi toute une flore qui explose en couleurs variées au printemps. Les cactus géants et les arbres de Joshua sont particulièrement impressionnants.

À **Kelso** ❺, ancien important nœud ferroviaire, on pourra visiter la jolie gare d'antan et le Visitor Center de la réserve naturelle. Les tours dans les **dunes de sable de Kelso** et les randonnées sur le **Hole-in-the-Wall Rings Trail** sont particulièrement populaires.

En haut : Badwater, dans la Vallée de la Mort, est le point le plus bas du continent.

★★LA VALLÉE DE LA MORT

Depuis Baker, la Highway 127 amène vers le nord à une attraction majeure de l'Ouest, la ★★**Death Valley**.

La Death Valley (Vallée de la Mort) couvre avec 7 800 km^2 une énorme superficie. Les Indiens l'appelaient la "terre qui brûle", mais elle doit son nom funeste aux 49 premiers colons (les *Forty-Niners)*, dont la vie prit fin dans cet enfer vers 1850. En route pour la Californie, lors de la ruée vers l'or, ils furent contraints de traverser cet impitoyable désert et périrent d'épuisement.

De nos jours, la climatisation dans les voitures permet de supporter facilement les températures (45 °C en été, avec un record, mesuré en juillet 1913, de 57 °C), mais descendez de voiture, et vous aurez une idée de l'extrême dureté du climat qui menace tout voyageur à pied. La meilleure période pour parcourir cette région s'étend d'octobre à mai. La Vallée de la Mort est vraiment un parc national des extrêmes : Badwater, le fond de la vallée qui avec ses 86 m

» Carte p. 89, fiche pratique p. 95

au-dessous du niveau de la mer est le point le plus bas dAmérique du Nord, n'est qu'à 80 miles du Mount Whitney (4 418 m), la plus haute montagne de la Sierra Nevada. Déserts de sel, dunes de sable, canyons et chaînes de montagnes étranges se côtoient. La chaleur diurne contraste avec le froid nocturne. Ce paysage hostile abrite 40 espèces animales et végétales endémiques qu'on ne trouve nulle part ailleurs.

Avant de traverser de la Vallée de la Mort de préférence en 4x4, assurez-vous de son parfait état de marche (de nombreuses curiosités n'étant accessibles que par des pistes), et emportez suffisamment d'eau potable et fraîche. La meilleure option pour la traverser, c'est d'emprunter la Rte 190 via **Death Valley Junction** ❻. Dans l'**oasis de Furnace Creek,** un **Visitor Center** vous fournira des cartes et des brochures explicatives sur le passé géologique de la Vallée de la Mort. Durant la dernière période glaciaire, la Vallée était recouverte par un lac salé, qui peu à peu s'assécha, faisant place à ce désert de sel.

La chaîne de montagnes qui ferme la Vallée à l'ouest – le massif du Panamint Range et la Sierra Nevada qui s'élève à plus de 4 000 mètres – arrête les masses d'air humide provenant du Pacifique avant qu'elles n'atteignent la Vallée.

À quelques miles au nord du Visitor Center, on peut visiter les ruines des **Harmony Borax Works**, l'une des premières usines destinées à traiter cette ressource minérale si importante pour la fusion du métal.

Si vous n'avez pas encore profité des jolies vues sur la vallée en vous rendant au Visitor Center, vous pourrez repartir par la Route 190 qui offre des panoramas fascinants. Le plus célèbre est le **★Zabriskie Point** ❼, qui donne sur un paysage lunaire de rochers déchiquetés, dans tous les tons de rouge et de marron. Au lever et au coucher du soleil, ces Badlands sont baignées d'une lumière dorée presqu'irréelle.

Vers le sud, on peut faire un détour par le **Golden Canyon** (au-dessous du Zabriskie Point), au **Devil's Golf Course** et enfin à **★Dante's View**, d'où l'on voit

» Carte p. 89, fiche pratique p. 95

Foto: Ulf Müller-Moewes

en dessous **Badwater** ❽, une dépression qui, avec ses 87 m en dessous du niveau de la mer, est le point le plus bas du continent nord-américain.

En poursuivant vers le nord par la Rte 178, on arrive à l'ancienne ville fantôme de **Skidoo** ❾. Cette relique de l'histoire du *Wild West* atteste de l'effervescence minière vers 1890. Des milliers d'aventuriers affluèrent soudain dans la région, attirés par la rumeur selon laquelle les plus riches mines d'or du pays se cachaient dans la Vallée de la Mort. En fait, seule une poignée d'entrepreneurs toucha le gros lot en y extrayant du borax.

Au niveau de **Stovepipe Wells**, on peut escalader d'imposantes dunes de sable. Plus au nord, on peut faire étape au légendaire **Scotty's Castle** ❿. Scotty, aventurier, chercheur d'or et vedette du *Buffalo Bill's Wild West Show*, s'associa avec Albert M. Johnson, un homme d'affaires de Chicago, pour construire un hôtel-palais mauresque. Le bâtiment est censé se trouver à l'entrée d'une mine d'or, mais ce n'était en fait qu'un bon coup de publicité génial.

Ci-dessus : le Hoover Dam, véritable prouesse technique américaine. Ci-contre : Las Vegas – dans l'espoir de gagner le jackpot.

LA HIGHWAY 95 VERS LAS VEGAS

De la Death Valley, on rejoint vite par la Hwy 95, en direction de Las Vegas, le **Pioneer Territory** du Nevada. Des zones désertes austères alternent avec des chaînes de montagnes. La contrée recèle certaines des plus jolies villes fantômes, témoins pétrifiés de la ruée vers l'or. L'un des camps existant encore est **Rhyolite**, près de **Beatty** ⓫. À l'apogée de l'ère de l'extraction de l'argent, en 1907, il vivait ici 6 000 desperados. Il ne subsiste plus que quelques bâtiments, tels le dépôt de la ligne de chemin de fer Vegas & Tonopah, le **Porter Store** et la **Rhyolite Bottle House**. Dernièrement, certains, attirés par la vie d'ermite, sont venus s'installer ici – en tant que ville fantôme (*ghost town*) partiellement habitée, Rhyolite est un lieu unique.

» Carte p. 89, fiche pratique p. 95

Foto: Yuri Arcurs - Fotolia

Autre arrêt d'intérêt sur la route de Las Vegas : la petite localité de **Amargosa Valley** ⓬ compte quelques motels, stations-service et fast-food. Les dunes de sable d'Amargosa apparurent il y a des millions d'années, lorsqu'un lac, en s'asséchant, laissa le sable à nu.

On peut continuer vers le sud-est par la monotone I-95 ou, vers le sud, par la Rte 160, plus longue. Les amateurs de vin prendront cette dernière. Elle conduit à **Pahrump** ⓭, où ils pourront déguster du vin dans la seule et unique cave du Nevada : la **Pahrump Valley Winery**, logée dans une étincelante bâtisse blanche aux allures méditerranéennes, donne à penser qu'on serait plus en Espagne que dans le désert du Nevada. Certains des vins que l'on produit dans cette région se sont vu décerner des récompenses internationales.

Enfin, à l'horizon, se dessinent les premières enseignes lumineuses, emplies des promesses de fortunes immédiates aux tables de jeu : *Welcome to fabulous Las Vegas !*

★Las Vegas

C'est une ironie de l'histoire que **★Las Vegas** ⓮, considérée par de nombreux Américains comme le plus grand lieu de perdition du continent, fut fondée par de pieux Mormons dans les années 1850. Ceux-ci se retourneraient dans leur tombe aujourd'hui en apprenant que l'économie de la ville repose essentiellement sur les jeux de hasard. En fait, Las Vegas ("les prés" en espagnol) ne se transforma en antre de jeu que dans les années 1930, lorsque le Nevada fut le seul État américain à légaliser les jeux de hasard. Par coïncidence, le chantier d'un barrage, le Hoover Dam, débuta à la même époque, et les milliers d'ouvriers venaient ici risquer leurs dollars dans les maisons de jeux.

Mais l'atmosphère dissolue de cette époque a disparu. Las Vegas tient plus que jamais à paraître propre et civilisée. On ne verra de serveuses aux seins nus, de shows grivois ou de strip-teases audacieux qu'à l'écart du "Strip". Certes, ce monde interlope existe encore, mais le touriste moyen a peu de chances de le rencontrer. Alors qu'elle n'était autrefois qu'une gigantesque salle de jeux, Las Vegas se targue d'offrir aujourd'hui à ses visiteurs une hôtellerie originale, de grandioses casinos à thèmes, des musées d'art, d'excellents restaurants, d'immenses galeries marchandes, des night-clubs, des shows avec les plus grandes stars internationales, des aquariums, un parc avec des lions en plein cœur du casino MGM et toutes sortes d'attractions. La nouvelle tendance va aux hôtels de luxe *sans* casinos, tels le Signature et Vdara, axés sur les familles et les touristes qui ne veulent s'adonner aux joies des casinos qu'à petite dose.

Qui ne risque rien n'a rien ?

La plupart des hôtels et des casinos s'alignent sur le **★★Las Vegas Strip**, qui est parallèle à l'I-15. Le "Strip", comme on a coutume de nommer fami-

» Carte p. 89, fiche pratique p. 95

Foto: kanonsky (iStockphoto)

lièrement le *Las Vegas Boulevard*, long de 6 km, est une artère gigantesque dédiée aux distractions. Au nord du Strip, **Downtown Las Vegas** attire les foules grâce à son animation high tech. Le soir, la zone piétonne couverte, à l'angle de Main et Fremont Street, devient le théatre d'un spectacle aussi brillant que sonore.

Mais, c'est surtout sur le Strip que des milliers de néons et de réclames illuminées et pompeuses éclairent le ciel du désert comme un incendie artificiel.

Las Vegas vit toujours du jeu, même si désormais, de nombreux États de l'Union ont légalisé les casinos. Tout ici est calculé pour vider les poches des touristes le plus rapidement possible. Des dames avenantes s'assurent que les verres des parieurs – et eux seuls ! – soient régulièrement remplis (gratuitement), y compris avec de l'alcool. De nombreuses animations et des décors à thèmes tentent de faire oublier que même le jeu peut vite devenir lassant.

Ci-dessus : Paris Las Vegas, un hôtel avec casino.
À droite : à Las Vegas, certaines mères de familles respectables succombent à la magie du jeu.

Ces dernières années, ce haut lieu du jeu bling-bling s'est taillé une réputation internationale grâce à ses hôtels-casinos luxueux, ses nobles restaurants et des buffets de rêve. Cependant, Las Vegas a aussi subi le contre-coup de la crise financière et de la récession.

À noter : du dimanche au jeudi, les grands hôtels font des promotions très avantageuses sur les chambres ; le vendredi et le samedi, en revanche, les prix sont tirés vers le haut par la venue des "joueurs du week-end".

Chutes d'eau et volcans miniatures

Las Vegas a acquis sa renommée grâce à notamment son gigantesque complexe d'hôtels s'égrenant le long du Strip. À l'est du Strip passe la ligne du **monorail de Las Vegas**, mais les tickets de train sont chers et les hôtels souvent assez loin des stations. Par contre, une ligne de bus appelée **The Deuce** relie directement le Strip à Downtown.

» Carte p. 89, fiche pratique p. 95

Foto: Lsantilli (Fotolia)

En venant du sud, le regard est d'abord attiré sur le côté est du Strip par le **MGM Grand Hotel**, un hôtel-casino gigantesque avec une entrée en forme du lion de la MGM.

En face, en diagonale, sur le côté ouest, l'orientation "familiale" de la ville se retrouve dans l'immense pyramide du **Luxor Hotel**, dont la décoration intérieure se veut égyptienne avec Nil artificiel et felouques.

À côté de l'hôtel **Excalibur** au design médiéval et le **New York New York**, pourvu d'une grande montagne russe, s'alignent l'**Aria Resort & Casino**, avec son *Viva-Elvis-Show*, et les deux tours résidentielles penchées des **Veer Towers**.

L'hôtel mondain **Bellagio**, niché au bord d'un lac artificiel, fait partie des grands pôles d'attraction du Strip. Le soir, il attire les badauds avec son fascinant spectacle de jets d'eau.

De l'autre côté de la rue, s'élance l'hôtel **Paris** signalisé par une reproduction de la Tour Eiffel et de l'Arc de Triomphe. La plate-forme panoramique de la réplique de la **Tour Eiffel** (qui, avec 164,60 mètres, mesure la moitié de l'original) offre un panorama formidable sur le Strip.

Plus au nord, on trouve le plus ancien établissement hôtelier du Strip, le **Flamingo**. Le film hollywoodien à succès *Ocean 's Eleven* (1960, *L'inconnu de Las Vegas*) et son remake y ont été tournés.

En face du **Caesar's Palace**, conçu dans un style romain, s'élève dans les airs la roue gigantesque **Las Vegas High Roller** du haut de ses 167 m.

Après avoir passé le complexe de luxe **Link**, qui abrite boutiques et hôtel, on aperçoit bientôt un bâtiment calqué sur le Campanile de Venise et qui est une partie du **Venetian**. Cet immense hôtel-casino, qui a pour thème Venise, est aménagé dans le style du Palais des Doges. Les visiteurs s'y déplacent dans de vraies gondoles sur des canaux étroits. Il est bien équipé en magasins, boutiques de mode et restaurants. Non loin de là, le **Wynn Las Vegas** accueille ses hôtes dans un cadre luxueux.

De l'autre côté de la rue, on croise le **Treasure Island Hotel**. Le nom de cet

hôtel et parc d'attractions révèle d'ailleurs son thème : l'île au trésor et des pirates ; tous les soirs a lieu un magnifique spectacle dans lequel se produisent plus de 20 acteurs et actrices.

Dans l'hôtel voisin **Mirage**, le duo allemand Siegfried & Roy a attiré les foules avec son numéro de tigres blancs jusqu'en 2003, année de l'accident de Roy, grièvement blessé par un tigre. Dans le hall de l'hôtel, on verra, outre une vraie forêt pluviale derrière la réception, un aquarium avec des poissons exotiques. Devant l'entrée, un volcan artificiel entre en éruption tous les soirs dans un vacarme assourdissant.

En direction du nord se succèdent le **Circus Circus Hotel** axé sur les familles ainsi que l'hôtel-centre d'amusement **Stratosphere Las Vegas**, pourvu d'une **tour panoramique** de 350 m de haut, d'où les fans de sensations fortes peuvent se précipiter dans le vide de diverses manières stupéfiantes.

Ci-dessus : Venise à l'état pur – dans l'hôtel-casino Venetian, on se déplace en gondole.

On trouve un choix énorme de restaurants. Les buffets *All you can eat* (où l'on mange à volonté) des casinos sont fort prisés ; les meilleurs sont *Bally's Sterling Brunch* au Bally et *The Carnival World Buffet* au Rio Suites Hotel. Des restaurants gastronomiques exlusifs attirent aussi les gourmets dans les casinos ; les plus en vogue sont actuellement le *MiX* du THEhotel, at Mandalay Bay, le *Picassso* du Bellagio et le *Stack Restaurant* du Mirage Resort.

Se marier à Las Vegas

Dans tout Las Vegas et dans la plupart des casinos, les *wedding chapels* – sortes de bureaux d'état civil privés – se chargent d'organiser mariages (et divorces) clés en mains, robe de mariée et témoins compris. Les démarches se font auprès du *Clark County Marriage License Bureau*, ouvert 24h/24 le week-end : il faut avoir au minimum 18 ans, présenter son passeport et payer la somme de 60 dollars (Clark County Courthouse, 201 Clark E Ave.).

» **Carte p. 89, fiche pratique p. 95**

DÉSERT DE MOJAVE ET DEATH VALLEY (☎ 760)

California Welcome Center, 2796 Tanger Way dans le Tanger Outlet, Barstow, CA 92311, tél. 253-4782, www.visitcwc.com.
Death Valley National Park, Visitor Center à Furnace Creek et Scotty's Castle, www. nps.gov/deva.

Wrangler Steakhouse, dans le Furmace Creek Ranch, Death Valley, Hwy 190, tél. 786-2345, www.furnacecreekresort.com, on sert sur demande des spareribs, steaks, volaille et poissons avec du vin.

Calico Early Man Archeological Site, 150 Coolwater Ln., Barstow, tél. 252-6000, mer. 12h30-16h30, jeu.-dim. 9h-16h30.
Calico Ghost Town, à 10 miles à l'est sur l'I-15, près de Barstow, tél. 254-2122, www.calicotown.com, t.l.j. 9h-17h.
Central Nevada Museum, Logan Field Rd, Tonopah, tél. (775) 482-9676, www.tonopahnevada, mar.-sam. 9h-17h, expo sur l'histoire mouvementée du Nevada et de l'exploitation minière.
Maturango Museum, 100 E Las Flores Ave., Ridgecrest, tél. 375-6900, www.maturango.org, t.l.j. 10h-17h, expo sur la culture et l'histoire naturelle du désert de Mojave.
Mojave National Preserve, Visitor Center à Kelso, www.nps.gov/moja.
Mojave River Valley Museum, 270 E Virginia Way, Barstow, tél. 256-5452, www.mojaveriver-valleymuseum.org, t.l.j. 11h-16h
Pahrump Valley Winery, 3810 Winery Rd, Pahrump, tél. (775) 751-7800, www.pahrumpwinery.com.
Rainbow Basin/Owl Canyon, à 10 miles au nord de Barstow, sur la Fort Irwin Rd, tél. 252-6000.
Rhyolite State Historic Site, près de Beatty, tél. (775) 553-2424.
Scottie's Castle, Death Valley, tél. 786-3200, t.l.j. 9h-17h.

LAS VEGAS (☎ 702)

Las Vegas C & V Authority, 3150 Paradise Rd, Las Vegas, tél. 892-7575, www.visitlas-vegas.com.

Bally's Sterling Brunch, Bally's Hotelcasino, 3645 Las Vegas Blvd, www.caesars.com/ballys-las-vegas, buffet copieux, multiples distinctions, le dim. à partir de 9h30.
Carnival World Buffet, Rio Suites Hotel, 3700 W. Flamingo Road, www.caesars.com/rio-las-vegas, lun.-ven. buffet au petit déjeuner et au déjeuner, tous les soirs buffet au dîner, sam. et dim. brunch avec champagne.
Picasso, dans l'hôtel-casino Bellagio, 3600 Las Vegas Blvd S, tél. 693-8865, www.bellagio.com/picasso, fermé le mar., le chef primé Julian Serrano est aux fourneaux.
Stack Restaurant, dans le Mirage Resort, 3400 S. Las Vegas Blvd, tél. 792-7800, www.mirage.com, "American bistro cuisine" pour les gourmets.
MiX, dans le Delano, 3940 Las Vegas Blvd S, tél. 702-632-9444, www.delanolasvegas.com, on y savoure les créations culinaires d'Alain Ducasse et une vue époustouflante sur le Strip.

Bonnie Springs Old Nevada, à 20 miles à l'ouest, sur le Charleston Blvd, tél. 875-4191, www.bonniesprings.com, t.l.j. 10h30-18h, 17h en hiver. Ville-western historique proposant un programme live et abritant un zoo.
Fine Art Gallery, dans l'hôtel Bellagio, 3600 Las Vegas Blvd S, www.bellagio.com/amenities/gallery-of-fine-art.aspx, t.l.j. 10h-20h, superbe collection d'art dont toiles de Renoir et de Picasso.
Imperial Palace Auto Collection, 3535 Las Vegas Blvd (au 5e étage de l'hôtel du même nom), tél. 794-3174, www.autocollections.com, t.l.j. 10-18h, expo hétéroclite de vieilles voitures de personnalités célèbres.
Las Vegas Natural History Museum, 900 Las Vegas Blvd N, tél. 384-3466, www.lvnhm.org, t.l.j. 9h-16h, musée d'histoire naturelle voué à l'Amérique du Nord.
Red Rock Canyon National Conservation Area, à 18 miles à l'ouest, sur le W Charleston Blvd, près de Las Vegas, tél. 515-5079, www.redrockcanyonlv.org, vues superbes sur quelques-uns des plus beaux canyons des environs.

Las Vegas Outlet Center, 7400 Las Vegas Blvd S, www.premiumoutlets.com. Plus de 100 magasins. **Tanger Outlet**, 2796 Tanger Way, Barstow, www.tangeroutlet.com/barstow, 40 boutiques à prix d'usine.

Klaus Ender

Le Grand Canyon vu depuis le Dead Horse Point.

Foto: Dorothee Krause

DE LAS VEGAS AU GRAND CANYON

ZION NATIONAL PARK
BRYCE CANYON
GLEN CANYON
GRAND CANYON

Nous vous proposons de découvrir l'époustouflant Grand Canyon par un itinéraire d'environ 500 miles (800 km) pour lequel il vous faut prévoir à peu près une semaine. Depuis Las Vegas, la route se dirige vers le nord, parcourt le versant nord (moins visité) du Grand Canyon, continue vers l'est pour rejoindre le versant sud, à très forte fréquentation.

DE LAS VEGAS AU ZION NATIONAL PARK

De **Las Vegas** ❶, la Highway 93 se dirige vers l'est. À **Boulder City** "⓬ un Visitor Center vous renseignera sur la ville et sur le ★**Hoover Dam** (cf. p. 90). Ce chef-d'œuvre de la technique américaine fut construit dans les années 1930 dans le cadre du *New Deal*, pour lutter contre le chômage. L'usine hydroélectrique du barrage alimente encore en électricité de nombreux États voisins.

C'est ce gigantesque barrage, haut de 221 m et large de 373 m, qui forme le **Lake Mead** en arrêtant les eaux du Colorado. L'aspect de ce lac, long de près de 185 km, surprend en plein désert du Nevada, avec ses plages de sable, ses résidences balnéaires et ses équipements nautiques. La merveilleuse **Lake Mead National Recreation Area** constitue une vaste zone de détente très étendue où les visiteurs de Las Vegas, lassés du jeu et des plaisirs, viennent se changer les idées.

L'étroite Route 147, appelée aussi **Northshore Road**, sinue le long du lac Mead vers le nord avant d'atteindre Overton. En chemin, on pourra s'arrêter dans de petites stations balnéaires (quelques-unes disposent de campings) à **Boulder Beach**, **Callville**, dans la **Echo Bay**, ou à **Overton Beach**. La petite bourgade d'**Overton** ❸, qui compte à peine 3 000 âmes, fut fondée par les Mormons, mais les Indiens Anasazi vivaient déjà ici entre 500 et 1200 après J.-C. Des objets de cette époque sont exposés au **Lost City Museum of Archaeology** d'Overton.

On trouvera aussi en plein désert des traces de cette civilisation disparue. Pour cela, depuis Overton, retournez vers le sud et prenez la Hwy 169 pour gagner le ★**Valley of Fire State Park** : les Anasazis y ont laissé des peintures rupestres sur des formations rocheuses aux formes incroyables. La roche prend ici toutes les nuances imaginables de rouge et de brun chatoyant et, au lever ou au coucher du soleil, la Vallée de Feu mérite bien son nom. Aujourd'hui tout comme il y a des siècles, la **Rainbow Vista**, bien nommée avec sa palette de couleurs rappelant un arc-en-ciel, et le **Silica Dome**, une impressionnante for-

Ci-contre : le Bryce Canyon.

» Carte p. 100-101, fiche pratique p. 107

mation naturelle de quartz blanc, conservent leur magie fascinante.

Notre itinéraire continue sur l'I-15 à travers un paysage désertique qui rappelle une steppe, véritable tableau du Far West sur tons de rouge, de jaune et d'ocre. Près de **Mesquite** ❹, qui possède un casino doté d'espaces verts au beau milieu du désert, on passe la frontière de l'Arizona, mais le paysage reste aussi monotone que dans le Nevada.

La petite ville de **St. George** ❺ mérite un bref arrêt, ne serait-ce que pour découvrir une autre facette de l'histoire des Mormons. Cette cité fut fondée par Brigham Young (l'un des pères de la secte des Mormons) et ses disciples, peu après 1860, pour échapper au climat peu clément de Salt Lake City.

Il faut voir le **Mormon Temple**, d'un blanc étincelant, qui fut la première église mormone de l'Utah. Les Mormons durent déplacer des tonnes de terre et de pierres pour assurer des fondations solides sur ce sol boueux, et 17 000 tonnes de grès durent ensuite être acheminées pour construire le temple proprement dit. St. George fut vite surnommée "Dixie" (d'après le *Dixieland*, la région de culture du coton), car Brigham Young envisageait de planter du coton dans la région. Le projet échoua, mais Young resta jusqu'à sa mort à St. George. Sa maison, la **Brigham Young Winter Home**, est ouverte au public.

Au nord de St. George, sur l'Interstate 15, **Cedar City**, appelée aussi *Festival City*, est connue pour son *Utah Shakespeare Festival*.

★★Zion National Park

Le **★★Zion National Park** ❻, avec ses canyons, ses grottes, ses hautes falaises et ses vallées profondes, figure parmi les parcs les plus renommés des Etats-Unis. Les Mormons ayant été les premiers colons européens à laisser des traces ici, de nombreux noms de curiosités, outre le parc, sont tirés de la Bible.

L'I-15 qui part de Las Vegas, puis la Rte 9 en direction de l'est vous mèneront directement à quelques-unes des merveilles naturelles de la région. Le Visitor Center du parc se trouve près de **Springdale**. De là, deux itinéraires se présentent : on peut soit prendre la **Zion Canyon Scenic Drive**, route panoramique qui fait un détour vers le nord, soit suivre le prolongement de la Route 9 vers l'est.

En été, la Scenic Drive est fermée à la circulation et desservie par une navette qui amène les visiteurs aux plus beaux sites. Ellle serpente le long de la **North Fork Virgin River**, au fond du Zion Canyon. De nombreux chemins de randonnée s'enfoncent dans la natu-

» Carte p. 100-101, fiche pratique p. 107

re sauvage tout le long de la route. Les sentiers qui grimpent au ★**Angel's Landing**, au-dessus de l'aire de pique-nique **Grotto**, et à l'★**Observation Point**, sont particulièrement beaux. La montée jusqu'aux **Emerald Pools** ou au ★**Hidden Canyon**, est plus fatigante, mais les grimpeurs courageux seront récompensés par le superbe panorama sur la vallée. Attention, pour toutes ces randonnées de plusieurs heures, il faut être en bonne condition physique et bénéficier d'une bonne météo.

Mais depuis la navette empruntant la Scenic Drive, vous pourrez également admirer quelques fascinantes formations rocheuses, dont le **Great White Throne**, un monolithe rouge et blanc, et le **Temple de Sinawava**, dont la forme naturelle en demi-cercle avec deux piliers évoque un ancien temple antique. Au bout de la Scenic Drive, la piste appelée ★**Gateway to the Narrows Trail** mène aux célèbres falaises verticales de grès compact qui s'élèvent à plusieurs centaines de mètres au-dessus du sol. On ne peut y accèder qu'à pied par un seul chemin (*riverside walk*), plutôt ardu, qui fait suivre la Virgin River sur 3 km.

Le prolongement vers l'est de la Route 9 passe par la **Great Arch**, une arche de pierre naturelle. La route mène ensuite à un extraordinaire paysage de dunes pétrifiées et de rochers ornés de cannelures creusées par le vent.

» Carte p. 100-101, fiche pratique p. 107

Foto: Rainer Hackenberg

★★Bryce Canyon

Du Zion Nat. Park, par la Hwy 89 (direction nord), puis par la Rte 12 (direction est), on gagne le relativement petit mais extrêmement impressionnant **★★Bryce Canyon** ❼ aux teintes roses orangées. En vérité, il ne s'agit pas d'un vrai canyon, c'est le rebord abrupt du **Paunsaugunt Plateau** ; de celui-ci se dégage une vue sur un spectaculaire paysage d'aiguilles rocheuses (les *hoodoos*) finement dentelées de grès rouge et ocre, que la pluie et le vent ont sculptées durant des millénaires.

Le **★★Bryce Amphitheater**, au sud du visitor center, offre un paysage fantastique. Une route panoramique (*scenic drive*) longe le plateau sur 18 miles, descend jusqu'au **★★Bryce Point**, au sud, et passe devant de nombreuses formations rocheuses à l'aspect torturé. Nous recommandons aussi de faire l'excursion à pied par la **Rim Trail**, une piste qui longe l'arête du plateau ou de descendre par la Queens Garden Trail dans l'amphithéâtre : celle-ci fait passer à proximité des formations rocheuses sensationnelles que l'on pourra immortaliser sur la pellicule.

Ci-dessus : excursion dans le Zion National Park.
Ci-contre : le lac Powell est un centre de sports nautiques très fréquenté.

Kanab

On continue par la Hwy 89 vers le sud-est jusqu'à **Kanab** ❽, une petite bourgade juste avant la frontière avec l'Arizona. Cette ville-western, surnommée *Little Hollywood*, se trouve au centre géographique des plus beaux paysages de canyons d'Amérique : au sud se trouve le Grand Canyon, au nord le Bryce Canyon et à l'est le Glen Canyon.

À quelques miles à l'ouest, le **Coral Pink Sand Dunes State Park** est une réserve naturelle aux paysages de désert rouge chatoyant à l'infini. Hollywood a déjà utilisé ces coulisses pour maintes productions cinématographiques, et on peut visiter certains décors de films toujours intacts.

» Carte p. 100-101, fiche pratique p. 107

Foto: Arizona Office Of Tourism

Glen Canyon

En continuant vers l'ouest sur la Hwy 89, on arrive à la **Glen Canyon Recreation Area** ❾ qui se déploie autour de l'énorme ★**Lake Powell**, long de 300 km. Le lac doit son existence à un barrage sur la Colorado River, le Glen Canyon Dam. C'est un centre de loisirs et d'activités nautiques très fréquenté, avec près de 2 000 miles de plages et de nombreuses criques.

La ville de **Page** ❿, au sud du barrage, s'avère être une station de vacances animée et un bon point de départ pour les excursions en bateau sur le lac. La sortie la plus appréciée est celle qui mène de Page au ★**Rainbow Bridge National Monument**, au nord-est. Cette arche en grès, d'une envergure de 82 m, est la plus grande du monde.

Depuis Page, on peut entreprendre une excursion dans le sud-est de la ville jusqu'au ★**Antelope Canyon**, l'un des plus beaux canyons du Sud-Ouest. Quand vers midi les rayons du soleil tombent perpendiculairement au fond du canyon, il fait naître dans cet espace étroit une incroyable palette de couleurs et de formes presque irréelles. Par temps de pluie, on ne s'aventurera en aucun cas dans le canyon, qui peut alors devenir un piège mortel.

★★GRAND CANYON

North Rim

Depuis Page, la Highway 89 et la Route 67 en direction du sud mènent au **North Rim** ⓫ (versant nord) du ★★**Grand Canyon**.

Lorsqu'il y a 150 ans l'officier américain Joseph C. Ives explora avec une petite troupe la Colorado River, il renonça bientôt à poursuivre l'expédition : "Aucun intérêt", écrivit-il dans un rapport, "nous sommes les premiers Blancs à avoir visité ces lieux sauvages et, sans aucun doute, certainement aussi les derniers". Le brave lieutenant se trompait sur toute la ligne : en 1540, l'explorateur espagnol de Cardenas avait déjà repéré le canyon qui, avec ses

Foto: Bernd F. Gruschwitz

cinq millions de visiteurs par an, est devenu l'une des plus grandes attractions touristiques du monde. Les proportions de ce canyon, le plus grand du monde (446 km de long, de 1 km à 29 km de large et jusqu'à 1 600 m de profondeur) fournissent en partie l'explication de son attrait. Ce miracle de la nature et des superlatifs coupe le souffle même aux voyageurs les plus aguerris.

Le North Rim (ouvert de la mi-mai à octobre), moins spectaculaire que le côté sud, est aussi moins fréquenté. On s'y sent donc un peu plus seul dans la nature. Mais celui qui vient ici pour la première fois, sera ébahi par la beauté remarquable du Grand Canyon. Le North Rim se dresse à une altitude moyenne de 2 480 m, soit 300 à 600 m plus haut que le South Rim. Il se compose principalement du **Kaibab Plateau**, dont le nom signifie "montagne couchée" dans la langue des Indiens Païute. Bien que les deux versants ne soient qu'à 10 miles à vol d'oiseau l'un de l'autre, il faut parcourir 215 miles en voiture pour aller du North Rim au South Rim.

Ci-dessus : de jeunes Indiens vendent des outres à ceux qui entreprennent la descente du Grand Canyon. Ci-contre : la montée est moins fatigante à dos d'âne.

De bonnes routes mènent aux plus beaux points de vue sur le North Rim. La Cape Royal Road mène vers le sud-est à **Walhalla Overlook**, au **Cape Royal** et à l'**Angel's Window**. L'une des étapes les plus spectaculaires du canyon est le **Point Imperial** (2 683 m) qui est le point le plus élevé du Grand Canyon National Park. De là, on domine tout le canyon et on profite d'une vue extraordinaire sur **Marble George** et le **Painted Desert**.

En repartant vers l'ouest, la route conduit au **Supai Tunnel**, au **Grand Canyon Lodge**, où l'on peut se renseigner sur les différents itinéraires, et au **Bright Angel Point**. C'est là que se trouve le Visitor Center. Si vous n'avez pas le vertige, il faut absolument descendre par une piste (*trail*) jusqu'au fond du canyon (excursions guidées à pied ou encore à dos d'âne, s'inscrire à l'avance). La ver-

» Carte p. 100-101, fiche pratique p. 107

Foto: Rainer Hackenberg

sion à dos d'âne n'est conseillée qu'à ceux qui ont le goût de l'aventure et les fesses tannées, car l'expédition, qui dure un à deux jours, peut être très fatigante. Deux pistes, la North Kaibab Trail et la South Kaibab Trail, permettent de descendre jusqu'au **Phantom Ranch**, qui se trouve à 783 m d'altitude au fond du Canyon. Il est possible d'y passer la nuit ou de faire du camping. À l'ouest, deux autres sentiers, plus courts, les **Widfross Trail** et **Tiyo Point Trail**, rejoignent également le fond.

Une randonnée à dos d'âne offre aussi un aperçu géologique. Il y a 4 millions d'années, la Colorado River (espagnol : "de couleur rouge") creusa son lit dans le grès. Du sommet à la base du canyon, les couches sédimentaires (grès et calcaire) se succèdent : le Permien (230 millions d'années), le Carbonifère (330 millions), le Dévonien (370 millions) et le Cambrien (550 millions). Au pied du canyon, le schiste de Vishnou et le granit de Zoroastre, durs et d'un noir brillant, datent du Précambrien. Avec leurs deux milliards d'années, ces roches sont parmi les plus anciennes encore visibles à la surface de la Terre.

Les couches les plus récentes contiennent des fossiles d'animaux, d'insectes et de plantes, témoins de la flore et de la faune d'époques lointaines.

South Rim

Le **South Rim** ⓬ (versant sud du Grand Canyon ; accès depuis Page par les Highways 89 et 64) est sans conteste le grand pôle d'attraction touristique du Grand Canyon. On y sera ébloui par des panoramas grandioses. La Rte 64, appelée ici East Rim Drive, est jalonnée, entre **Cameron** et **Tusayan**, de points de vue réputés. L'un des plus appréciés est **Desert View**. Tout près, les Tusayan Ruins and Museum témoignent des cultures des tribus indiennes d'antan.

Le **Grand Canyon Village** regroupe toutes les infrastructures touristiques pour le côté sud du parc national : hôtels, lodges, un grand camping, des restaurants, cafés et un supermarché bien achalandé. Les belvédères les plus pri-

» Carte p. 100-101, fiche pratique p. 107

Foto: Brett Mulcahy (Dreamstime)

sés, situés avant le **Visitor Center**, sont les **Grandview Point** et **Yavapai Point**. Dans ce dernier, le **Yavapai Museum** décrit l'histoire géologique du canyon.

La ★★**West Rim Drive** est fermée à la circulation de mai à fin sept. Comme elle offre les plus beaux panoramas, une navette de bus gratuite amène à cette période les visiteurs du Grand Canyon Village aux meilleurs points de vue comme **Hopi**, **Pima** et **Mohave Point**.

Parallèle à la route, un sentier de randonnée en grande partie asphalté et plat de 19 km serpente le long du bord du canyon ; on peut l'explorer sur toute la distance ou n'en faire qu'une partie et retourner en bus au point de départ.

Deux pistes permettent de descendre depuis le South Rim au fond du canyon. En pente sur tout son parcours et donc éprouvante pour les genoux, la ★**Bright Angel Trail** est prisée des tours à dos d'âne. La ★**South Kaibab Trail**, plus belle, moins fréquentée et plus raide, présente de superbes paysages. Pour les deux pistes, il faut compter 4 h pour descendre et 7-8 pour remonter. Il est déconseillé de faire ces randos épuisantes en une journée. On peut passer la nuit en tente (autoristation nécessaire) ou dans le Phantom Ranch (résa obligatoire : www.grandcanyonlodges.com). Il faut impérativement emporter une bonne protection solaire et suffisamment d'eau et de provisions !

La réserve des Indiens Hualapais dans le **Grand Canyon West** possède au nord de Peach Springs une curiosité spectaculaire (à un prix exhorbitant) : la ★**Skywalk**, plateforme en verre en forme de fer à cheval qui s'avance sur 20 m au bord du canyon, dévoile une vue plongeante dans le fond du canyon. N.B.: il y est interdit de prendre des photos (www.grandcanyon skywalk.com).

Le Grand Canyon compte parmi les attractions majeures des USA. En haute saison (en été), il faut réserver son hébergement longtemps à l'avance ou se rendre à défaut à Tusayan.

Ci-dessus : la plate-forme au plancher de verre de la Sky Walk offre des perspectives vertigineuses sur le Grand Canyon.

» Carte p. 100-101, fiche pratique p. 107

L'UTAH ET LES CANYONS

Boulder City Visitors Center, 465 Nevada Way, Boulder City, tél. (702) 293-2034, www.bouldercitychamber. com.
Infos sur le **Lake Powell** : www.nps.gov/glca, www.pagelakepowelltourism.com.

Glen Canyon Steak House, 201 N Lake Powell Blvd, Page, tél. (928) 645-3363, steaks et salades bien préparés.
Shoney's Family Restaurant, 1410 E St. George Blvd, St. George, tél. (435) 628-8177, chaîne de restaurants avantageux, petits déjeuners, déjeuners et dîners.

Brigham Young Winter Home, 200 North/100 West Sts., St. George, tél. (435) 673-2517, t.l.j. 10h-au coucher du soleil.
Bryce Canyon N. P., Information tél. (435) 834-5322, www.nps.gov/brca.
Coral Pink Sand Dunes State Park, à 14 miles au n-o sur la US 89, puis 12 miles au sud sur la grand-route, près de Kanab, tél. (435) 648-2800, www.utah.com/stateparks/coral_pink.htm.
Glen Canyon Recreation Area et Lake Powell, à 68 miles à l'est, par la US 89, Visitor Center sur la UT 276, près de Bullfrog. Bureau central (*headquarters*) du parc à Page, AZ, tél. (928) 608-6200, www.nps.gov/glca.
Hoover Dam, Hwy 93, près de Boulder City, tél. (702) 494-2517, www.usbr.gov/lc/hooverdam.
Hoover Dam Museum, 444 Hotel Plaza, Boulder City, tél. (702) 294-1988, www. bcmha.org, lun.-sam. 10h-17h, dim. 12h-17h.
Lake Mead National Recreation Area, infos : 601 Nevada Hwy, Boulder City, tél. (702) 293-8990, www.nps.gov/lame.
Lost City Museum, 721 South Moapa Valley Blvd, Overton, tél. (702) 397-2193, jeu.-dim. 8h30-16h30. **Rainbow Bridge National Monument**, tél. (928) 608-6200, www.nps.gov/rabr.
Temple Visitor Center à St. George, 490 S/300 East, St. George, www.lds.org/locations/st-george-utah-temple-visitors-center, t.l.j. 9h-21h.
Valley of Fire State Park, à 18 miles au sud-est sur la NV 169, près de Overton, tél. 702/397-2088, http://parks.nv.gov/parks.
Zion National Park, Springdale, infos par tél. (435) 772-3256, www.nps.gov/zion.

LOISIRS / ACTIVITÉS SPORTIVES : **Black Canyon River Adventures**, Highway 93, Boulder City, Nevada 89006, tél. 1-800-455-3490 ou (702) 294-1414, http://blackcanyonadventures.com. Tours en radeau.
Tours en bateau sur le Lake Powell, ARAMARK, Wahweap Marina, tél. (928) 645-2433, www.lakepowell.com.
Lake Mead Cruises, Boulder City, tél. (702) 293-6180, www.lakemeadcruises.com. Tours en bateau à aubes sur le lac Mead.
River Mountain Hiking Trail, c/o Boulder City Visitors Center, voir ci-dessous. Randonnée d'environ 5 miles avec vue sur le lac Mead.
Zion National Park Horseback Trips, les promenades à cheval dans le canyon partent de la Zion Lodge, Canyon Trail Rides, tél. (435) 679-8665, www.canyonrides.com.

LE GRAND CANYON

Grand Canyon Visitor Center, South Rim/ Mather Point, www.explorethecanyon.com ou www.nps.gov/grca.

Arizona Room, West Rim Drive, Grand Canyon Village, tél. (928) 638-2631, dans la Bright Angel Lodge installée directement sur le South Rim, vue sur le Grand Canyon.
El Tovar Hotel, West Rim Drive, Grand Canyon Village, tél. (928) 638-2631, restaurant rustique.

Tusayan Museum, East Rim Drive, à 20 miles à l'est du Grand Canyon Village, t.l.j. 9h-17h.

LOISIRS / ACTIVITÉS SPORTIVES : **Mule Trips**, excursions à dos d'âne dans le canyon avec nuitée dans le Phantom Ranch. Résa : Xanterra Parks & Resorts, tél. (303) 297-2757, www.nps.gov/grca/planyourvisit/muletrips_trips.htm.
Randonnées dans le Grand Canyon : pour les randonnées avec nuitée, il est obligatoire d'obtenir l'autorisation, soit en se présentant directement sur place ou par courrier – formulaire sur la Toile – auprès du Back Country Reservation Office (dans le Grand Canyon Village, près du Parking Area E), PO Box 126, Grand Canyon, AZ 86023, www.nps.gov/grca./planyourvisit/backcountry.htm.

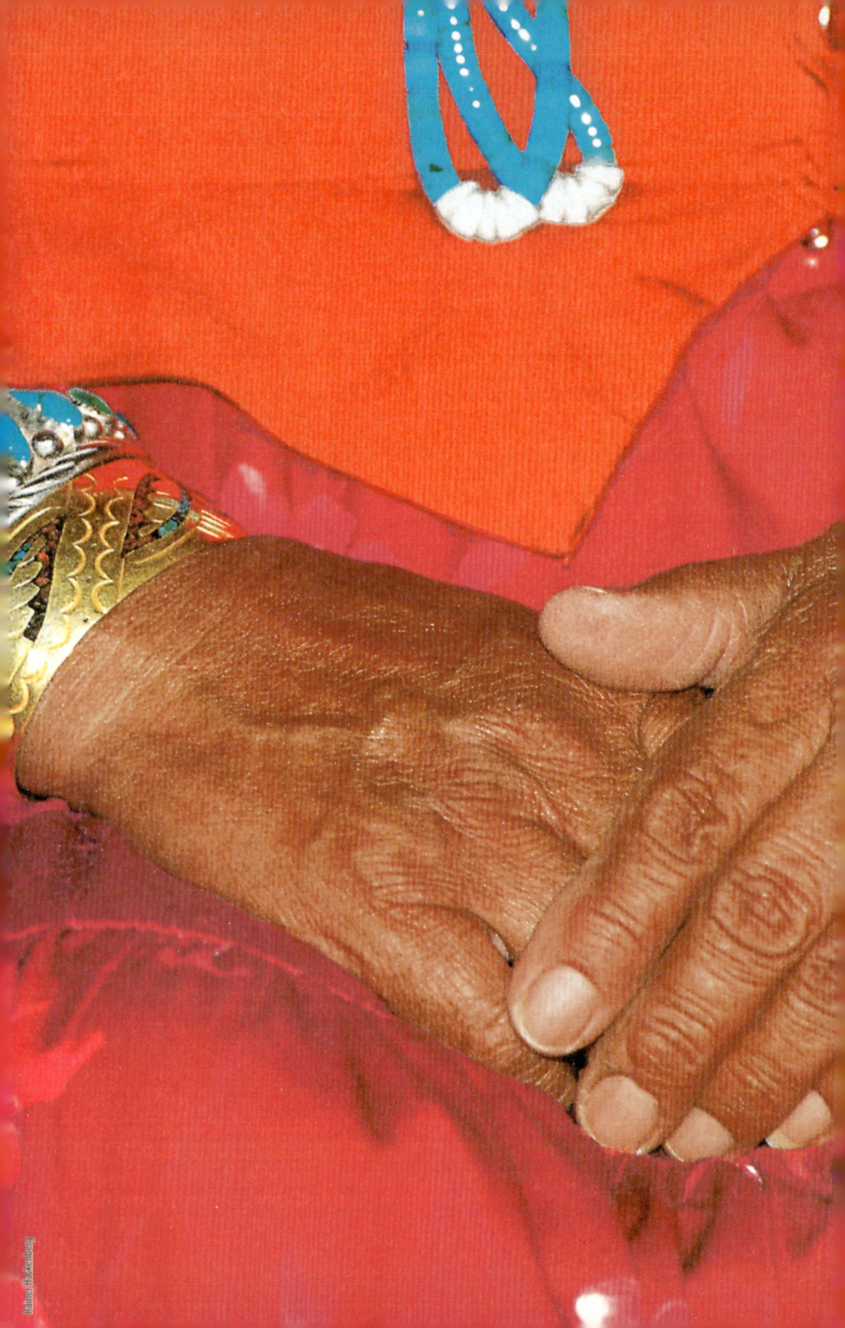
Rainer Hackenberg

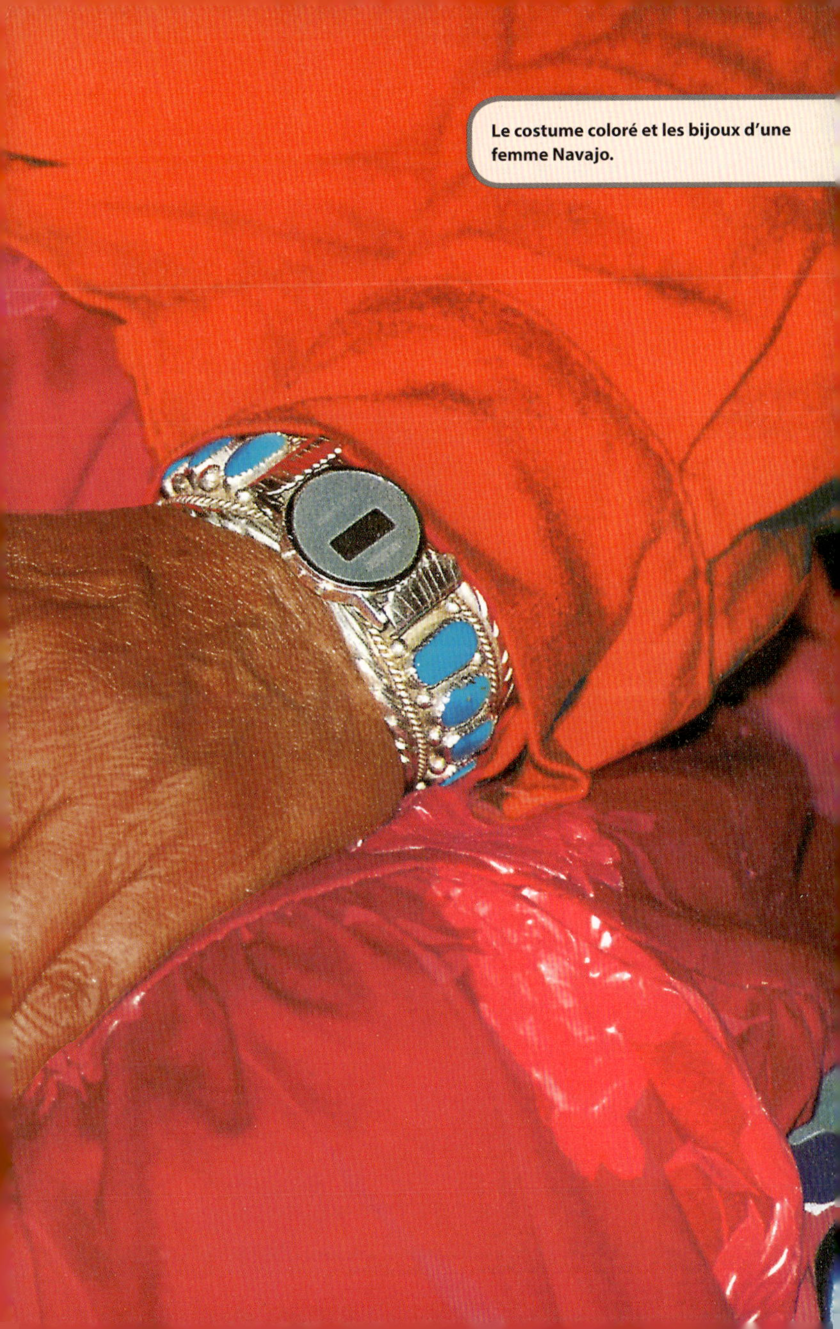

Le costume coloré et les bijoux d’une femme Navajo.

Foto: Klaus Ender

AU PAYS DES NAVAJOS ET DES HOPIS

LA RÉSERVE NAVAJO
CANYON DE CHELLY
MONUMENT VALLEY
MESA VERDE NATIONAL PARK

Le désert semble s'étirer à l'infini dans toutes les directions. Un cactus Saguaro se dresse seul au milieu d'une étendue aride et monotone, la maigre végétation marron-verdâtre se tapit au creux de parois rocheuses, et le soleil couchant plonge le paysage dans une lumière supernaturelle. Traverser l'Arizona équivaut à traverser les territoires indiens. Dejà bien avant la découverte de l'Amérique, des tribus hautement civilisées habitaient cette région, tirant du désert la moindre goutte d'eau.

Aujourd'hui, tout le nord-est de l'État forme une immense réserve indienne. C'est la terre des Hopis et des Navajos. Dans les réserves, de vieilles femmes vendent des bijoux en argent et des poteries qui sont depuis des siècles déjà des produits traditionnnels de l'artisanat indien. Le passé glorieux, constrastant avec le présent souvent déprimant, surgit à chaque coin de la réserve et les visages ridés des vieux Indiens semblent à eux seuls refléter toute la souffrance endurée par leur peuple.

Cet itinéraire part vers l'est depuis le versant sud du Grand Canyon et traverse les réserves des Navajos et des Hopis. Il se termine dans la Mesa Verde, où vous verrez les habitations troglodytes (*cliff dwellings*) précolombiennes de tribus depuis longtemps disparues.

Ci-contre : Monument Valley.

Il faut compter une semaine pour ce périple de 1 200 km. À Cameron (cf. ci-dessous) et à Gallup / Window Rock (cf. p. 114), on pourra se reporter au chapitre "De Phoenix à Santa Fe" (cf. p. 49).

LA RÉSERVE NAVAJO

Depuis l'extrémité sud du Grand Canyon par la Highway 64, ou depuis Page au bord du lac Powell par la Highway 89, on pourra gagner **Cameron** ❶, dans le **Painted Desert**, un bon point de départ pour explorer en voiture le territoire indien. Grâce au réseau de highways, on accède facilement aux réserves indiennes. Ce qui est à la fois un bien et un mal, puisqu'elles amènent des touristes et de l'argent d'une part, mais aussi le mode de vie des Blancs dans la plus grande réserve des États-Unis, rendant quasiment impossible le maintien des traditions.

Quelque 200 000 Navajos vivent aujourd'hui dans cette réserve créée en 1878. Leur tribu est aujourd'hui la plus importante du continent américain. Ils sont très proches des tribus apaches (ils appartiennent à la même famille linguistique) et, avant la colonisation de l'Ouest, ils vivaient en paix dans ce qui est devenu les États de l'Arizona et du Nouveau-Mexique. Leurs seuls concurrents, en fait, étaient les Hopis. Les Navajos étaient semi-nomades et vivaient

» Carte p. 113, fiche pratique p. 119

Foto: stevenallan (iStockphoto)

d'une agriculture primitive et de l'élevage des moutons. L'expansion des colons blancs sur leurs territoires au milieu du XIXe s., les poussa sur le chemin de la guerre. Mais les guerres que menèrent les Navajos et les Apaches étaient perdues d'avance, malgré le charisme du chef apache Geronimo, et se soldèrent par la capitulation en 1886.

Plus tard, les Navajos purent revenir dans une réserve créée sur les terres d'origine de leur tribu. Mais aujourd'hui encore, ils sont confrontés plus que d'autres minorités à de nombreux problèmes sociaux : chômage, alcoolisme et déchéance sociale. Ceci dit, la réserve se porte mieux que jamais grâce aux gisements pétroliers. Les Navajos veulent aussi se mettre à l'industrie des jeux de hasard. Mais cela ne peut cacher le fait que la culture et les traditions des Navajos soient à long terme condamnées, ce qui provoque un sentiment de déracinement et la perte de repères sociaux.

Ci-dessus : tisseuse indienne dans la réserve Navajo.

Pourtant de nombreuses danses sont encore pratiquées comme rituel (et non au bénéfice des curieux et des touristes), telles la danse du feu, la danse *Yei-bi-chei* en hiver, et la danse *Enemy Way* en été. Il faut demander une autorisation pour y assister et même dans ce cas les photographies et enregistrements sont interdits.

Au cours de votre "exploration" du territoire Navajo, respectez cette terre et son peuple. La terre a quelque chose de sacré pour les Indiens, et il est de ce fait interdit de faire du camping sauvage. Si vous désirez photographier de "vrais Indiens" sur le territoire navajo, n'oubliez pas de leur en demander d'abord la permission.

Les pueblos des Hopis

Dans la langue des Hopis, le mot *koyaanisqatsi* signifie à peu près "chaos provoqué par soi-même" et "futur incertain". Ce mot ancien semble toujours avoir conservé sa signification, car les Hopis l'ont plus difficile que jamais.

» **Carte p. 113, fiche pratique p. 119**

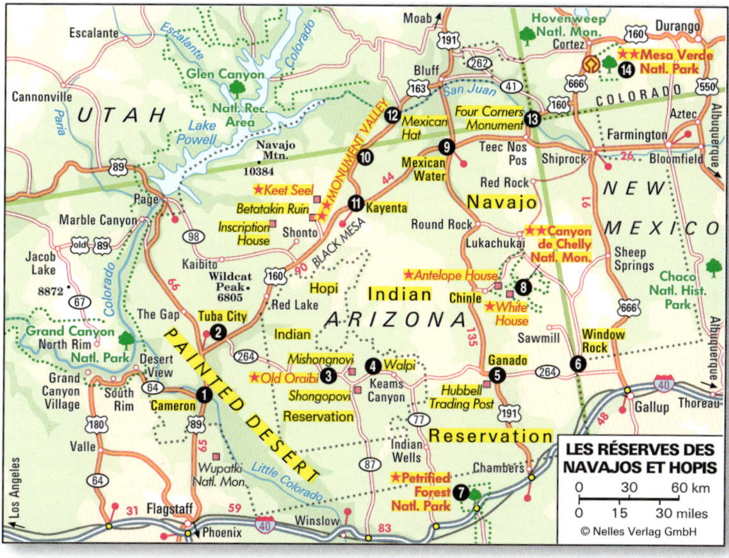

Fondée en 1882, la petite réserve des Hopis se trouve au milieu de la réserve des Navajos. Elle compte encore près de 6 000 membres de cette tribu. On pense que les Hopis (ce nom signifie "peuple paisible") sont les descendants des tribus précolombiennes Anasazi. Ils vivent en petites communautés indépendantes, réparties sur trois *mesas* (plateaux) à environ 180 m d'altitude.

Depuis **Tuba City** ❷ (p. 54), quelque peu au nord de Cameron, on suit la Route 264 pour partir à la découverte de quelques communautés hopies.

Le plus ancien village hopi s'appelle **★Old Oraibi** ❸. Il est habité depuis 1150. L'un des plus authentiques *pueblos* hopis est **Walpi** ❹. On pourra visiter les villages de **Mishongnovi**, **Shipaulovi**, et **Shongopovi**. Dans ce dernier, à proximité de la Hwy 264, se trouvent le **Hopi cultural center** et des terrains de camping rudimentaires.

On ne sait toujours pas quand et comment les Hopis sont arrivés dans cette région. Mais, pendant des siècles, ils purent s'imposer face aux Navajos. Selon la légende, les Hopis avaient erré pendant des siècles à travers l'Amérique du Nord à la recherche des terres les moins fertiles pour éviter d'attirer la convoitise des autres tribus. Les peintures rupestres de leurs ancêtres sont toujours visibles dans les grottes et les gorges des Mesas. Les signes cubiques, parfois des centaines, apparemment accolés sans ordre les uns aux autres sur un petit espace, témoignent de leur passé. Les symboles géométriques de leur langue imagée décrivent des cérémonies sacrées hopies et racontent des évènements passés. La tribu put contenir les attaques des Navajos grâce à l'excellente protection naturelle des plateaux. Les Navajos, pour leur part, arrivèrent au cours du XVIe siècle et s'emparèrent peu à peu d'une grande partie du territoire des Hopis. La coexistence entre les deux peuples – d'un côté les producteurs de maïs sédentaires hopis, hautement développés, de l'autre les chasseurs nomades Navajos – ne fut pas toujours simple. Aujourd'hui encore, des "incidents de frontière" continuent

Foto: Hubert Stadler

à envenimer les relations entre les deux peuples, et certaines familles Navajos refusent depuis des années de rendre leur terre aux Hopis. Ces derniers ont toujours manifesté du mépris pour les Navajos, qu'ils tiennent pour agressifs et malhonnêtes. Ils les appellent *tasavuh*, ce qui signifie "abattez-les".

Les Hopis sont célèbres pour leurs *kachinas*, de petites figurines sacrées taillées dans le bois et utilisées lors des cérémonies religieuses. Les bijoux d'argent et la céramique sont typiques de l'artisanat hopi.

La fabrication de céramique notamment relève du sacré, comme chez la plupart des cultures indiennes du Sud-Ouest. Les poteries ne sont pas fabriquées sur un tour, mais toujours avec des écheveaux de terre glaise qui sont façonnés à la main en pots, vases et bols. Les motifs sur la céramique reposent encore de nos jours sur des symboles traditionnels. Les dessins d'hommes et d'animaux sous forme d'angles sur les vases sont typiques et immortalisent sur leurs parois des scènes de guerre et de la vie quotidienne, ainsi que des aigles, des cerfs et des fourmis.

Ci-dessus et ci-contre : les troncs pétrifiés du Petrified Forest National Park – où les lézards viennent se chauffer.

Un détour par le sud

Après avoir visité les Mesas, on peut suivre la Rte 264 jusqu'à **Ganado ❺**. Le **Hubell Trading Post**, un vieux fortin bâti en 1878, se trouve à proximité. C'est le plus ancien comptoir commercial en territoire Navajos et il a été reconverti en musée. Les Indiens y vendent et fabriquent devant les visiteurs des tapis et des bijoux d'argent.

Avant de continuer vers le nord, ceux qui ne sont pas pressés, pourront faire deux détours dans le sud.

À l'est de Ganado, la bourgade de **Window Rock ❻**, près de Gallup (cf. p. 56) est en quelque sorte la capitale de la nation Navajo. Les 88 membres du conseil tribal, démocratiquement élu, s'y réunissent. La ville doit son nom à

» Carte p. 113, fiche pratique p. 119

Foto: Bernd F. Gruschwitz

un pont rocheux naturel de 15 m de haut situé dans les environs. Le **Navajo Nation Museum** retrace l'histoire de la tribu. Tout près de là, le **Navajo Nation Zoological and Botanical Park** présente les principaux animaux et plantes qui ont permis à la tribu de survivre dans le désert.

Depuis Window Rock, la Highway se dirige vers l'est pour rejoindre le ★**Petrified Forest National Park** ❼. Ce petit parc national abrite une forêt de troncs d'arbres pétrifiés, dont certains ont jusqu'à 225 millions d'années. À l'époque où ces arbres étaient verts, la région n'était pas un désert, mais une terre marécageuse fertile. Durant des millions d'années, ces troncs d'arbres morts ont été peu à peu recouverts de sédiments, principalement des cendres volcaniques chargées de silice. Chacun des anneaux qui représentent une année est toujours clairement visible.

On revient à Ganado par la Highway 191, puis on continue vers le nord, où vous attend l'un des plus fascinants témoins de la civilisation indienne.

★★Canyon de Chelly

Durant des siècles, le ★★**Canyon de Chelly** ❽ (prononcer *de chay*) fut pour les Navajos un lieu sacré où ils vécurent et trouvèrent refuge. Pour cette raison, les touristes n'ont le droit d'emprunter seuls qu'un chemin balisé de 4 km, la **White House Trail**. La présence d'un guide indien est par contre obligatoire pour parcourir tout autre sentier dans le canyon – ne serait-ce que pour faire respecter la signification religieuse des lieux. Ces excursions commencent à **Chinle**, à la Thunderbird Lodge.

Malheureusement, la plupart des grottes et habitations creusées à flanc de falaise sont inaccessibles. La ★**Rim Drive**, qui longe sur 25 km le bord du canyon, permet aux visiteurs d'admirer depuis leur voiture les principales curiosités.

Les Navajos arrivèrent dans la vallée vers 1700, mais des Indiens y auraient déjà habité, attirés dans le canyon par son incroyable fertilité. Aujourd'hui encore, on continue à y pratiquer de l'agri-

» Carte p. 113, fiche pratique p. 119

Foto: Terry Ryder (Dreamstime)

culture. Il reste une soixante d'habitations, dont les plus anciennes datent d'il y a 2 000 ans. Les plus remarquables sont la ★**White House**, l'★**Antelope House** ainsi que la **Mummy Cave**.

Le canyon de Chelly devint tristement célèbre en 1864, lorsque le légendaire "Kit" Carson encercla ici les derniers guerriers Navajos, les réduisant à mourir de faim. Au cours des cinq mois précédents, il leur avait mené une guerre d'usure en détruisant leurs récoltes, en capturant leurs troupeaux, puis en les poursuivant à travers la Prairie sur 500 km. Les Indiens se réfugièrent alors dans le Canyon de Chelly, qu'ils croyaient imprenable. Mais Carson, très rusé, disposa ses troupes aux deux extrémités du canyon. Après moins de deux semaines, les Navajos se rendirent et se laissèrent déporter vers un camp du Nouveau-Mexique.

Ci-dessus : Monument Valley a été immortalisée dans maints westerns. Ci-contre : un jeune Américain d'origine indienne. L'ascension de la Balcony House, dans le Mesa Verde National Park.

La Highway 191 conduit à **Mexican Water** ❾. De là, on accède rapidement à la Monument Valley à l'ouest, ainsi qu'au Mesa Verde National Park à l'est.

★★Monument Valley

Aucun autre paysage de roche n'a autant servi de toile de fond à des films (dont *Stagecoach*) ou à des spots publicitaires que celui de la ★★**Monument Valley** ❿ qui est pour beaucoup l'incarnation même des paysages uniques et du caractère sauvage du Far West.

La Route 163 mène directement dans la vallée, en passant devant de gigantesques blocs de pierre. Les cowboys et les Indiens n'eurent jamais à se préoccuper de l'état des routes, mais le voyageur, qui veut explorer la vallée plus en profondeur, devra se renseigner sur la météo des jours précédents. En effet, les voies d'accès n'étant qu'empierrées, sont impraticables après de grosses pluies ou un orage (chose peu fréquente il est vrai). Si vous avez peur d'abîmer la peinture de votre voiture,

» Carte p. 113, fiche pratique p. 119

Foto: Gerhard Bersick

Foto: Rainer Hackenberg

laissez-la au Visitor Center d'où sont organisées des excursions en jeep à travers Monument Valley. Notez que la vallée n'est pas administrée par l'administration des parcs nationaux, mais bien par l'administration navajo.

Si on a suffisamment de temps, on peut faire un détour vers le sud-ouest : à environ 18 km après **Kayenta** ⓫, la Route 564 quitte la Highway 160 et conduit au **Navajo National Monument**. On y verra trois villages troglodytes vieux de 8 siècles. Ils étaient habités par des Kayenta-Anasazi, et non pas par des Navajos. Des trois maisons, **Betatakin**, **★Keet Seel** et **Inscription House**, seule la dernière peut être observée de loin depuis une plate-forme. On n'atteint les deux autres grottes qu'après un long trajet, à pied ou à cheval, mais Inscription House est fermée au public. Des agences proposent des excursions de plusieurs heures (plutôt fatigantes) pour Betatakin et Keet Seel.

Depuis Kayenta, prenons la Highway 163 vers le nord : elle passe devant l'une des plus célèbres formations rocheuses de la région, **Mexican Hat** ⓬, qui a la forme d'un sombrero retourné. On a l'impression qu'une faible poussée suffirait à faire basculer cet énorme rocher.

★★Mesa Verde National Park

La Highway 160 qui part de Mexican Water en direction de l'est mène près du **Four Corners Monument** ⓭, seul point des USA où convergent les frontières de quatre États (Arizona, Colorado, Nouveau-Mexique et Utah). Le point de convergence exact est signalisé par un monument qui servira de cible photographique rare : étalé à plat, on se trouve à la fois dans quatre États ! Pour finir, on gagne le dernier point culminant de cette étape au **★★Mesa Verde National Park** ⓮.

Visiter la Mesa Verde, inscrite depuis 1978 au patrimoine mondial de l'humanité par l'Unesco et située au nord-est des Four Corners, c'est se plonger dans une histoire de plusieurs siècles, celle de la culture aujourd'hui éteinte des Indiens Anasazi. On entre dans le Mesa

» Carte p. 113, fiche pratique p. 119

Foto: Archiv Gunda Amberg

Verde National Park par la Highway 160. Sur le plan historique et culturel, c'est le parc le plus important des USA. C'est ici, ainsi que dans le Canyon de Chelly, l'Hovenweep et le Chaco Canyon, que les tribus précolombiennes des Anasazi vécurent jusqu'au XIIIe s. Ils nous ont laissé de nombreuses habitations troglodytes (*cliff dwellings*), creusées dans la pierre et nichées sous d'énormes falaises de grès jaune et ocre, dans le plateau assez fertile de Mesa Verde (esp. "table verte").

À l'entrée du parc, le **Far View Visitor Center** et, plus au sud, le **Chapin Mesa Archeological Museum** et le Park Headquarter fournissent de nombreux renseignements sur les découvertes archéologiques faites dans le parc. L'âge d'or culturel de ce peuple se serait déjà achevé au début du XIVe siècle, avant la découverte de l'Amérique. Ils abandonnèrent alors la Mesa Verde, probablement à cause d'une longue sécheresse qui semble avoir sévi sur tout le Sud-Ouest à cette époque. Certains avancent aussi l'hypothèse d'une surpopulation.

Ci-dessus : Cliff Palace, antique habitation anasazi creusée dans la roche (Mesa Verde Nat. Park).

Le plus bel habitat troglodyte à voir est la ★**Spruce Tree House**, située juste derrière le musée. Cet ensemble remarquablement conservé comprend plus d'une centaine de pièces, certaines avec des autels. Après la Spruce Tree House, la route se sépare en deux branches, East Loop et West Loop. Celle de l'ouest passe par la ★**Square Tower House**, le **Sun Temple** et le **Sun Point**.

L'itinéraire par l'est, encore plus spectaculaire, passe par le Cliff Palace. Avec ses 200 chambres, le ★**Cliff Palace** ("palais de la falaise") est le plus grand et le plus célèbre village de la Mesa Verde. La ★**Balcony House** n'est accessible que par une échelle haute de 9 m et un tunnel assez étroit.

Sur la route du retour, à mi-chemin entre l'administration du parc et l'entrée, ne ratez pas le **Park Point Fire Lookout**. Ce poste d'observation perché à 2 600 m offre une vue grandiose sur toute la région des Fours Corners.

» Carte p. 113, fiche pratique p. 119

LES RÉSERVES NAVAJO ET HOPI, LE CANYON DE CHELLY ET MONUMENT VALLEY (☎ 928)

The Hopi Cultural Center, Second Mesa, AZ, tél. 928- 734-2401, www.hopi.cultural-center.com. **Monument Valley Navajo Tribal Park**, Visitor Center situé à un mile à l'est de la Route 163, à la frontière entre l'Arizona et l'Utah, www.navajonatioparks.org.
Discover Navajo Tourism Department, Box 663, Window Rock, AZ, tél. (928) 871-6436, www.discovernavajo.com.

The View Restaurant, restaurant de l'hôtel du même nom, sert des plats traditionnels de la cuisine navajo et des classiques américains. Le nom est évocateur : le resto offre une vue époustouflante sur les mesas de Monument Valley, www.monumentvalleyview.com
Sacred Canyon Restaurant du Sacred Canyon Lodge dans le Canyon de Chelly, également tenu par la direction de l'hôtel The View, propose une cuisine aussi délicieuse que celle du The View, voir sous www.sacredcanyonlodge.com.

Canyon de Chelly N. M., Chinle, tél. 674-5500, www.nps.gov/cach. **Hopi Cultural Center** (avec restaurant et motel), tél. 734-2401, www.hopiculturalcenter.com (résa impérative).
Hubbell Trading Post National Historic Site, à 1 mile à l'ouest sur la AZ 264, tél. 755-3475, www.nps.gov/hutr, t.l.j. 8-18h, sept-avril 8-17h, le plus ancien poste de traite de fourrures en territoire Navajo. **Navajo Nat. Monument**, à 20 miles au s-o de Kayenta, sur la AZ 564, tél. 672-2700, www.nps.gov/nava, diff. trails dans le parc.
Navajo Nation Museum, Tse Bonito Park (au carrefour à l'est de AZ 264 / Loop Road), Window Rock, tél. 871-7941, mar.-ven. 8h-20h, lun. et sam. 8h-17h. **Navajo Nation Zoological and Botanical Park**, Tse Bonito Park (au carrefour à l'est de AZ 264 et Indian Rte 12), tél. 871-6573, www.navajozoo.org, lun.-sam. 10h-16h30.
Old Trails Museum, 212 N Kinsley Ave., Winslow, tél. 289-5861, www.oldtrailsmuseum.org, mar.-sam. 10h-12h et 13h-16h, histoire locale et collection de vieux objets.
Petrified Forest Nat. Park, à 26 miles à l'est de Holbrook, sur la I-40, infos tél. 524-6228, www.nps.gov/pefo, forêt de troncs d'arbres pétrifiés.

TOURS ORGANISÉS : **Crawley's Monument Valley Tours Inc.**, tél. 697-3463, www.crawleytours.com/tour. Visites guidées quotidiennes de la Monument Valley, de la Mystery Valley et de la Hunt's Mesa.
Canyon de Chelly Tours, www.canyondechellytours.com, propose tous les jours des excursions en jeep dans le Canyon de Chelly.

MESA VERDE NATIONAL PARK ET SES ENVIRONS (☎ 970)

Colorado Welcome Center, 928 E. Main St. Cortez, CO 81321, tél. 565-4028, fax 565-4828, www.cortezchamber. org.
Mesa Verde National Park Superintendent, PO Box 8, Mesa Verde National Park, CO 81330, tél. 529-4465, www.nps.gov/meve.

Shiloh Steak House, 5 S. Veach St., Cortez, CO, tél. (970) 565-6560, savoureux plats de viande cuits à la poêle.
Fiesta Mexicana Family Restaurant, 430 N Hwy 145, Cortez, CO, tél. (970) 565-4267, spécialités typiques mexicaines, copieux, à déguster avec une délicieuse "frozen Magarita" (cocktail à base de tequila).
Far View Lodge, dans le Mesa Verde Nat. Park, tél. 529-4422, dans la Metate Dining Room, on sert des plats typiques du Sud-Ouest et des mets simples comme le Navajo Taco, qui font partie des traditions culinaires des Navajos.

Anasazi Heritage Center & Escalante Ruins, sur la CO 184, près de Cortez, tél. 882-5600, mars-octobre t.l.j. 9h-17h, sinon 10h-16h. Musée dédié à la culture indienne anasazi aujourd'hui disparue.
Far View Visitor Center, à 15 miles au sud de l'entrée du parc de Mesa Verde, ouvert de la mi-avril-mi à la mi-octobre t.l.j. 8h-17h.
Chapin Mesa Archeological Museum, près des Park Headquarters, à 21 miles au sud de l'entrée du parc, t.l.j. 9h-16h30, avril-oct. 8h-18h30.
Park Point Fire Lookout, point d'observation à mi-chemin entre l'entrée du parc de Mesa Verde et des Park Headquarters.
Chaco Culture National Historical Park, Crownpoint, NM 87313, tél. 505-786-7014, www.nps.gov/chcu.

Foto: Volkmar E. Janicke

DU GRAND CANYON À DENVER

DE DURANGO À ASPEN ET VAIL
DENVER
LE NORD DE DENVER
LE SUD DE DENVER

Les Rocheuses (*Rocky Mountains* ou "Rockies") aux sommets enneigés sont les plus hautes montagnes des USA. Pour les premiers colons en route vers l'Ouest, elles étaient un obstacle redoutable : il fallait les vaincre ou mourir en route. Les aventuriers et chercheurs d'or avançaient au cri du slogan *Pikes Peak or bust* ("le pic Pikes ou crève").

L'itinéraire suivant d'env. 650 miles (1 040 km) dure environ quatre jours, et comprend des sorties en bateau et de ski. Le point de départ se situe dans le Mesa Verde National Park (voir p. 117).

DE ★DURANGO À ASPEN ET VAIL

★Durango et ★Silverton

Du Mesa Verde National Park, on atteint après 38 miles par la Rte 160 **★Durango ❶**, petite ville historique adorable qui fut fondée en 1880, pendant la ruée vers l'or, pour servir de gare de transbordement à la ville minière de **★Silverton ❷**, à 45 miles plus au nord. L'ancienne **★voie ferrée** ne transporte plus de métaux précieux mais des visiteurs qu'un petit train touristique convoie de Silverton à Durango.

Ci-contre : les Maroon Bells se réfléchissent dans le Maroon Lake, près d'Aspen (Colorado).

Un détour par l'Utah

La **★Million Dollar Highway** (Rte 550), qui part de Durango en direction du nord, mène directement au cœur des Rocheuses. À **Delta ❸**, elle devient la Route 50. Au sud de Delta se deploie le **Black Canyon of the Gunnison National Park**, nommé ainsi d'après la pierre noire qui le compose.

La prochaine étape sur la Route 50 est **Grand Junction ❹**. À l'ouest de la Interstate 70 (bifurcation vers Fruita) le **Colorado National Monument** se distingue par ses formations rocheuses singulières.

En prenant l'Interstate 70 vers l'ouest, on arrive à Moab, dans l'État de Utah. Moab est surtout connue pour être la *Mountainbike Capital* (capitale du VTT) notamment en raison du circuit *Moab Slidrock Bike Trail*, et constitue le point de départ de nombreuses descentes en rafting sur le Colorado.

Le long de la Hwy 191 au nord de Moab, le **★★Arches National Park** saisit par ses impressionnantes arches de pierre, parmi lesquelles la Landscape Arch et la Delicate Arch. Depuis le Visitor Center de ce site, on atteint par la Highway 191 et la Rte 313 par l'ouest, le **★Dead Horse Point State Park** et le **★Canyonlands National Park**.

Du **Dead Horse Point Overlook**, la vue est magnifique sur les méandres

» Carte p. 123, fiche pratique p. 131

Foto: Leksele (Dreamstime)

du Colorado et les Canyonlands. Dans le Canyonlands National Park s'étend entre la Green River et la Colorado River le **Island in the Sky Plateau**. Au sud du confluent des deux rivières, le ★**Needles District** parsemé de tours de pierre photogéniques est fascinant.

À l'extrémité nord-est de l'Utah, près de la ville de Vernal, les amateurs de fossiles s'arrêteront au **Dinosaur National Monument** (le principal chantier de fouilles est actuellement fermé). Les plus audacieux entreprendront des **descentes en rafting** sur les rivières Jampa et Green River.

Aspen et Vail

À Grand Junction, on prend la Hwy 6 et l'I-70 pour gagner la route principale qui traverse le Colorado d'est en ouest. L'hiver, il tombe beaucoup de neige sur les Rocheuses en raison de leur altitude, du froid et de l'humidité du Pacifique, ce qui en fait un paradis pour les amateurs de ski. À chaque tournant de la route surgissent des hôtels, vieux, modernes, en construction ou récemment ouverts.

La plus prestigieuse et la plus connue station de ski des USA est **Aspen** ❺, que l'on rejoint en prenant l'I-70 puis la Rte 82 (42 miles). La localité actuelle, perchée à 2 400 m, vivait autrefois de l'exploitation d'une mine d'argent. Aujourd'hui, il n'est pas rare de croiser des stars internationales sur les pistes comme dans les magasins et les restaurants. L'été, on peut faire du vélo, de la randonnée, de l'escalade ou aller à la pêche dans les environs. La **Fork River**, qui prend sa source dans la Sawatch Range, donne du fil à retordre aux amateurs de canoë et de sports en eaux vives. Aspen a conservé un aspect rural grâce à la municipalité qui contrôle de près la construction des nouveaux hôtels et l'affichage des panneaux publicitaires.

Plus à l'est sur l'I-70, **Vail** ❻, autre station de ski renommée, accueille les sportifs. On peut aussi y accéder depuis Aspen – mais seulement en été ! – en passant par l'**Independence Pass**, col à 3 686 m d'altitude ; cette magnifique route de montagnes conduit le long du Mount Elbert qui, avec ses 4 400 m, est le plus haut sommet du Colorado.

Vail est assez récente, puisqu'elle ne fut construite qu'en 1952, mais son architecture, inspirée de celle des stations des Alpes autrichiennes, lui donne l'air d'exister depuis des siècles. Elle s'étire sur près de 16 km le long de l'étroite Rocky Mountain Valley. Une grande partie de la ville est interdite à la circulation automobile – et les skieurs doivent emprunter des navettes (gratuites).

Autour des deux stations, on peut profiter de six parcours de ski : **Mongolia**, **Siberia**, **China**, **Teacup**, **Sunup** et **Sundown**. Vail et sa voisine **Beaver Creek** disposent d'un splendide domaine skiable de 26 km^2, qui est le plus grand des USA. La saison va de décembre à avril.

Ci-dessus : une arche "raffinée" dans le Arches National Park, Utah.

» Carte p. 123, fiche pratique p. 131

10

Du Grand Canyon à Denver

Foto: Cesar Piotto (iStockphoto)

Copper Mountain et Breckenridge

À quelques miles au sud-est de Vail, sur l'I-70, **Copper Mountain** ❼ s'est développée à la fois en station de ski et en centre de congrès. On peut s'y adonner également au golf, autre activité très populaire de la station. Dans cet air raréfié, à 2 926 m au-dessus du niveau de la mer, la balle semble s'envoler sur des kilomètres si on la frappe bien. Le parcours de golf 18 trous de Copper Mountain, dessiné par Pete et Perry Dye, serait le terrain de cette catégorie le plus haut d'Amérique du Nord.

Depuis Copper Mountain, en prenant vers l'est l'I-70, puis vers le sud la Route 9, on arrive à **Breckenridge** ❽, autre station de ski connue du Colorado. Une de ses principales attractions est le **Breckenridge Brewery & Pub** ; il arrive souvent que la bière qu'on y sert n'ait été brassée que quelques minutes auparavant dans la micro-brasserie qui se trouve sur place.

Comparée aux autres stations de ski modernes, Breckenridge fait presque figure de ville historique avec ses 350 bâtiments inscrits comme monuments nationaux. La ville a connu trois booms miniers, dont une ruée vers l'or après qu'on en y eut découvert en 1859. Puis quelques 20 ans plus tard, la découverte de riches filons d'argent apporta une nouvelle manne financière à la ville. Enfin, une troisième génération de pionniers se mit de nouveau en quête d'or dans les années 1930.

De nos jours, l'économie de Breckenridge repose désormais sur le ski. De nombreuses anciennes demeures de chefs de mine ou d'ouvriers font office de restaurants ou de boutiques chic.

Reprenons l'I-70 pour rejoindre rapidement Denver.

Ci-dessus : Aspen et Vail offrent des conditions très propices à la pratique du ski. Ci-contre : Denver sur la toile de fond des Rocheuses.

Denver

La ville de **Denver** ❾ est une jolie capitale d'État connue sous le nom de

» Carte p. 123, fiche pratique p. 131

Foto: Volkmar E. Janicke

Mile-High City – la 13e marche du State Capitol se trouve en effet exactement à une altitude d'un mile (1 609 m).

Contrairement à la plupart des villes de l'Ouest, Denver possède un centre-ville dense, pourvu de parcs et de larges allées, que l'on parcourt facilement à pied et qui regroupe les principales curiosités touristiques.

C'est à l'aube et au crépuscule, avec en toile de fond les Rocheuses toutes proches, que la ville baignée par la douce lumière du soleil se présente sous son aspect le plus séduisant. Par temps clair, on aperçoit au sud le **★Pike's Peak**, qui s'élève à 4 301 m (une route à péage mène au sommet), où la découverte d'un filon d'or au milieu du XIXe s. déclencha la fameuse ruée vers l'or.

De Denver, des excursions d'une journée font découvrir Pikes Peak en **petit train à crémaillère** : perché à une hauteur vertigineuse (c'est le plus haut du monde), il emmène ses visiteurs de **Manitou Springs** jusqu'au sommet. Signalons le rally de montagne au pied du Pikes Peak, début juillet.

Larimer Street, à *LoDo* (Lower Downtown), est un point de départ idéal pour visiter le centre de Denver, ainsi que les alentours du **Larimer Square**, la partie la plus ancienne de Denver, jadis la plus sauvage : ses réverbères à gaz, ses arcades, ses maisons de bois victoriennes y font renaître le *Wild West*, et des calèches y attendent les visiteurs pour une promenade traditionnelle. Depuis quelques années, LoDo connaît une affluence touristique sans précédent. 70 nouveaux restaurants, des cafés et des brasseries (*brew pubs*), dont la célèbre *Wynkoop Brew* assurent le bien-être des visiteurs.

Dans la 16th Street, les **Denver Pavilions** abritent restaurants, hôtels et boutiques ouvertes jusqu'à minuit en semaine. À la périphérie du centre, une halte s'impose au **Denver Downtown Aquarium** et au parc d'attractions d'**Elitch Gardens**, où des attractions époustouflantes et un tour en grand huit clôtureront la journée en beauté.

Un pavillon futuriste abrite le **Museum of Contemporary Art**, dont

» Carte p. 123, fiche pratique p. 131

Foto: Bambi L. Dingman (Dreamstime)

l'atrium coupe le souffle. On y voit des présentations multimédias, des photographies, des peintures et des dessins.

Denver abonde en anciens bâtiments soigneusement restaurés, témoins du passé mouvementé de la ville, telle la **Molly Brown House** sur Pennyslvania Avenue. *Unsinkable Molly* (Molly l'insubmersible) entra dans la légende locale en 1912, car elle survécut à la catastrophe du Titanic. Épouse aisée du propriétaire d'une mine, elle revenait d'un voyage en Europe. Lors du naufrage, elle calma les passagers hystériques, les fit embarquer dans les rares canots de sauvetage et on raconte qu'elle aurait obligé l'équipage, sous la menace du pistolet qu'elle portait toujours sur elle, à ramer jusqu'à l'arrivée des secours. Sa maison ouverte aux visiteurs renferme du mobilier d'époque et des objets personnels de cette femme énergique à la vie mouvementée.

Ci-dessus : le Denver Art Museum, à l'architecture originale signée Daniel Libeskind. Ci-contre : élevage de chevaux dans la région de Moffat.

Le State Capitol, le Civic Center doté du Denver Art Museum, le Colorado History Museum et le US Mint forment un complexe de bâtiments reliés entre eux. La silhouette du ★**State Capitol Building**, sur Colfax Avenue, compte parmi les curiosités les plus marquantes de Denver. Vous remarquerez que la 13e marche de la face ouest du bâtiment est usée : c'est qu'avant vous nombre de personnes se seront tenues sur cette même marche, à exactement un mile au-dessus du niveau de la mer, soit 1,7 km. Le Capitole a été construit sur le modèle du Capitole de Washington, D.C. Son dôme, couvert de 200 onces de feuilles d'or à 24 carats étincelle au lever et au coucher du soleil.

On produit beaucoup d'argent à Denver, très exactement 40 millions de pièces de monnaie par jour, qui sont fondues, emballées et expédiées par le **U.S. Mint**, l'Hôtel des Monnaies national. Toutes les minutes, 800 pièces sont estampées, puis éjectées de chacune des 60 presses. Le bâtiment se visite, mais il faut s'inscrire impérativement en ligne (www.usmint.gov/mint_tours).

À un pâté de maisons au sud de l'Hôtel des Monnaies, sur la 14th Avenue, se trouve le **Denver Art Museum**. Ce complexe a été complété par une aile futuriste conçue par l'architecte Daniel Libeskind. Avec ses nombreux murs obliques et ses recoins, elle est très spectaculaire, mais remplit-elle vraiment sa fonction de salle d'exposition ? Certains spécialistes en doutent. Le musée abrite plus de 35 000 œuvres d'art provenant d'Europe, d'Asie et des États-Unis ; la section la plus célèbre est l'**American Indian Hall** avec sa collection de totems.

À l'ouest du Civic Center, le **Denver Center for the Performing Arts** attire une foule de visiteurs avec ses huit théâtres pouvant accueillir jusqu'à 10 000 amateurs de théâtre, d'opéra ou de musique classique. En hiver, les touristes découvriront un art local d'un tout autre genre : chaque année en jan-

 » Carte p. 123, fiche pratique p. 131

Foto: Volkmar E. Janicke

vier, la ville organise en effet le *National Western Stock Show*, l'un des plus grands concours de rodéo du monde.

Dans le City Park (qui abrite aussi le zoo), le **Denver Museum of Nature & Science** s'est transformé en l'un des plus grands musées des sciences des États-Unis : il a été le premier au monde à être équipé d'un planétarium numérique et il présente nombre de nouvelles expositions concernant les recherches actuelles sur l'orbite en général. Dans la salle IMAX, des documentaires sont projetés sur un écran géant. Si vous n'avez pas encore goûté la célèbre bière de Denver dans *LoDo*, vous pourrez vous rattraper en effectuant la visite (avec dégustation) de la plus grande brasserie américaine, **Coor's**, établie à Golden, dans la banlieue de Denver.

S'il vous reste encore un peu de temps, ne manquez pas le **Colorado Railroad Museum** de Golden, qui expose quelque 80 locomotives à vapeur et des wagons de chemin de fer. La tombe de **Buffalo Bill** et le musée attenant valent également le détour.

LE NORD DE DENVER

Boulder

Au nord-ouest de Denver, la Hwy 36 traverse **Boulder ⑩**, qui abrite l'**University of Colorado**. Cette petite ville étudiante fut fondée en 1858 par des colons blancs, qui élevèrent de ravissantes demeures victoriennes. Il est agréable de se promener dans le **centre-ville**. **Pearl Street** était autrefois une rue bordée de cabanes de rondins et servait de camp de ravitaillement à une mine des environs. C'est aujourd'hui une rue piétonnière réputée pour ses édifices du début du XXe siècle, désormais classés monuments historiques.

★Rocky Mountain National Park

Une traversée des Rocheuses serait incomplète sans une visite au **★Rocky Mountain National Park ⑪**, l'attraction la plus populaire du Colorado, avec plus de trois millions de visiteurs par an. L'entrée du parc est à 71 miles de

» Carte p. 123, fiche pratique p. 131

Foto: Gabriele Wojciech

Denver, et on y accède en prenant la Highway 36 vers le nord-est. En chemin, on passe par la splendide **Estes Valley**, puis par **Estes Park,** où un train à crémaillère amène les visiteurs jusqu'à la plate-forme panoramique de **Prospect Mountain**, qui offre une belle vue sur les autres montagnes du parc. Le petit Estes Park doit son nom à Joel Estes, l'un des premiers Européens à avoir exploré la région. Au milieu du XIXe s., il organisa plusieurs expéditions de reconnaissance dans cette partie des Rocheuses.

Le Rocky Mountain National Park fut créé en 1915, en partie grâce à l'écrivain Enos Mills qui, décrivit ainsi les montagnes : "Celui qui se laisse aller à la magie de la nature, à la mélodie rythmée des chutes, aux échos que nous renvoie la montagne, au chant des oiseaux, au souffle du vent dans les pins, celui-là est à l'unisson avec l'univers". Le parc couvre 1 070 km^2 de paysages intacts, ponctués de 78 pics dépassant 3 600 m d'altitude. Cette chaîne de sommets, appelée **Front Range**, est le premier massif montagneux à s'être soulevé au-dessus de la Prairie ; elle s'étire de la frontière canadienne aux Rocheuses du Nouveau-Mexique.

Ci-dessus : lichen phosphorescent dans les hautes forêts des Rocheuses. Ci-contre : le mouflon des Rocheuses, dans le Rocky Mountain Park.

Les Rocheuses, qui comptent parmi les plus hautes montagnes du monde, sont apparues il y a 70 millions d'années à la suite du glissement des plaques tectoniques. Elles doivent leur sauvage beauté aux forces conjuguées du feu, de la glace, de l'eau et du vent. Pendant des millions d'années, les jeunes montagnes furent sans cesse remodelées par les forces tectoniques et volcaniques, et au cours des deux derniers millions d'années, les puissants glaciers de quatre ères glaciaires s'y sont frayé un chemin, aplanissant sur leur passage certains reliefs, déplaçant des moraines et donnant naissance, à leur fonte, à des lacs de montagne aux eaux claires.

Une excursion à travers les Rocky Mountains fait traverser plusieurs zones climatiques en seulement quelques

» Carte p. 123, fiche pratique p. 131

Foto: Rainer Hackenberg

heures. Le temps change constamment au fur et à mesure qu'on monte. Dans les vallées inférieures, il fait plutôt chaud et sec. Des épicéas et des cèdres rouges bordent la route qui s'étire en longues courbes. Entre les sommets, des lacs translucides sont alimentés par les cinq glaciers encore existants. Puis, progressivement apparaissent des forêts de pins et de trembles. Au-dessus de 2 700 m, les arbres sont tordus et courbés par les violentes rafales de vent. En raison de la proximité de Denver, ce secteur des Rocheuses est généralement surpeuplé durant les week-ends d'été. Pour s'épargner ces désagréments, évitez cette période ou poussez jusque dans la zone ouest du parc national, moins fréquentée.

La ★**Trail Ridge Road** (80 km de long), la route la plus haute du monde, ouverte seulement de fin mai à octobre, et la **Old Fall River Road** traversent le parc et amènent au-delà de la limite des arbres dans la toundra alpine qui constitue près d'un tiers de la superficie du parc. Outre la fleur emblème de l'État du Colorado, l'ancolie bleue (*blue columbine*), poussent ici boutons d'or, myosotis et trèfle nain. Ces plantes connaissent une brève période de floraison (6 semaines) fin-juin, début-juillet. Symbole du Rocky Mountain Park, le mouflon des Rocheuses peut être facilement repéré de loin par temps clair à l'aide de jumelles.

Le point culminant de la Trail Ridge Road, **Milner Pass**, se trouve exactement sur la *Continental Divide*, la ligne de partage des eaux. Tous les torrents s'écoulant à l'ouest de ce point convergent vers le Pacifique, ceux des pentes orientales vers l'Atlantique ou le Golfe du Mexique. Sur la Trail Ridge Road, les photographes feront une halte à **Many Parks Curve** et **Rainbow Curve**, deux points d'observation offrant des panoramas splendides.

Le parc national comporte en tout 568 km de sentiers de randonnée. Certains chemins balisés et instructifs partent directement des principales routes du parc, tels le **Tundra Trail** et le **Colorado River Trail**. Ce dernier dé-

Foto: Volkmar E. Janicke

bute à plusieurs miles au sud-ouest du Milner Pass (col), tandis que le Tundra Trail commence à quelques miles à l'est du même col.

À **Moraine Park** et à **Glacier Creek**, on peut louer des chevaux. Les amateurs de randonnée de haute montagne pourront tenter la montée de 16 miles jusqu'au **Longs Peak**, le plus haut pic du parc avec ses 4 345 m.

Une autre étape intéressante se présente au **Fall River Pass** (col), où l'**Alpine Visitor Center** informe sur le milieu écologique de la toundra et de la montagne.

LE SUD DE DENVER

Colorado Springs

On rejoint **Colorado Springs** ⓬, au sud de Denver, par l'I-25. Ces dernières années, cette région connaît un nouvel essor économique depuis la construction de l'ultramoderne **U.S. Air Force Academy**, l'école de l'Armée de l'Air. Les touristes et les autochtones adorent regarder passer le cortège des 4 000 cadets qui, tous les jours à 11 h, se rendent à la cantine au pas cadencé.

À quelques miles à l'ouest de la ville, le ★**Garden of the Gods** (jardin des dieux), sur la hwy 24, offre une merveille géologique au coucher du soleil : d'impressionnantes formations de grès rouge vif se dressent à près de 180 m de haut. À 48 miles à l'ouest de Colorado Springs, en bordure de la Rte 67 (accès par la Hwy 24), on découvrira **Cripple Creek**, une ville restaurée évoquant la ruée vers l'or.

Ci-dessus : l'Argo Gold Mine – la mine d'or d'Idaho Springs, à 30 miles à l'ouest de Denver, a été reconvertie en musée dédié à l'exploitation minière.

La Royal Gorge

À une heure de voiture au sud-ouest de Colorado Springs (accès par les Rtes 115 et 50) se trouve la **Royal Gorge** ⓭. Un **pont suspendu**, long de 320 m, au-dessus de la rivière Arkansas, traverse la gorge.

 » Carte p. 123, fiche pratique p. 131

DURANGO, ASPEN, VAIL (☎ 970)

Aspen Chamber Resort Assn., 425 Rio Grande Pl., Aspen, tél. 925-1940, www.aspenchamber.org. **Grand Junction V&C Bureau**, 740, Horizon Drive, tél. (970) 244-1480, www.visitgrandjunction.com.

Durango-Silverton Narrow Gauge Railroad, 479 Main St., Durango, tél. 247-2733, www.durangotrain.com.
Arches N. P., Moab, UT, tél. (435) 719-2299, www.nps.gov/arch. **Canyonlands N. P.**, UT, tél. (435) 719-2313, www.nps.gov/cany.

LOISIRS ET ACTIVITÉS SPORTIVES : **Breckenridge Ski Area**, Ski Hill Rd (à un mile à l'est, par la CO 9), Breckenridge, tél. 453-5000, www.breckenridge.snow.com.
Copper Mt. Resort Ski Area, à 12 miles au sud-ouest, au carrefour de l'I-70 et de la CO 91, près de Dillon, tél. 968-2882, www.coppercolorado.com.
Vail Ski Resort, sur l'I-70, sortie 176, tél. 476-4888, www.vail.com.
Aspen Wildwater Raftings, 520 Durant Ave., Aspen, tél. 920-3511, www.aspenwhitewater.com, rafting en eaux vives sur la Roaring Fork, le Colorado et d'autres rivières.
Outlaw Rivers Jeep Tours, Durango, tél. 259-1800, www.outlawtours.com.
Aspen Cross-Country Center, tél. (970) 925-2145, www.utemountaineer.com/aspenxc.html.
Snowmass Cross-Country Center, tél. 923-5700, Aspen, www.utemountaineer.com/Snowmassxc.html.

DENVER, COLORADO SPRINGS ET BOULDER (☎ 303 / 719)

Boulder C & V Bureau, 2440 Pearl St., tél. 442-2911, www.bouldercoloradousa.com.
Colorado Springs C & V Bureau, 515 S Cascade Ave., tél. (719) 635-7506, www.experiencecoloradosprings.com. **Denver Metro C & V Bureau**, 1575 California, tél. (303) 892-1112 et 1-800-233-6837, www.denver.org.

Center for the Performing Arts, 1245 Champa St., Denver, tél. (303) 893- 4100, www.denvercenter.org.
Downtown Aquarium, 700 Water St., tél. (303) 561-4450, www.aquariumrestaurants.com, t.l.j. 10h-21h, sam.-dim. 10-21h30.
Colorado Railroad Museum, 17155 W 44th Ave. Golden, tél. (303) 279-4591, www.coloradorailroadmuseum.org, t.l.j. 9h17h.
Coors Tour, 13th/Ford St., Golden, tél. 277-2337, lun.-sam. 10h-16h. **Denver Art Museum**, 13th and Acoma, tél. (720) 865-5000, www.denverartmuseum.org, t.l.j. sf lun. 10h-17h, ven. 10-20h.
Garden of the Gods, Visitor Center, 1805 N. 30th St. à partir de Gateway Rd, tél. (719) 634-6666, t.l.j. 9h-17h, en été 8h-20h.
Molly Brown House, 1340 Pennsylvania St., Denver, tél. 832-4092, www.mollybrown.org, mar.-sam. 10h-15h30, dim. 12h-15h30.
Denver Museum of Nature & Science, 2001 Colorado Blvd, Denver, tél. (303) 322-7009, www.dmns.org, t.l.j. 9h-17h. **Pikes Peak Cog Railway**, 515 Ruxtun Ave., Manitou Springs, tél. (719) 685-5401, www.cograilway.com.
Elitch Gardens, Elitch Circle, tél. (303) 595-4386, www.elitchgardens.com, parc de loisirs, mai-oct. t.l.j. env. 10h-18h, sam./dim. plus longtemps, voir leur site Internet.
State Capitol, E Colfax Ave./Sherman St., tél. (303) 866-2604, lun.-ven. 9h15-14h30, juin-août jusqu'à 15h30.
Museum of Contemporary Art, 1485 Delgany St., tél. 303-298-7554, www.mcadenver.org, mar.-jeu. 12h-19h, ven. 12-21h, sam/dim 10-17h.

ROCKY MOUNTAIN NATIONAL PARK (☎ 970)

Estes Park Welcome Center, 140 Moraine Ave., tél. 586-4431, www.estes-park.com.

Estes Park Area Historical Museum, 200 Fourth St., Estes Park, tél. 586-6256, mai-oct. lun.-sam. 10h-17h, dim. 13h-17h, nov.-avril ven./sam. 10h-17h, dim. 13h-17h.
Rocky Mountain National Park, Park Headquarters (QG) à 3 miles à l'ouest de l'Estes Park, sur la US 36, tél. 586-1206, www.nps.gov/romo.

LOISIRS / ACTIVITÉS SPORTIVES : **Aerial Tramway**, 420 Riverside Dr., Estes Park, funiculaire pour la Prospect Mt., tél. 586-3675, www.estestram.com.

William Perry / iStockphoto

Les toits de tuile rouge de la ville de Santa Barbara évoquent son passé espagnol.

Foto: Jerry Moorman (iStockphoto)

DE LOS ANGELES À SAN FRANCISCO

SANTA BARBARA
DE SANTA BARBARA À MONTEREY
SALINAS ET PINNACLES NATIONAL MONUMENT
SAN JOSE

La ★★**Pacific Coast Highway** (la *Highway 1*) se déroule au bord de la côte californienne d'une beauté à couper le souffle, offrant des vues qui comptent parmi les plus spectaculaires des USA. Il y a certes des chemins plus courts pour aller de LA à San Francisco mais aucun d'aussi joli (380 miles/ 615 km).

★Santa Barbara

À env. 100 milles au nord de **Los Angeles** ❶ (cf. p. 35), ★**Santa Barbara** ❷ est une ville aisée qui se coule des jours heureux sous le doux climat de la Californie du Sud et au bord des superbes plages pacifiques de la Riviera californienne. Elle attire de nombreuses personnalités renommées américaines (qui vivent de préférence à Montecito) et des étudiants. Sur le **Stearns-Wharf-Pier** historique (avec un **musée de la Marine**), on dégustera des fruits de mer dans l'un des restaurants de poisson tout en jouissant d'un beau panorama. Sur la **promenade de la plage** a lieu le dimanche un marché.

Le passé hispanique de la cité est révélé par ses maisons blanches et ses toits de tuiles rouges. Santa Barbara fut en effet fondée au XVIIIe siècle par des conquistadores espagnols, des disciples du père Junipero Serra. Celui-ci fonda à l'époque 21 missions, dont la ★**Mission Santa Barbara**. En face de la mission entourée d'eucalyptus, un bâtiment abrite une réplique d'une cellule de moine et la cuisine du XIXe s. Après le tremblement de terre 1925, on a beaucoup reconstruit dans le style hispanique, contribuant ainsi au charme méditerranéen de la cité dépourvue de gratte-ciel. Santa Barbara se visite très bien à vélo ou à pied en empruntant la **Red Tile Walking Route**, une piste marquée sur les trottoirs qui passe par les édifices historiques du cœur de la ville. Du haut du clocher du ★**County Courthouse**, on a un panorama sur le centre.

À gauche : la vieille ville de Santa Barbara invite à la flânerie.

Près de **State Street**, grande rue commerçante bien achalandée en cafés en journée et en restaurants le soir, **El Paseo**, arcade commerciale de style espagnol, longe la **Casa de la Guerra**. Cet édifice en adobe fut construit en 1829 pour le commandant de la petite garnison espagnole qui gardait l'entrée du port. Quelques pâtés de maisons plus au nord-est, on verra le Parade Ground, où défilaient jadis les troupes espagnoles. En face, la **Santa Barbara Historical Society** présente dans son **musée** l'histoire mouvementée de la ville imprégnée des influences indienne, espagnole, mexicaine et américaine.

Dans les vallées de **Santa Maria** et **Santa Ynez** se trouvent près de 30 **do-**

» Carte p. 136, fiche pratique p. 143

maines viticoles. Certains proposent des visites. La plage de sable de 50 km de Santa Barbara, est propice à la baignade, à la plongée, au surf et à la voile.

DE ★SANTA BARBARA À ★MONTEREY

San Luis Obispo et Morro Bay

Après le **San Ysidro Ranch**, un parcours magnifique, le long de la Rte 101 puis de l'US 1, mène à la ville historique de **San Luis Obispo** ❸. Cette ancienne mission espagnole, fondée en 1772 au pied des Santa Lucia Mountains, est aujourd'hui une ville commerciale et universitaire. Elle est à mi-chemin entre Los Angeles et San Francisco. La **mission** mérite une visite, ainsi que l'attraction majeure de la ville, la **★Madonna Inn**, auberge qui loue des chambres kitsch.

Au sud de San Luis Obispo, on s'étonnera à **Pismo Beach** de voir la seule plage de Californie sur laquelle les voitures ont le droit de rouler ; cette localité côtière est aussi réputée pour ses fruits de mer, et sa fameuse soupe de moules régale de nombreux visiteurs.

Les naturistes, qui d'habitude ne l'ont guère facile dans la prude Amérique, oseront se jeter à l'eau en simple appareil à quelques kilomètres plus au nord, à **Pirate's Cove**, près d'**Avila**. La ville côtière d'Avila se trouve au sud du **Morro Rock**, imposant dôme rocheux naturel qui domine la plage du haut de ses 175 m. Les visiteurs y viennent pique-niquer, nager, pêcher et observer les oiseaux. Des sentiers de randonnée musardent dans les dunes où nichent de rares espèces d'oiseaux. L'**Embarcadero**, quartier trépidant du port, regorge de restaurants, bars et cafés.

★Hearst Castle

Au nord de San Luis Obispo, sur la Hwy 1, **★Hearst Castle**, près de **San Simeon** ❹, contemple le Pacifique. Ceux qui ont vu le film d'Orson Welles *Citizen*

 » Carte p. 136, fiche pratique p. 143

Foto: Brent Reeves (Fotolia)

Kane connaissent déjà Hearst Castle. Le personnage de Kane était inspiré du magnat de la presse, William Randolph Hearst. Dans le film, le domaine que Kane meuble d'objets d'art européens et asiatiques est appelé "Xanadu."

Mais la réalité est encore plus impressionnante que le décor fictif de Welles. Plus de 10 millions de dollars, une fortune colossale à l'époque, furent engloutis pour élever de 1919 à 1947 ce château de rêve. Le domaine de 50 ha comprend un bâtiment principal, conçu comme un musée, agrémenté de jardins, de bassins et de palais pour les invités. La villa, véritable capharnaüm, recèle des œuvres d'art antiques, médiévales et de la Renaissance, des sculptures et des tapis précieux. À lui seul, le bâtiment principal abrite 38 chambres et 41 salles de bain, une salle à manger avec une table longue de 9 m de dimensions arthuriennes, une luxueuse salle de projection où l'on visionnait les nouveaux films de Hollywood (souvent en présence des vedettes), et une piscine intérieure si vaste que son toit accueille deux courts de tennis.

Ci-dessus : Hearst Castle, le fantasque château Renaissance d'un magnat de la presse.

Pour visiter Hearst Castle, on doit laisser la voiture dans un parking à 5 miles de là. Du **Visitor Center** sur le parking, une navette amène les visiteurs. Diverses visites guidées permettent de découvrir le rêve du magnat de la presse. L'une d'elle n'est organisée que durant les soirs d'été sur fond de jardins et de sculptures merveilleusement éclairés. Des acteurs en costumes des années 1930 font revivre la société de cette époque, et on a presque l'impression d'être revenu à l'époque de F. Scott Fitzgerald et de *Gatsby le Magnifique*.

★★Big Sur

Poursuivons notre chemin vers le nord par la Hwy 1. La **route panoramique** sur la côte de **★★Big Sur**, qui s'étire sur 90 miles entre San Simeon et Monterey, déploie ses virages serrés dans un paysage de montagne. Les

Foto: Thomas Stankiewicz

vagues du Pacifique s'écrasent au pied des falaises abruptes des Santa Lucia Mountains avec une force spectaculaire. Écrivains, artistes, photographes (et des millions de touristes) viennent ici puiser de l'inspiration dans ce spectacle.

À partir de 1937, des viaducs enjambant le relief accidenté de la côte désenclavèrent cette partie de la Californie. Des poètes comme Robinson Jeffers, des romanciers comme Henry Miller et des photographes comme Ansel Adams, réputé pour ses photos de paysages en noir et blanc, vinrent ici profiter de la solitude.

La faune est également fascinante à Big Sur. Deux fois par an, on peut observer les baleines grises dans les flots du Pacifique : en automne, quand elles font route vers le sud et le Mexique puis, au printemps, lorsqu'elles remontent vers l'Alaska avec leurs petits. Des faucons tournoient dans les airs au-dessus des canyons et, la nuit (notamment à la pleine lune), des coyotes hurlent.

Ci-dessus : la Pacific Coast Highway est l'une des plus belles routes côtières du monde. Ci-contre : otaries sur des rochers, près de Monterey.

Mais la côte présente aussi des dangers : tant de bateaux se sont écrasés contre les rochers de **Point Sur** que les autorités ont construit un phare au beau milieu du cap.

L'endroit idéal pour déjeuner à Big Sur est le **Nepenthe Restaurant**, à environ 3 miles au sud du **Pfeiffer Big Sur State Park**. Accroché à flanc de falaise au-dessus de l'océan, ce restaurant jouirait, selon certains, de la plus belle vue au monde.

★Carmel

De 1986 à 1988, Clint Eastwood fut le maire de **★Carmel ❺**, ville pittoresque prospère. Par la suite, la superstar a préféré se consacrer à l'aménagement de son **Mission Ranch Resort**, un motel conçu comme un ranch. À Carmel, une visite s'impose à la **Mission San Carlos Borromeo de Carmelo**, la seconde mission de Californie fondée en 1770 par le père Junipero Serra. Après sa mort en

» Carte p. 136, fiche pratique p. 143

1784, le religieux y fut inhumé dans un sarcophage de pierre. Le joli bâtiment entourant l'église est dans un parc protégé par un mur, un lieu idyllique avec des arbres, des parterres de fleurs et une grande cour avec une fontaine.

La ville de Carmel s'enorgueillit depuis longtemps de son atmosphère typiquement *british*. Les habitants eux-mêmes se considèrent d'ailleurs comme des Britanniques qui seraient arrivés un peu par hasard sur la côte Pacifique. On ne s'étonnera donc pas à la vue des nombreux salons de thé à l'ancienne jalonnant les rues du centre. Ne cherchez pas les numéros des maisons : ici, elles sont connues par leur nom, *Dove House*, *The Kestrels*, ou encore *Mon Repos*. Ne cherchez pas non plus les trottoirs, il n'y en a pas, sauf dans les rues qui bordent **Ocean Avenue**.

Dans le centre, la **Hog's Breath Inn** (auberge) a appartenu à une époque à Clint Eastwood, mais son nouveau propriétaire continue à proposer au menu un *Dirty Harry Hamburger* et un *Dirty Harry Dinner*. Mais le décor ne rappelle en rien le film *Dirty Harry* : pas de sciure au sol, pas de flaques de bière, mais des chandelles et des nappes blanches accompagnent le dîner. Les âmes romantiques jetteront un œil à la **Tor House**, une surprenante maison de pierre en haut d'une falaise, bâtie par le poète américain Robinson Jeffers en 1918.

Le **Carmel River State Park** s'étend le long de la baie sur plus de 40 ha, avec des plages blanches comme du sucre en poudre. Dans les dunes nichent des aigles, des bécasseaux et des pélicans. On observera souvent ces derniers piquer dans l'eau à une vitesse incroyable et remonter avec, dans le bec, un poisson qui se débat farouchement.

Au sud de Carmel se trouve la **★Point Lobos State Reserve**. On y accède à pied par une piste balisée, la **Sea Lion Point Trail**. Ce sentier vous fera longer des falaises et des grottes où loutres, otaries et phoques se chauffent au soleil ou cabriolent dans l'eau cristalline.

Foto: A. M. Begsteiger

La ★17-Mile-Drive

Cette route, dernier axe à péage existant encore aux États-Unis à l'ouest du Mississippi, musarde autour de quatre terrains de golf réputés, à **Pebble Beach**, au sud de la baie de Monterey. Depuis cette route, qui porte le nom de **★17-Mile-Drive**, on a une vue superbe sur **Seal Rock** et **Cypress Point**. L'écrivain écossais Robert Louis Stevenson écrivit au sujet de cet endroit : "Sur aucune autre côte, que je connais, on ne profite, par temps calme et ensoleillé, d'un tel spectacle offert par l'océan, le jeu des couleurs sans cesse changeantes ou les différents rugissements et grondements de la mer comme ici."

Les habitants d'aujourd'hui apprécient aussi ce tronçon de littoral longeant la péninsule de Monterey où s'égrènent quelques demeures parmi les plus chères du monde avec vue imprenable sur l'océan, les forêts de pins et de cyprès, et les terrains de golf des environs. On remarquera un arbre bizarre devant l'un des pavillons des

Foto: Suzi Eszterhas (Minden Pictures/mauritius images)

clubs de golf : selon une vieille tradition, lorsqu'un de ses membres meurt, on accroche à sa mémoire son sac de golf à une branche de l'arbre.

★Monterey

★Monterey ❻, l'agglomération la plus intéressante entre Los Angeles et San Francisco, vaut une visite prolongée. Cet ancien territoire indien servit à l'époque de la domination coloniale espagnole de base de dépôt de marchandises, jusqu'à ce que les États-Unis s'en emparèrent en 1848 lors de la guerre avec le Mexique.

Dans Monterey, superbement bien aménagée pour les piétons et les cyclistes, le **Path of History** ("sentier de l'histoire"), promenade balisée de 2,5 miles, vous conduira au **Monterey State Historic Park** parsemé d'édifices anciens, tous merveilleusement restaurés. Il part de la **Custom House Plaza** où se dresse la **Custom House** : ce bâtiment servit de douanes aux Espagnols à partir de 1827. Tout près, le réputé **Monterey Maritime Museum** contient de nombreux objets, témoins du passé maritime de la cité.

Ci-dessus : show d'otaries au Monterey Aquarium.
Ci-contre : John Steinbeck a dépeint de nombreux personnages de Monterey dans ses romans.

Toujours sur la Custom House Plaza, la **Pacific House** faisait office, pendant la ruée vers l'or, de saloon où les *Forty-Niners*, pionniers de l'époque, venaient claquer leurs pépites au bar ou aux tables de poker.

Tous ces bâtiments surplombent un quai, le **Fisherman's Wharf**, qui s'avance dans la baie grâce à ses jetées et pontons d'où partent tous les jours les bateaux touristiques pour l'**observation des baleines** et où accostent les yachts et les bateaux de pêche. Dans les restaurants de poissons, goûtez à la spécialité locale, la soupe de poisson servie dans un "bol" fait d'un pain évidé.

Il règne sur le quai une atmosphère de fête. Des dessinateurs font rapidement et pour une somme modique le portrait des vacanciers de retour d'une

» Carte p. 136, fiche pratique p. 143

pêche en haute mer et désireux d'être immortalisés avec leur prise.

En partant du port, on arrive dans la **Cannery Row** (reconstruite et très embellie), la célèbre *Rue de la Sardine* de John Steinbeck. C'est là que l'écrivain trouva les personnages rudes qui lui servirent de modèles pour ses romans : le marchand de quatre saisons chinois abritant des jeux clandestins dans son arrière-boutique ou les filles de joie travaillant sans relâche de l'aube au crépuscule. Certains bâtiments sont encore là, mais les bancs de sardines ont délaissé la côte depuis 1945 et, avec leur disparition, le vieux Monterey à la réputation mal famée a aussi disparu.

Le remarquable **★Monterey Bay Aquarium** a été installé dans les murs restaurés d'une des plus grandes conserveries de sardines. La faune et la flore marine de la baie de Monteray y sont présentées dans des aquariums s'élevant sur trois étages. Plusieurs fois par jour, un plongeur va dans les bassins nourrir poissons et otaries, en donnant des explications au micro. On s'intéressera aussi à la riche collection recelant différentes espèces de méduses

Salinas et Pinnacles National Monument

John Steinbeck (prix Nobel en 1962) est né à **Salinas ❼** en 1902. Sa maison, la **Steinbeck House** (132, Central Avenue), a été transformée en musée avec un restaurant à sa mémoire. Les admirateurs du célèbre auteur californien de la *Rue de la Sardine* trouveront une vaste documentation sur sa vie et son œuvre dans le **★National Steinbeck Center**.

Les touristes peu pressés feront un crochet jusqu'au **Pinnacles National Monument ❽**. Des pics abrupts aux formes étranges et des grottes formées par les effrondrements de rochers attirent les amoureux de la nature.

Foto: Joachim Berke

VERS SAN FRANCISCO

Santa Cruz

À l'extrémité nord de la Monteray Bay, **Santa Cruz ❾** a conservé l'esprit hippie des années 1960 grâce au campus attrayant de la **University of California**. Ici, collégiens et étudiants se déplacent à vélo plutôt qu'en voiture, les restos servent du tofu et, au cri de "*Surf's up* !", les passionnés de surf se précipitent sur la plage pour ne pas rater les meilleures déferlantes du Pacifique. Les citadins les plus bruyants sont les otaries qui se réunissent en glapissant au pied du **Municipal Wharf** pour mendier quelques miettes. Un parc naturel, le **Natural Bridges State Park**, au bout du **West Cliff Drive**, est connu pour ses papillons monarques et ses bassins naturels pleins de crabes et de homards.

San Jose et Palo Alto

La route de Santa Cruz à San Jose passe par la **Silicon Valley**, haut lieu des

» Carte p. 136, fiche pratique p. 143

Foto: Friedrich Schmidt

hautes technologies qui nous a propulsés dans l'ère informatique.

San Jose ⑩, aujourd'hui l'une des plus grandes villes de Californie, fut le premier pueblo à être fondé en 1777 par les Espagnols dans le nord de la Californie. Il y a encore 40 ans, les immenses plantations de pruniers de la vallée de Santa Clara approvisionnaient la moitié de l'Amérique. Aujourd'hui, la contrée vit de la micro-électronique. Rien donc d'étonnant à ce que l'on y trouve ici le **The Tech Museum**.

On se sent revenu à l'époque coloniale espagnole à la vue de la **Peralta Adobe**, au centre-ville. Juste en face, **Fallon House** fut la demeure du capitaine de l'U.S. Army qui, en 1846, entra au galop dans la petite ville à la tête d'une colonne de volontaires et la revendiqua au nom des États-Unis.

Il subsiste de cette époque deux curiosités : une villa victorienne, la ★**Winchester Mystery House**, que Sarah Winchester, l'héritière de l'armurier anglais, acheta en 1884. Une voyante lui avait prédit qu'elle resterait en vie tant qu'elle bâtirait de nouvelles pièces. À sa mort en 1922, la maison en comptait plus de 160, avec des portes secrètes, des couloirs et des escaliers ne menant nulle part. Près de la villa, un nouveau quartier, **Santana Row**, a surgi ces dernières années, avec des restaurants, des hôtels et des magasins "européens".

Au coin des Park et Naglee Avenues, les Rosicruciens ont construit un fascinant **Egyptian Museum** et un planétarium. Le musée abrite la plus grande collection de la côte Ouest en matière d'art et de momies provenant d'Égypte, de Babylone et d'Assyrie.

À **Santa Clara**, l'**Intel Museum** informe sur la fabrication et l'utilisation des puces dans les ordinateurs. On quitte San Jose par la Rte 280, puis on passe par **Palo Alto** ⑪, siège de la réputée ★**Stanford University**, et on poursuit vers ★**San Francisco** (cf. p. 157).

Ci-dessus : la Pacific Coast Highway offre des panoramas à couper le souffle.

» **Carte p. 136, fiche pratique p. 143**

SANTA BARBARA ET LES ENVIRONS (☎ 805)

Carmel Visitor Information, San Carlos (entre 5th Str./ 6th Str., tél. (831) 624-2522, www.carmelcalifornia.org.

Santa Barbara Visitors Bureau, 1 Garden St., tél. 965-3021, www.santabarbaraca.com.

Hearst San Simeon State Historical Monument, 750 Hearst Castle Rd, San Simeon, tél. 927-2020, www.hearstcastle.com, t.l.j. visites guidées 8h20-15h20, en été plus longtemps avec tours spéciaux en soirée.

Mission San Luis Obispo de Tolosa, 782 Monterey St., San Luis Obispo, tél. 781-8220, www.missionsanluisobispo.org.

Mission Santa Barbara, 2201 Laguna St., Santa Barbara, tél. 682-4713, http:/santabarbaramission.org, t.l.j. 9h-17h.

Morro Bay State Park et **Morro Rock**, au sud de San Luis Obispo, tél. 772-2560, www.parks.ca.gov.

Oceano Dunes State Vehicular Recreation Area, Grover City, tél. 473-7220, http://ohv.parks.ca.gov. Plage de dunes où il est permis de rouler en voiture, au sud de Pismo Beach.

Pfeiffer Big Sur State Park, infos tél. (831) 667-2315, www.parks.ca.gov.

Point Lobos State Reserve, Rte 1, Carmel, tél. (831) 624-4909, www.parks.ca.gov.

San Luis Obispo County Hist. Museum, 696 Monterey St., San Luis Obispo, tél. 543-0638, http://historyslo.org, t.l.j. 10h-16h.

Santa Barbara Historical Society Museum, 136 E. De La Guerra St., tél. 966-1601, www.santabarbaramuseum.org, mar.-sam. 10h-17h, dim. 12-17h. **Tor House**, Carmel Point, Carmel, www.torhouse.org, visites guidées ven./sam. 10-15h.

***LOISIRS/SPORTS* : Tiger's Foley II Harbor Cruises**, 1205 Embarcadero, Morro Bay, tél. 772-2257. **Sea Landing & Condor Cruises**, 301 W. Cabrillo Blvd, Sta Barbara. tél. 882-0088, www.condorcruises.com, observation de baleines.

MONTEREY BAY ET LES ALENTOURS (☎ 831)

Monterey County Visitor Center, 401 Camino El Estero, tél. 1-888-221-1010, www.montereyinfo.org.

Cannery Row, 765 Wave St., Monterey Centre commercial avec restaurants.

Custom House, Custom House Plaza, Monterey, tél. 649-7118.

Monterey Bay Aquarium, 886 Cannery Row, Monterey, tél. 648-4800, www.montereybayaquarium.org, t.l.j. 10h-18h, en hiver 10h-17h.

Museum of Monterey, Stanton Center, #5 Custom House Plaza, Monterey, tél. (831) 372-2608, www.museumofmonterey.org, mar-sam 10-17h.

Monterey State Historic Park, 20 Custom House Plaza, Monterey, tél. 649-7118, www.parks.ca.gov, t.l.j. 10h-16h, huit villas historiques du XIXe siècle.

SALINAS, SANTA CRUZ ET SAN JOSE (☎ 831, 408)

Salinas Visitor Center, 222 Main St., www.destinationsalinas.com. **San Jose Visitors Bureau**, 408 Almaden Blvd, San Jose, tél. 295-9600, www.sanjose.org.

Santa Cruz Visitor Information, 303 Water St., Santa Cruz, tél. 425-1234, www.santacruzca.org.

Intel Museum, 2200 Mission College Blvd, Santa Clara, tél. (408) 765-0503, lun.-ven. 9h-18h, sam. 10h-17h.

National Steinbeck Center, 1 Main St., Salinas, tél. (831) 796-3833, www.steinbeck.org, t.l.j. 10h-17h.

Natural Bridges State Park et Beach, Santa Cruz, tél. (831) 423-4609, www.parks.ca.gov.

Peralta Adobe et Fallon House, 175 W St./John St., San Jose, tours sur réservation par tél. (408) 287-2290, www.historysanjose.org.

Rosicrucian Egyptian Museum & Planetarium, 1660 Park Ave., San Jose, CA 95191, tél. (408) 947-3635, www.egyptianmuseum.org, mer.-ven. 9h-17h, sam./dim. 10h-18h.

Steinbeck House, 132 Central Ave., Salinas, tél. (831) 424-2735, www.steinbeckhouse.com, c'est aujourd'hui un restaurant, mais il y a des visites guidées chaque 1er dim. de juin, juillet, août et sept. de 13 à 15h.

The Tech Museum, 201 South Market St., San Jose, tél. (408) 294-8324, t.l.j. 10h-17h.

Winchester Mystery House, 525 S Winchester Blvd, San Jose, tél. (408) 247-2101, www.winchestermysteryhouse.com, visites guidées t.l.j. 8h-17h, en été 8h-19h.

Foto: ShaniMiller (iStockphoto)

DE LOS ANGELES AU YOSEMITE NATIONAL PARK

DE LOS ANGELES À FRESNO
SEQUOIA ET KING'S CANYON NATIONAL PARK
YOSEMITE NATIONAL PARK

La route de l'intérieur entre Los Angeles et San Francisco est l'une des plus belles d'Amérique. Elle commence à Pasadena, ce faubourg de Los Angeles où tant de champions sportifs américains ont été célébrés. Depuis cette ville baignée par les néons et les rampes de lumière du show-biz, nous parcourrons quelques centaines de miles vers le nord pour rejoindre les parcs nationaux de la Sierra Nevada. Ici, les vedettes sont les arbres les plus vieux et les plus hauts du monde, les cascades grondantes, les vallées glaciaires, les chaînes de montagnes couvertes de neige, les ours noirs et les aigles planant hauts dans le ciel. Cette région rappelle le XIXe siècle et la grande époque de toutes les aventures et de tous les dangers, où des milliers de colons risquèrent tout pour trouver, si ce n'est la fortune, du moins le paradis sur terre.

On peut aller d'une seule traite de Los Angeles à San Francisco, en couvrant les quelque 400 miles (640 km) en sept heures à peine. Mais pour profiter du remarquable spectacle de la nature, faire des randonnées ou du cheval, et observer la faune et la flore variées de ces paysages vierges, mieux vaut prévoir une semaine pour cet itinéraire.

Ci-contre : les Bridal Veil Falls ("chutes du voile de la mariée"), dans le Yosemite National Park.

DE LOS ANGELES À FRESNO

Pasadena

Un vieux mot d'esprit dit de **Los Angeles** ❶ que c'est "une douzaine de faubourgs qui se cherchent une ville". Pasadena est l'un des plus anciens faubourgs de la métropole. La technologie moderne et l'architecture du tournant du XXe siècle y allient le charme et le mode de vie traditionnel californiens. Trois établissements d'enseignement supérieur connus y ont leur siège : le **California Institute of Technology** (fondé en 1891), le **City College** et le **Pacific Oaks College**.

Cependant, au début du XXe siècle, Pasadena était surtout connu pour ses 2 000 orangers, qui donnent plus d'un million de fruits par an. Aujourd'hui, outre 137 000 habitants, elle compte un petit théâtre, le **Pasadena Playhouse**, où maintes stars hollywoodiennes ont autrefois commencé leur carrière.

Depuis au moins 1994, un milliard de passionnés de football dans le monde savent où se trouve exactement **Pasadena** : la finale de la Coupe du monde (où le Brésil l'emporta sur l'Italie) eut lieu ici, dans le **Rose Bowl Stadium**. Cet énorme stade ovale, qui peut accueillir plus de 90 000 spectateurs, est en service depuis les années 1920. Ici se tient chaque année, le 1er janvier, l'un des

» Carte p. 147, fiche pratique p. 153

plus importants tournois de football des USA.

Grâce à son climat, Pasadena propose aussi un programme culturel et artistique varié. Ainsi, depuis un siècle, la ville organise pour le Nouvel An, avant le tournoi de football, la **Rose Parade**, avec des parades et un défilé de chars, qui attire chaque année près d'un million de visiteurs. Une kyrielle de millionnaires, qui l'avaient adoptée comme villégiature d'hiver, ont légué leurs collections à des institutions locales. Ainsi, le ★★**Huntington Complex**, composé d'une bibliothèque, d'un **musée** et d'un **jardin botanique**, s'est taillé une solide réputation bien au-delà de l'Amérique. Parmi les nouveautés, citons un jardin japonais avec ponts sculptés et plantes d'Extrême-Orient.

Un millionnaire d'aujourd'hui a aussi fait don de sa collection d'art à Pasadena : le ★**Norton Simon Museum of Art** regorge de toiles signées Rembrandt, Raphaël, Goya, Monet, Renoir, Degas, van Gogh, Cézanne, Picasso, Braque, Kandinsky et Klee. Outre ces œuvres européennes, on y trouve aussi une belle collection de sculptures de l'Inde et de l'Asie du Sud-Est.

Les **courses de chevaux** sont ici le passe-temps favori de milliardaires. L'élevage de chevaux offre des avantages fiscaux et donne l'illusion d'arborer le chic de l'aristocratie britannique, comme aux courses hippiques d'Ascot. En outre, faire courir des chevaux est un moyen amusant de risquer sa fortune, à la fois comme propriétaire et comme éleveur. Les premières courses de chevaux eurent lieu de 1904 à 1909, lorsqu'un certain Lucky Baldwin, un visionnaire doué du sens de l'entreprise, construisit une piste de courses dans son ranch Santa Anita. L'**hippodrome Santa Anita Park** à Arcadia, ville très huppée à 6 miles à l'est de Pasadena et au pied des **San Gabriel Mountains** (3 000 m), ouvrit ses portes en 1934, lorsque les paris sur les chevaux furent réautorisés en Californie.

Bakersfield

La route de la Sierra Nevada, l'I-5, a bien des attraits. **Bakersfield** ❷, la ville principale du **Kern County** (comté), dans le sud de la vallée de San Joaquin, permet de se faire une idée du passé mouvementé de la Californie. Partout, de hauts derricks aux pompes en mouvement surgissent au milieu de champs de coton et de céréales qui s'étendent à perte de vue. La fièvre du pétrole (qui est encore à la base de l'économie de la région) a succédé à la fièvre de l'or à la fin du XIXe siècle. Bakersfield, fondée en 1885, fut d'abord un simple camp de chercheurs d'or. L'histoire de son ascension est retracée dans le **Kern County Museum**, le **Pioneer Village** et le **West-Kern Oil Museum**.

Avant de vous lancer à la découverte de la Sierra Nevada, de ses animaux sauvages et de sa flore, informez-vous d'abord sur les richesses de la nature au **California Living Museum**, qui est à la fois un zoo et un jardin botanique.

★★Sequoia et ★★Kings Canyon National Park

Après avoir quitté Bakersfield, la Route 99 mène vers le nord dans les "Alpes californiennes", l'une des contrées les plus fertiles d'Amérique.

À **Visalia** ❸, elle croise la Route 198 qui conduit à deux merveilles de la nature qu'il faut absolument aller voir.

On traverse **Visalia** avant d'arriver à l'entrée, appelée Ash Mountain, du ★★**Sequoia National Park** ❹. N'oubliez pas de prendre le dernier numéro du *The Sequoia Park* à l'entrée : ce magazine gratuit donne la liste de toutes les activités qui se déroulent tous les jours dans le parc national.

Bien qu'étant deux réserves naturelles distinctes, le Sequoia et le ★★**Kings Canyon National Park** ❺ sont administrés par le même bureau. Les deux parcs sont constitués par un seul et même massif montagneux qui

» Carte p. 147, fiche pratique p. 153

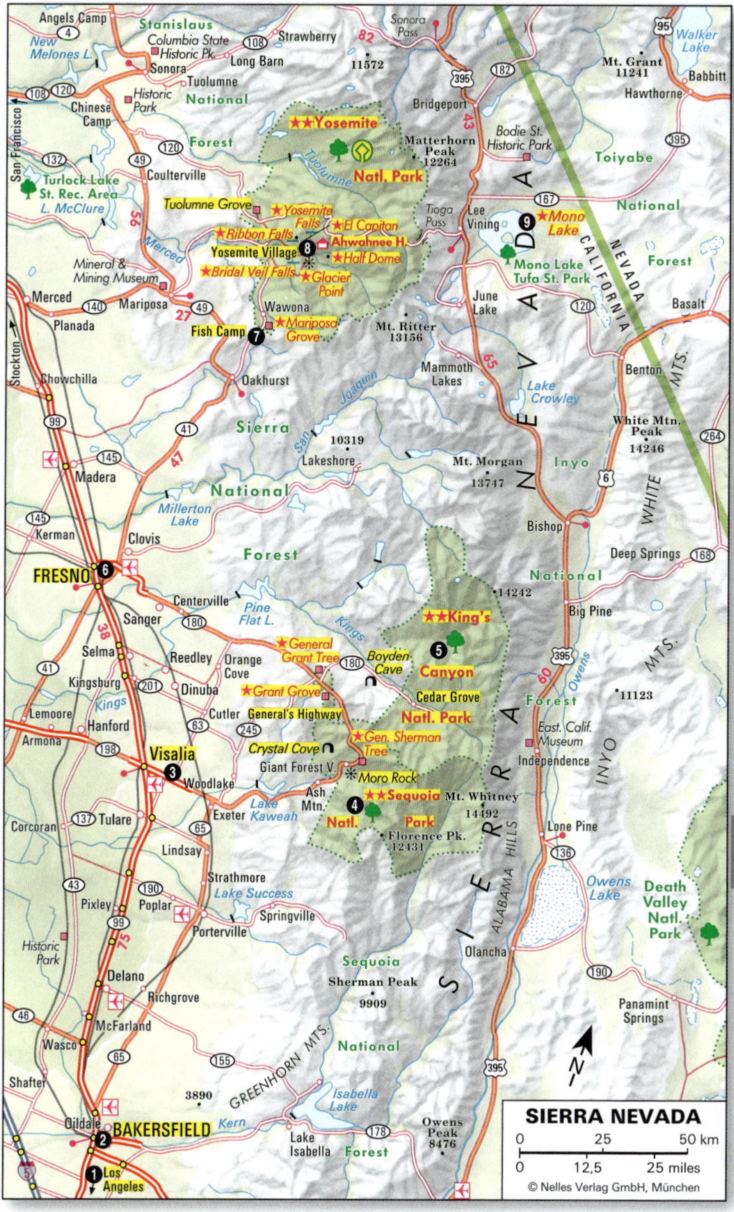

De Los Angeles au Yosemite N.P.

12

Foto: rafalkrakow (iStockphoto)

comprend 3 400 km² de nature à l'état pur. Le clou de ce paysage est le Mount Whitney qui est, avec ses 4 418 m d'altitude, le plus haut sommet des 48 États contigus américains. Ils font partie de la Sierra Nevada, une chaîne de hautes montagnes créée par des glissements de l'écorce terrestre il y a quelque 150 millions d'années. Bien plus récemment, voici deux millions d'années environ, des glaciers se frayèrent un passage dans le massif, érodant sur leur passage les couches rocheuses, et mirent à nu les formations de granit que l'on voit aujourd'hui.

La Sierra Nevada est, sans exagération, un paradis naturel unique. Outre les lacs de montagne aux eaux cristallines, les forêts pratiquement intactes et les animaux sauvages (du cerf au coyote), elle stupéfait tous les visiteurs avec ses fantastiques **séquoias**, ces arbres géants au feuillage persistant, âgés de près de 2 500 ans, comptent presque parmi les plus vieux organismes vivants de la planète. Quoiqu'ils ne soient pas tout à fait aussi hauts que leurs cousins, les séquoia *redwoods* (voir p. 188), qui poussent un peu plus au nord, ces arbres sont aussi l'espèce vivante la plus résistante. En fait, ils ne meurent jamais : à un moment donné ils tombent, arrachant leurs racines, et c'est cette chute qui les tue. Dans le monde entier, il ne reste que 75 futaies de ces géants, et 30 d'entre elles sont dans l'enceinte du Sequoia et Kings Canyon National Park.

Ci-dessus : au pied des séquoias géants, dans le Sequoia National Park.

Sur toute l'étendue du parc, il y a 1 280 km de sentiers de randonnée et d'escalade, et aucune route goudronnée ne traverse les parcs d'est en ouest.

Non loin de l'entrée principale, on bénéficie au **Moro Rock** d'un point de vue idéal pour se rendre compte de la grandeur majestueuse qui se dégage de cet endroit : à 2 000 m d'altitude environ, le regard embrasse toute la **★Giant Forest** (forêt géante). L'escalier de 400 marches qui mène en haut à la plateforme panoramique fut érigé par de

» Carte p. 147, fiche pratique p. 153

jeunes chômeurs du Civilian Conservation Corps pendant la crise économique des années 1930. La vue du haut de la plate-forme est l'une des plus spectaculaires de Californie. Loin en dessous coulent des rivières impétueuses et blanches d'écume, comme la **Kaweah River**, et on voit à l'est la Great Western Divide, la ligne de partage des eaux.

À proximité, jetez un œil à **Tharp's Log**, une cabane creusée vers la fin du XVIIIe siècle dans le tronc d'un séquoia géant tombé à terre par un certain Hale Tharp, un bouvier entreprenant.

La **General's Highway** relie le Sequoia au Kings Canyon National Park. Elle part de l'entrée d'Ash Mountain, traverse la Giant Forest et le ★**Grant Grove** – qui abrite le ★**General Grant Tree** haut de 81 m – puis passe devant la **Boyden Cave** avant d'atteindre le **Kings Canyon** et **Cedar Grove**. Cette route panoramique, de toute splendeur, relie les quatre principales zones touristiques des deux parcs. Sinon partout ailleurs, on peut se déplacer à pied, à cheval ou dans les bus du parc.

Le nom du général Sherman, rendu célèbre lors de la guerre de Sécession, a été immortalisé dans le Sequoia National Park : le ★**General Sherman Tree** est âgé de plus de 2500 ans. Il mesure presque 84 m de hauteur et pèse dans les 1 400 tonnes. Avec sa circonférence, à la base, de 30 m, c'est un arbre frustrant à photographier, car il est impossible de le prendre en une seule fois.

Aux alentours de ces arbres parmi les plus immenses des parcs, on découvre l'**Auto Log**, un arbre abattu dont le diamètre est si large qu'on peut le traverser en voiture. Le tronc d'un autre de ces géants, le **Tunnel Log**, a été entièrement évidé afin de permettre le passage des voitures au travers.

Ces arbres exceptionnels ne furent pas toujours protégés. La **Big Stump Area** est le triste témoin d'un abattage massif entrepris dans les années 1880. Cet océan de souches, seule trace de ce qui fut une forêt magnifique, devrait nous mettre en garde contre l'appétit insatiable de l'industrie du bois.

Les curiosités naturelles ne sont pas toutes visibles à l'œil nu : sous la terre se cache ainsi **Crystal Cove**, la seule des quelque quatre-vingt grottes de stalactites des deux parcs qui soit ouverte au public. Depuis la route, un chemin sinueux mène à l'entrée de la grotte. La descente est aisée, mais la remontée, d'environ 30 minutes, fatiguera les moins sportifs.

DE FRESNO AU ★★YOSEMITE NATIONAL PARK

Fresno

On quitte les parcs par la Rte 180 avant de gagner **Fresno** ❻. Cette localité, centre d'une vaste zone de plantations de fruits, ne peut pas se visiter vraiment à pied et n'a pas grand-chose à offrir aux touristes si ce n'est les curieux **Forestiere Underground Gardens**. Ces jardins aménagés dans des grottes et des cours ombragées sont l'œuvre d'un Sicilien pour protéger ainsi les plantes de la canicule en été.

En poursuivant sur la Hwy 99 direction nord, on rejoint une autre merveille de la nature, le Yosemite National Park.

Le ★★Yosemite National Park

La route qui mène au ★★**Yosemite National Park** commence à **Fresno**. En suivant la Rte 41 vers le nord, on arrive à l'entrée sud du Yosemite, le parc le plus magnifique de Californie. Comme le parc n'est qu'à six heures de route depuis Los Angeles, il accueille pour cette raison 3 millions de visiteurs par an. Il faut vous attendre à y rencontrer beaucoup de monde en été.

Le commentaire de l'un des premiers Blancs, un membre de la milice californienne, à visiter la vallée résume le sentiment de bien des visiteurs qui viennent ici pour la première fois et découvrent la nature : "Alors que je regardais autour

» Carte p. 147, fiche pratique p. 153

Foto: Rainer Hackenberg

de moi, un sentiment étrange s'empara de tout mon être, et mes yeux se remplirent de larmes de joie". Le Californien John Muir (1838-1914), célèbre écolo avant l'heure, a ainsi exprimé son admiration pour le Yosemite : "Tant que je vivrai, j'entendrai le chant des cascades, des oiseaux et du vent".

Les Indiens étaient les premiers habitants de cette contrée, plus précisément une tribu appelée les Ahwahneechee, ce qui signifie "profonde vallée verte". Ils vécurent ici paisiblement jusqu'à ce que le Major James Savage et son bataillon Mariposa Battalion ne les en chassent en 1851. Les Blancs se mirent aussitôt à abattre des arbres et à creuser des galeries de mine sous les collines mais, heureusement, certains eurent déjà assez de clairvoyance pour comprendre qu'il fallait préserver le Yosemite. Ainsi, en 1864, en pleine guerre de Sécession, le président Abraham Lincoln déclara

Ci-dessus : promenade en famille dans le Yosemite National Park. Ci-contre : le Jeffrey Pine, dans le Yosemite National Park.

la vallée comme le premier parc d'État de Californie. Il devint par la suite parc national en 1890.

Le Yosemite comprend 3 000 km² de montagnes, vallées profondes, aiguilles de granit élancées, chutes d'eau rugissantes et forêts épaisses. Il tient son nom du mot indien qui désigne l'ours grizzly, *"u-zu-ma-te"*, que les Blancs transformèrent en "Yosemite".

La plupart des visiteurs font le tour de la Yosemite Valley à bord d'un bus du parc. Les randonneurs disposent de nombreux chemins qui parcourent la vallée et les montagnes. On peut louer des bicyclettes et des chevaux, et les sportifs peuvent escalader les parois rocheuses avec des guides expérimentés. Au sud du parc, à **Fish Camp** ❼, on verra même une ancienne **voie ferrée** étroite, qui se fraie un chemin sur 6 km dans des bois de pins.

Depuis Fish Camp, en entrant dans le parc par le sud, on fera un premier arrêt au ★**Mariposa Grove of Giant Trees**. Le roi de cette futaie d'arbres énormes est le démesuré ★**Grizzly Giant**, âgé de plus de 3 000 ans. Il mesure 9,44 m de diamètre à la base, a une circonférence de plus de 30 m, et s'élance sur 64 m vers le ciel de Californie. Il a fallu faire une chaîne de 24 personnes pour encercler le tronc de cet arbre.

Les touristes mettront leur voiture au **Yosemite Village** ❽ dans la Yosemite Valley. Ils y trouveront toutes les commodités nécessaires ainsi qu'un grand **centre d'information**, mais aussi la circulation la plus intense du parc.

L'hôtel Ahwahnee

Le légendaire **hôtel Ahwahnee** est une adresse exclusive. Il faut y réserver au moins un an à l'avance. L'Ahwahnee est situé à un mile à l'est de Yosemite Village, sur la Rte 140. Il a été construit après qu'une aristocrate anglaise visitant le parc, se soit déclarée incommodée par les équipements primitifs des rares *lodges* de la région. Elle alla se

» Carte p. 147, fiche pratique p. 153

Foto: Hubert Stadler

plaindre vivement auprès du directeur du parc, à la suite de quoi on construisit cet hôtel de luxe en pierre, avec des poutres de pin. Son énorme cheminée est généralement allumée. Depuis son ouverture en 1927, il a accueilli de nombreuses personnalités, dont la reine Elisabeth II, l'Empereur Haïlé Sélassié et plusieurs présidents américains. L'Ahwahnee abriterait même un fantôme : en août 1962, le président Kennedy séjourna dans l'hôtel, la direction lui fit fabriquer un rocking-chair spécial pour soulager son dos meurtri par des blessures de guerre. Aujourd'hui encore, des hôtes jurent avoir entendu le rocking-chair grincer durant la nuit.

Les cascades de la Yosemite Valley

De l'eau coule, source ou cascade à presque chaque tournant des sentiers du parc Yosemite. La plus haute cascade d'un seul tenant de la vallée est la ★**Ribbon Fall**, où l'eau dévale 491 m dans un nuage de gouttelettes en suspension dans l'air.

Les plus hautes chutes d'Amérique du Nord sont les ★**Yosemite Falls**, mais elles se composent en fait de trois parties. L'eau fait un premier saut de 435 m aux **Upper Falls**, puis un second de 206 m au **Middle Spill**, enfin un dernier de 97 m à la **Lower Cascade**. Depuis le parking, presque toujours bondé, il faut parcourir moins de 100 m pour se rendre au pied des chutes. On peut aussi parcourir les 3,5 miles d'un sentier balisé, en s'élevant sur près de 800 m, pour voir la magnifique chute s'écraser depuis le sommet.

Autre lieu de choix, les photogéniques ★**Bridal Veil Falls** (chutes du voile de la mariée) sont alimentées par la fonte des neiges de la Sierra Nevada.

Le pic le plus célèbre du Yosemite, ★**El Capitan** (2 307 m), dresse ses 900 m au-dessus du fond de la vallée – il est deux fois plus haut que le Rocher de Gibraltar. À la jumelle, on y discerne fréquemment de minuscules silhouettes accrochées à ses parois. Ce sont des alpinistes venus du monde entier pour pratiquer le *free climbing* (escalade libre)

Foto: Ulf Müller-Moewes

qui a vu le jour ici. Le photographe Ansel Adams, réputé pour ses clichés sur les paysages, a souvent pris en photo cet Eldorado des grimpeurs, trouvant à chaque occasion de nouvelles perspectives fascinantes et obtenant ainsi des photos inédites.

Afin d'admirer le panorama le plus spectaculaire de la Yosemite Valley, remontez jusqu'au ★**Glacier Point**, falaise rocheuse culminant à 975 mètres. De là, on bénéficie d'une vue imprenable sur toute la chaîne de la Sierra Nevada et jusqu'au Nevada.

Le soi-disant ★**Half Dome** (demi-dôme) constitue une autre étrange formation rocheuse : avec une altitude de 2 695 mètres, ce bloc domine le fond de la vallée de près de 1 400 mètres. En observant le versant tourné vers la vallée avec sa paroi lisse presque perpendiculaire, on pourrait supposer que le dome a été coupé en deux parties il y a très longemps. Mais les géologues ont depuis démenti cette hypothèse : ce sont en fait les glaciers qui, en se déplaçant, ont façonné la vallée en forme de U et ont raboté la paroi au fil des siècles.

Les Indiens racontent un histoire plus romantique : après une querelle, deux amoureux auraient été transformés en ces deux immenses blocs rocheux.

La Route 120 est le seul axe est-ouest du parc. Elle mène à **Tuolumne**, un immense alpage où il fait bon pique-niquer ou entreprendre une petite randonnée.

Ci-dessus : d'étonnantes formations calcaires bordent la berge sud du Mono Lake.

★Mono Lake

Plus à l'est, en dehors du parc, s'étire à une altitude de 1900 m le photogénique ★**Mono Lake** ❾. Sur la berge sud, des aiguilles calcaires semblent littéralement surgir des eaux du lac.

Pour gagner San Francisco (voir p. 157), on quitte le parc par la sortie ouest. Depuis le Yosemite Village, il faut parcourir 190 miles (compter environ 4 heures).

» Carte p. 147, fiche pratique p. 153

PASADENA ET SES ENVIRONS (☎ 626)

Pasadena C & V Bureau, 300 East Green St., tél. 795-9311, www.visitpasadena.com.

Maison Akira, 713 E. Green St., Pasadena, tél. 796-9501, www.maisonakira.com, dans un cadre élégant, mais avec un service décontracté, on vous sert des spécialités japonaises et françaises.

Parkway Grill, 510 S. Arroyo Pkwy, tél. 795-1001, www.theparkwaygrill.com. Bonne cuisine américaine de qualité mais relativement cher.

Pasadena Museum of History, 470 W Walnut, tél. 577-1660, www.pasadenahistory.org, mer.-dim. 12h-17h.

Huntington Library, Art Collections and Botanical Gardens, 1151 Oxford Rd., San Marino, tél. 405-2100, www.huntington.org, lun., mer.-ven. 12-16h30, sam./dim. 10h30-16h30.

Los Angeles County Arboretum & Botanic Garden, 301 North Balwin Ave., Arcadia, tél. 821-3222, www.arboretum.org, t.l.j. 9h-17h, paradis floral abritant des espèces du monde entier.

Mission San Gabriel, 428 S. Mission Dr., San Gabriel,www.sangabrielmissionchurch.org, lun.-sam. 9h-16h30, dim. 10h-16h. L'un des plus beaux exemples de l'architecture des premières missions espagnoles (chapelle et musée du début du XVIIIe siècle).

Norton Simon Museum, 411 W. Colorado Blvd., tél. 449-6840, www.nortonsimon.org, lun., mer. et jeu.12h-17h, ven. et sam. 11-20h, dim. 11-17h.

Rose Bowl, Rose Bowl Dr. (on y accède depuis le Arroyo Boulevard), tél. 577-3100, www.rosebowlstadium.com.

Santa Anita Park, 285 W Huntington Dr., Arcadia, tél. 574-7223, www.santaanita.com. Ancien champ de courses hippiques.

The Gamble House, 4 Westmoreland Pl., Pasadena, tél. 793-3334, www.gamblehouse.org, visites guidées jeu.-dim. 12h-15h, réservation conseillée. L'une des plus belles villas d'Amérique, avec du mobilier entièrement en bois.

Tournament House & Wrigley Gardens, 391 S Orange Grove Blvd., tél. 449-4100. Visites guidées fév.-août 12h-14h, jardins ouverts t.l.j. Vaste propriété de l'inventeur du chewing-gum.

SIERRA NEVADA, SEQUOIA ET KINGS CANYON N. P.

Bakersfield C & V Bureau, 515 Truxtun Ave., tél. (661) 852-7282, www. visitbakersfield.com.

Sequoia et Kings Canyon Nat. Parks, Three Rivers, tél. (559) 565-3341, www.nps.gov/seki.

Pappys Coffee Shop, 10595 Rosedale Hwy, Bakersfield, tél. (661) 587-8954, www.pappyscoffeeshop.com, une véritable institution pour les mets classiques américains (hamburgers, poulet rôti, salades et sandwiches).

Cafe Med Gourmet Shoppe, 4801 Stockdale Hwy, Bakersfield, tél. (661) 834-5522, www. cafemedrestaurant.com, épicerie fine où l'on vend d'excellents produits et des menus tout prêts.

California Living Museum, 10500 Alfred Harrell Hwy., Bakersfield, tél. (661) 872-2256, www.calmzoo.org, t.l.j. 9h-16h.

Kern County Museum, 3801 Chester Ave., Bakersfield, tél. (661) 868-8400, www.kcmuseum.org, mer.-dim. 10h-17h.

West Kern Oil Museum, 1168 Wood St./Hwy. 33, Taft (près de Bakersfield), www.westkern-oil-museum.org, jeu.-sam. 10h-16h, dim. 13h-16h.

YOSEMITE NATIONAL PARK ET SES ENVIRONS

Ahwahnee Dining Room, Yosemite Village, tél. (209) 372-1489, salle à manger de style rustique chic, bonne cuisine, vue magnifique.

White Wolf Lodge Restaurant, à l'écart de la Tioga Pass Road, tél. (209) 372-8416, calme, lodge en pleine nature, cuisine simple.

Mono Lake, à l'est de Lee Vining, tél. (760) 647-6595, www.monolake.org.

Pioneer Yosemite History Center, à Wawona, musée en plein air toujours ouvert, spectacles.

Yosemite Mountain-Sugar Pine Railroad, à 4 miles de l'entrée sud du parc, sur la CA 41, tél. 559-7273, www.ymsprr.com, mars-oct. t.l.j., sinon se renseigner par tél. sur l'état des routes.

Yosemite National Park, Yosemite, tél. (209) 372-0200, www.nps.gov/yose. Visitor Center dans le Yosemite Village.

Bernd F. Gruschwitz

Perchée à 67 m, la circulation est dense sur le Golden Gate, célèbre pont de 2,7 km de long.

Foto: Bernd Jonkmanns

DE SAN FRANCISCO À SALT LAKE CITY

SAN FRANCISCO
DE SAN FRANCISCO À RENO
LE LAC TAHOE
LES DÉSERT DU NEVADA ET DE L'UTAH
SALT LAKE CITY

Si San Francisco est la ville la plus européenne des USA, Salt Lake City est l'incarnation type de la ville américaine traditionnelle. La route qui relie ces deux extrêmes passe pour être la plus solitaire d'Amérique. Elle traverse peu de villes, mais offre des paysages magnifiques : forêts anciennes, montagnes enneigées, lacs de montagne d'un bleu profond et vastes steppes désertiques miroitant sous le soleil. Cet itinéraire de 850 miles (1 360 km) s'effectue sans problème en 4 jours.

★★San Francisco

★★San Francisco ❶ fut fondée en 1776 par Juan Bautista de Anza comme place forte espagnole sur la baie qui porte aujourd'hui le nom de la ville. Pendant longtemps, ce bastion colonial ne fut qu'un simple avant-poste. Mais cela changea en 1848 quand l'Américain James Marshall trouva par hasard des pépites d'or lors de la construction d'un moulin sur l'Indian River, à 100 miles de la ville. Ainsi débuta l'âge d'or de San Francisco et, en moins de quatre ans, la ville compta 250 000 habitants.

La ville eut bien besoin de cet esprit de pionnier des débuts pour se relever, en 1906, d'un séisme suivi d'un effroyable incendie. San Francisco, qui couvre aujourd'hui les 121 km^2 d'une péninsule sur le Pacifique, a été bâtie sur une zone dangereuse, la **faille de San Andreas** (*San Andreas Fault*). La terre trembla à nouveau en 1989, tuant une centaine de personnes et laissant la ville dévastée. Encore une fois, la cité s'est remise du traumatisme, mais à chaque fois que la terre tremble, l'Amérique se demande si ce n'est pas le séisme tant redouté qui fera basculer San Francisco dans l'océan.

Ci-contre : perruque pompadour pour fêter en beauté le Christopher-Street-Day.

Pour avoir une vue d'ensemble de la ville, le mieux sera de prendre le circuit panoramique (*scenic drive*) de 49 miles. Ce qui frappe d'abord, ce sont les collines sur lesquelles s'accroche San Francisco. Un dicton cosnseille, si on est fatigué de grimper en permanence, de s'appuyer contre une colline pour se reposer.

La ville se laisse facilement parcourir à pied et avec les transports en communs, dont les pittoresques **★★Cable Cars** (tramways à traction par câble), qui vous amèneront dans les différents quartiers au charme et au caractère distincts. Jadis, les collines provoquèrent beaucoup d'accidents avec les calèches à chevaux. Lorsqu'en 1873 Andrew Hallidie vit une fois de plus une calèche partir à reculons le long d'une de ces rues en pente, il lui vint à l'idée d'inventer le système des cable cars. Aujourd'hui, le

» Carte p. 163, plan de ville p. 159, fiche pratique p. 170-171

réseau comprend trois lignes couvrant 20 km et 39 tramways (dont certains datent du début du XXe s.) mûs par des câbles souterrains. Ceux-ci roulent à 15 km/h et peuvent même gravir des côtes avec une déclivité de 21 %.

Downtown

Union Square ① est le cœur de la ville. Son nom remonte à avant la guerre civile lorsque des adversaires de la sécession manifestèrent avec succès afin que la Californie reste dans l'Union. Au centre de la place se trouve un petit parc avec un café dont la terrasse, à l'ombre des palmiers, est toujours bondée. À côté, les hôtels de luxe côtoient d'élégants grands magasins.

Au sud du square se déroule la rue commerçante très animée **Market Street** où se dresse le **Civic Center**, un immense complexe administratif.

À côté, l'intéressant **Asian Art Museum** ② montre une belle collection d'objets d'art asiatique.

★Chinatown ③ est directement attenant au Financial District qui se distingue avec sa **Transamerica Pyramide**. Ce quartier exotique vit le jour en 1848 avec l'arrivée massive de mineurs chinois dans la ville. Mais la plupart atterrirent dans la construction du chemin de fer transcontinental et restèrent ici. Chinatown serait avec ses 100 000 habitants la plus grande communauté asiatique hors d'Asie. La moitié d'entre eux ne parlent pas anglais.

En passant la porte chinoise verte, surmontée d'un dragon, au coin de **Bush Street** et de **★Grant Avenue**, on entre dans un autre monde. Au lever du jour, dans le brouillard, beaucoup de Chinois de tous les âges font de lents mouvements de taï chi, accompagnés du cliquetis des baguettes de mahjong. Grant Avenue, la rue principale, est bordée de marchés et de stands de nourriture colorés, ainsi que de magasins où pendent dans la vitrine le fameux canard laqué, du poisson séché en lamelles fines comme du papier à cigarettes et des *bok choi* blancs.

Depuis un certain temps, le **Ferry Building**, près de l'embarcadère, n'accueille plus de ferries. Il est devenu un haut lieu de l'épicerie fine et de la gastronomie, où l'on peut goûter des mets délicieux, manger des huîtres et boire du champagne.

De Chinatown ou du Financial District, on arrive vite, mais par une rude montée, à la **Telegraph Hill** ④. Autrefois, le gardien du port envoyait de cette colline des signaux aux navires arrivant, pour leur demander leur provenance et la nature de leur cargaison. Elle est aujourd'hui dominée par la **★Coit Tower**, tour érigée en hommage aux pompiers de la ville par une riche douairière. Sa plate-forme accessible par un ascenseur offre une vue imprenable sur la ville, ses deux grands ponts, son océan de maisons, la baie scintillante et la sinistre île d'Alcatraz.

Promenade sur le ★Fisherman's Wharf

Il n'y a plus de marché aux poissons depuis belle lurette au **★Fisherman's Wharf** ⑤. Ce qui y attire les foules de nos jours, ce sont les magasins, les galeries d'art et les restaurants de poisson. Nombre d'entre eux se trouvaient avant sur le **Ghirardelli Square**, une ancienne chocolaterie devenue un centre commercial et complexe de loisirs.

De la jetée voisine, le **Pier 41**, les curieux peuvent s'embarquer pour une croisière de deux heures et demie qui les emmènera à la célèbre prison d'**Alcatraz Island**. Là, on leur racontera des histoires effrayantes sur les grands ennemis publics qui y furent incarcérés. Les visiteurs les plus insolites du **Pier 39**, un centre commercial et de loisirs de deux étages directement au bord de l'eau, sont quelques otaries qui prennent le soleil.

» **Plan de ville p. 159, fiche pratique p. 170-171**

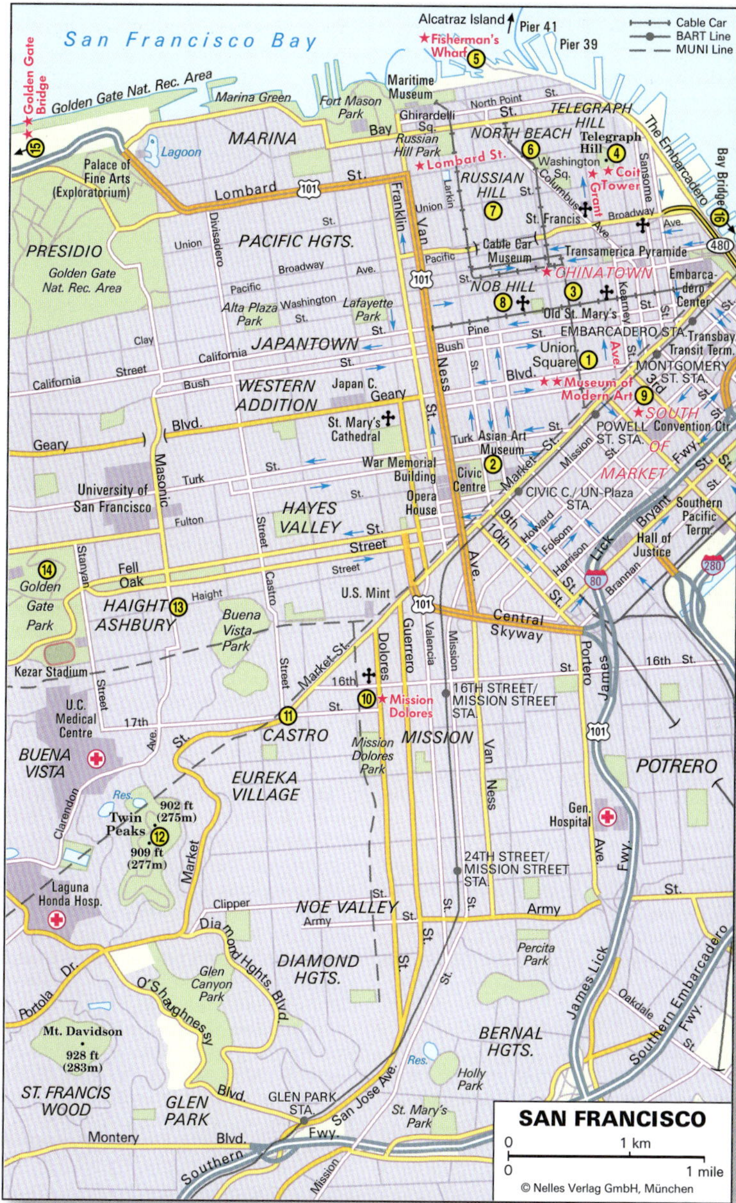
San Francisco Bay
Alcatraz Island
Pier 41
Pier 39
Cable Car
BART Line
MUNI Line
★ Fisherman's Wharf 5
Maritime Museum
Ghirardelli Sq.
Fort Mason Park
Marina Green
Golden Gate Nat. Rec. Area
★★ Golden Gate Bridge 15
Lagoon
MARINA
Palace of Fine Arts (Exploratorium)
PRESIDIO
Golden Gate Nat. Rec. Area
Lombard St.
101
Bay
Russian Hill Park
★ Lombard St.
NORTH BEACH 6
TELEGRAPH HILL
Telegraph Hill 4
Washington Sq.
★ ★ Coit Tower
RUSSIAN HILL 7
Columbus Ave.
Grant
Sansome
The Embarcadero
Bay Bridge 16
North Point St.
Union
Divisadero
Franklin
Van Ness Ave.
Larkin
St. Francis
Broadway
Ave.
480
PACIFIC HGTS.
Broadway Ave.
Pacific
Cable Car Museum
Transamerica Pyramide
★ CHINATOWN
Embarcadero Center
NOB HILL 8
3
Old St. Mary's
Kearney
Alta Plaza Park
Washington St.
Lafayette Park
Clay
California
Street
JAPANTOWN
Pine
Bush
EMBARCADERO STA.
Transbay Transit Term.
Union Square 1
MONTGOMERY ST. STA.
WESTERN ADDITION
Japan C.
Geary Blvd.
Blvd.
★ ★ Museum of Modern Art 9
3rd
★ SOUTH OF MARKET
POWELL ST. STA.
Convention Ctr.
St. Mary's Cathedral
Turk
Asian Art Museum 2
Market St.
Mission St.
Fwy.
War Memorial Building
Civic Centre
CIVIC C./ UN-Plaza STA.
University of San Francisco
Masonic
Fulton
Opera House
HAYES VALLEY
9th
10th
Howard
Folsom
Bryant
Southern Pacific Term.
Harrison
Lick
Hall of Justice
Brannan
280
80
Fell
Oak
Street
14 Golden Gate Park
Stanyan
HAIGHT ASHBURY 13
Haight
Buena Vista Park
Castro
U.S. Mint
Central Skyway
Dolores
Guerrero
Valencia
Mission
Portero
James
16th St.
Kezar Stadium
U.C. Medical Centre
17th
16th
10 ★ Mission Dolores
16TH STREET/ MISSION STREET STA.
11
CASTRO
MISSION
Mission Dolores Park
BUENA VISTA
EUREKA VILLAGE
POTRERO
Clarendon
Res.
Twin Peaks 12
902 ft (275m)
909 ft (277m)
Gen. Hospital
Ave.
Fwy.
24TH STREET/ MISSION STREET STA.
Laguna Honda Hosp.
Clipper
NOE VALLEY
Army St.
Army
Diamond Hghts. Blvd.
Glen Canyon Park
DIAMOND HGTS.
Percita Park
James Lick
Oakdale
Southern Embarcadero Fwy.
Portola Dr.
O'Shaughnessy
Mt. Davidson
928 ft (283m)
BERNAL HGTS.
Res.
Holly Park
ST. FRANCIS WOOD
GLEN PARK
GLEN PARK STA.
San Jose Ave.
St. Mary's Park
Montery Blvd.
Southern Fwy.
Mission
SAN FRANCISCO
0 1 km
0 1 mile
© Nelles Verlag GmbH, München

Foto: Bodo Bondzio

North Beach, Russian Hill et Nob Hill

Le quartier de **North Beach** ⑥ au charme italien rayonne autour du **Washington Square**. Ce square verdoyant est envahi à l'heure du déjeuner par les employés des environs, qui viennent s'y délasser au soleil.

Au sud-ouest, la colline de **Russian Hill** ⑦ s'est rendue célèbre auprès des conducteurs casse-cous qui tentent de se faufiler à travers les neuf virages en épingle à cheveux de la ★**Lombard Street**, l'une des rues les plus raides de San Francisco. **Nob Hill** ⑧, noble colline qui domine Union Square, est parsemée de demeures élégantes. Le **Cable Car Barn & Museum** y mérite une visite.

★SoMa

★**SoMa** (South of the Market) est un quartier chic aménagé ces dernières années autour des Yerba Buena Gardens. Il est connu pour le ★★**SF Museum of Modern Art** ⑨ qui abrite une magnifique collection d'art européen et américain du XXe siècle ; en 2016, on y a inauguré l'annexe conçue par Snøhetta.

En haut : un tramway gravit la côte raide de Hyde Street (à l'arrière-plan, l'île d'Alcatraz). Ci-contre : la Grant Street à Chinatown.

★Mission District et Castro

Mission District, quartier à l'ambiance latino-américaine, a poussé autour de la ★**Mission Dolores** ⑩. La chapelle franciscaine fut péniblement érigée par des Indiens en 1791. Son **autel** très ornementé est un bel exemple d'art naïf mexicain. À côté se trouve un **musée**. Le cimetière très simple abrite un grand nombre de sépultures des premiers colons de San Francisco.

Le quartier dit **Castro** ⑪ constitue le cœur de la communauté gay de San Francisco. Une kyrielle de cafés et de boutiques invitent à la flânerie et au shopping.

Au sud-ouest, les **Twin Peaks** ⑫ deux collines jumelles, dévoilent un beau panorama sur la ville.

» **Plan de ville p. 159, fiche pratique p. 170-171**

Foto: Manfred Braunger

Haight-Ashbury et Golden Gate Park

La plupart des hippies ont disparu du quartier légendaire de **Haight-Ashbury** ⑬ ; il est maintenant surtout habité par des yuppies. Mais **Haight Street** a conservé son atmosphère hippie avec des boutiques excentriques, de nombreux magasins de disques et des cafés.

Le vaste **Golden Gate Park** ⑭ est prisé des promeneurs et des adeptes de skate-board et de jogging. Il abrite entre autres le **de Young Museum** qui présente des œuvres d'art américaines des XVIIe au XXe s. dans un bâtiment spectaculaire. À côté, la **California Academy of Sciences** est l'un des plus grands musées d'histoire naturelle du monde. Ne manquez pas la jolie serre nostalgique **Conservatory of Flowers** et allez prendre le thé au **Japanese Tea Garden**, un endroit idyllique.

★★Golden Gate Bridge

Pour quitter San Francisco, on a le choix entre deux moyens spectaculaires. Il y a d'abord le fameux ★★**Golden Gate Bridge** ⑮, qui rejoint le **Marin County**. Il mesure 2,7 km de long, s'élève à 67 m au-dessus de la baie et voit passer plus de trois millions de véhicules par mois. Il fut inauguré en 1937. Sa partie centrale se trouve à près de 100 m au-dessus de la surface de l'eau. La couleur rouge de ce pont, haut de 230 m, provient de la peinture destinée à le protéger de la rouille, laquelle est renouvelée régulièrement.

De l'autre côté du pont, les villages côtiers de **Sausalito** et **Tiburon**, accessibles aussi par bac, offrent une vue exceptionnelle sur le Golden Gate Bridge et San Francisco, si la ville n'est pas enveloppée dans le brouillard. Tous deux abritent des colonies d'artistes et des restaurants donnant sur la baie.

À 17 miles au nord-ouest de San Francisco, on fera un arrêt sur le Hwy 1 au **Muir Woods National Monument**. Ce bois renferme de gigantesques séquoias (*redwoods*). Certains arbres ont plus de 1 000 ans d'âge et atteignent presque 80 m de haut.

» Plan de ville p. 159, fiche pratique p. 170-171

Foto: Manfred Braunger

Bay Bridge, Oakland et Berkeley

La 2e route pour quitter San Francisco passe par le **Bay Bridge** ⑯, long de 13,6 km. Il a été inauguré en 1936, et c'est l'un des plus longs ponts suspendus du monde. Il va à **Oakland** ❷, port cosmopolite où l'on parle 80 langues différentes. Comme principale curiosité, la ville comporte le **Preservation Park**, qui possède un bel ensemble de 16 demeures victoriennes restaurées. Sur la **Jack London Waterfront Area**, entièrement réaménagée, on a reconstruit la cabane de Jack London, qui a été transportée ici depuis le Yukon.

À **Berkeley** ❸, au nord de Oakland, il faut aller fouler la pelouse du campus de la célèbre ★**University of California**. Ne manquez pas non plus le **Phoebe Apperson Hearst Museum of Anthropology** et le **Berkeley Art Museum**, lequel dispose d'une remarquable collection d'art contemporain.

Ci-dessus : un bateau à aubes, reconverti en hôtel, à Old Sacramento.

DE SAN FRANCISCO À RENO

Un détour par Napa et Sonoma

Depuis Berkeley, l'I-80 se dirige vers Reno. Au niveau de **Fairfield** ❹, les amateurs de bons vins se doivent obligatoirement de faire un détour par **Napa** ❺ et **Sonoma** ❻. Les caves des célèbres régions viticoles de **Napa Valley** et **Sonoma Valley** proposent des visites guidées avec dégustation.

Sacramento

Quatre autoroutes importantes se rejoignent à **Sacramento** ❼, capitale de la Californie et l'une de ses plus anciennes et populaires villes. L'I-580 mène vers l'est de San Francisco dans la vaste et fertile vallée de San Joaquin.

En continuant par l'I-5 en direction du nord-ouest, on atteint bientôt l'imposant ★**Capitol Dome**, véritable symbole de la ligne d'horizon de Sacramento. Cette région connut un premier boom dès 1839, lorsque l'immigrant

» Plan de ville p. 159, carte p. 163, fiche pratique p. 170-171

suisse Johann August Sutter atteignit les rives de l'American River et y implanta un comptoir commercial protégé par un fort, qu'il baptisa Neu-Helvetia.

En 1848, la petite communauté de Sutter avait prospéré et elle décida de faire bâtir un moulin sur les collines voisines. Lorsqu'un certain John Marshall le construisit, il trouva soudain par hasard une pépite d'or dans la rivière. Cette découverte changea à jamais le destin de l'ouest des USA. En quelques mois, la population de Sacramento et des environs quadrupla. Sutter pour sa part fut ruiné par des plaintes portant sur la validité de ses titres de propriété.

Le ★**Old Sacramento Historic District** ressemble toujours pour l'essentiel à la ville de l'époque de la ruée vers l'or. Le ★**Sutter's Fort** a été reconstruit et comporte forge, prison, boulangerie et quartiers d'habitation.

En ce temps-là, Sacramento était un important carrefour routier et le célèbre Pony Express (service postal) y avait son terminus. Juste avant que les lignes télégraphiques n'arrivent dans l'ouest, la Californie était reliée à St Joseph, dans le lointain Missouri, et à la côte Est par un réseau de 80 cavaliers. Ces messagers courageux, à cheval sur de petits mais rapides ponies, parcouraient 1 966 miles, soit 3 140 km, en moins de 10 jours. Ils portaient dans leurs sacoches du courrier et des documents de l'Ouest vers l'Est, et devaient en plus affronter les Indiens en route. Cette époque légendaire est rappelée par un monument au coin des Second St. et J Street.

Outre le tourisme, Sacramento est le centre administratif et gouvernemental. C'est dans le ★**State Capitol**, bâtiment massif de marbre coiffé d'un dôme, que sont prises les grandes décisions qui pèseront sur la vie des 38 millions d'hab. de l'État le plus peuplé des USA. À côté, le **Governor's Mansion**, un hôtel particulier victorien, comporte 30 pièces.

À la fin de l'ère du Pony Express, le chemin de fer devint le lien entre Sacramento et l'Est. Les prouesses techniques réalisées à l'époque sont abondamment illustrées au ★**California State Railroad Museum** avec quelque

» Carte p. 163, fiche pratique p. 170-171

21 locomotives à vapeur et wagons restaurés. Au nord-est de la ville, le **Discovery Museum – Science & Space Center** propose des activités interactives pour découvrir des phénomènes scientifiques et les voyages dans l'espace.

Sacramento étant délimitée par deux cours d'eau, l'**American River** et la **Sacramento River**, les sports nautiques et la pêche arrivent en tête des loisirs. Tout au long des 1 600 km des deux rivières navigables sont amarrés des *houseboats* (péniches).

La ruée vers l'or

Depuis **Auburn** ❽, nous recommandons de faire un détour à ceux qui veulent se plonger dans l'époque de la ruée vers l'or. Commençons avec le **Mother Lode** ("filon mère"), un filon d'or et des mines de 120 miles de long, qui longe la Rte 49. Au nord d'Auburn, dans la Grass Valley, se trouve l'**Empire Mine State Historic Park** ❾, établi sur le site de ce qui fut autrefois la plus grande, la plus abondante et la plus profonde mine de Californie. On peut encore y voir les traces des excavations entraînées par la recherche frénétique de l'or.

Au sud d'Auburn, le **Marshall Gold Discovery State Historic Park** ❿ marque le lieu où tout a commencé : au sommet d'une colline se dresse la statue de John Marshall, montrant avec emphase le point exact où il découvrit sa première pépite d'or.

Seuls un petit musée, une scierie reconstruite et plusieurs bâtiments secondaires rappellent que c'est là que fut trouvée la première pépite et que débuta la ruée vers l'or. Et comme la plupart des *Forty-Niners*, la première vague d'immigrants, il est à parier que les visiteurs d'aujourd'hui quitteront Sacramento sans la moindre pépite d'or en poche. L'Hwy US 50 vers l'est nous mène à présent au lac Tahoe.

Ci-contre : la Reno Arch est l'emblème de la ville des jeux de hasard.

★Lake Tahoe

À **Truckee** ⓫, la Rte 89 pour le lac Tahoe passe d'abord par le **Donner Memorial**, dédié à l'"expédition Donner" : ce groupe de 89 colons, en route pour la Californie, fut surpris au cours de l'hiver 1846/1847 par une tempête de neige atteignant 7 m. Pour ne pas mourir de faim, ils durent manger les corps de quelques-uns de leurs camarades morts de froid. Cette tragédie fit les gros titres des journaux du monde entier.

Le **★Lake Tahoe** a été décrit par Mark Twain comme étant "la plus belle image de la terre". Situé à 1 867 m d'alt., long de 35 km et large de 19 km, cette merveille de la nature attire visiteurs et colons depuis le début du XIXe s. Le tour du lac (72 miles/115 km) par les Rtes 28, 50 et 88, vous fera passer parmi les meilleurs domaines skiables d'Amérique du Nord et longer quelques grands casinos.

Jadis, les bateaux à vapeur étaient le principal moyen de transport sur le lac, et deux bateaux à aubes promènent encore les touristes. Le plus récent, le *MS Dixie II*, long de 46 m, emmène ses passagers à **★Emerald Bay**. On peut aussi sillonner le lac par ses propres moyens en louant un kayac dans l'un des nombreux hôtels au bord du lac tel que le **Camp Richardson Resort** sur la rive sud. À **Zephyr Cove**, le **Zephyr Cove Resort** loue des jet-skis, pédalos, barques de pêche et du matériel de ski nautique et propose même du parachute ascensionnel (*parasailing*).

La saison de la pêche est ouverte toute l'année sur le lac. Les randonneurs apprécieront les environs avec des prés d'altitude et, avec un peu de chance, ils verront des coyotes, des cerfs, ou même un ou deux ours noirs. En VTT (*mountain bike*), on pourra se lancer sur le **Flume Trail**, ancien chemin forestier.

Pour ceux qui ont le goût du risque, rendez-vous dans l'un des casinos bordant le lac Tahoe. Le premier établissement de jeu, le **Harvey's Lake Tahoe**, ouvrit ses portes en 1944. Le casino et le

» Carte p. 163, fiche pratique p. 170-171

Foto: Natalia Bratslavsky (Dreamstime)

complexe hôtelier sont directement à la frontière avec la Californie où les jeux de hasard sont interdits, contrairement au Nevada (autorisés depuis 1931).

La frontière entre la Californie et le Nevada passe exactement au milieu de la ville de **South Lake Tahoe ⓬**, et cela se remarque très vite : ainsi dans la partie du Nevada, on compte six casinos avec des *wedding chapels*, où l'on peut jouer 24h/24 aux bandits manchots, à la roulette, aux dés et au blackjack. La plupart des casinos proposent des buffets à des prix abordables où les visiteurs, séduits par le son tintinnabulant des pièces, se laisseront peut-être gagner par la fièvre du jeu.

Au nord-ouest de la ville, faites une excursion dans la **Desolation Wilderness**. Ce splendide territoire de 256 km^2 offre quantités de rochers granitiques, des forêts profondes, des vallées et plus de 50 petits lacs, parfaits pour pêcher ou se promener. Sur la rive nord du lac, en bordure de la Rte 28, se trouve **Incline Village ⓭**. Autrefois célèbre à cause du Ponderosa Ranch (aujourd'hui fermé) de la série télévisée *Bonanza*, il séduit aujourd'hui par les montagnes alentours et les zones aménagées au bord du lac où l'on peut s'adonner aux sports nautiques, à la randonnée et à la photographie.

Sports d'hiver autour du lac Tahoe

En hiver, il est difficile de se rendre au lac Tahoe, en raison de son altitude à 1 900 m et de l'épaisse couche de neige. C'est pourtant l'endroit idéal pour faire du ski dans les 19 domaines skiables situés à moins de 45 mn de voiture du lac. **Squaw Valley**, au nord du lac, où se déroulèrent en 1960 les Jeux Olympiques, est le plus connu.

Alpine Meadows est la première station à ouvrir en hiver grâce à l'utilisation de nombreux canons à neige.

Au sud du lac s'étirent les stations **Heavenly Ski Resort**, où un téléphérique emmène les skieurs et les touristes à 2 500 m dans la montagne, et **Kirkwood**, située à 2 377 m d'altitude. Dans cette dernière, la neige est plus légère et plus sèche, que celle de la vallée, plus lourde et surnommée à juste titre par les habitants comme le "ciment de la Sierra". La station doit son nom à l'un des premiers pionniers, Zachary Kirkwood, qui ouvrit ici en 1874 un pub pour les ouvriers d'une mine d'argent.

Reno

La ville de **Reno** ⓮, qui vit de l'activité de ses casinos, se targue d'être la "plus grande" des plus petites villes du monde. Elle se trouve à quelques miles au nord-est du lac Tahoe, sur l'I-80. Il y a quelques années, cette ville ruisselante de néons en plein désert, s'est dotée de l'agréable **River Walk**, promenade qui longe la **Truckee River**. Elle cherche ainsi à attirer des clients dans ses casinos et ses *wedding chapels* où l'on se marie en quelques minutes.

LES DÉSERTS DU NEVADA ET DE L'UTAH

De Reno à Salt Lake City

Reno est le dernier avant-poste de la civilisation. Au-delà, à l'est, la route se poursuit à travers le **Great Basin** pour rejoindre le désert du Nevada.

Deux axes importants traversent cet espace désolé. Pour Salt Lake City, on prend en général l'I-80 ou la route qui lui est parallèle, la **Hwy 50**, surnommée la "route la plus solitaire d'Amérique".

L'**I-80** suit le tracé de ce qui fut la *Humboldt Trail*, une piste empruntée jadis par des milliers de chercheurs d'or en route vers les mines d'or de Sacramento. La route traverse un territoire sans eau, un désert au sol de sable alcalin. On roule durant des dizaines de kilomètres sans rien voir d'autre que des buissons secs et parfois un ranch perdu, abrité par un rideau de peupliers. Çà et là, l'autoroute est flanquée d'aires de repos où l'on pourra, un café ou une boisson fraîche à la main, parler de tout et de rien avec d'autres voyageurs ou se détendre les jambes après un trajet éreintant. Seules quelques agglomérations disposent ici d'infrastructures touristiques convenables. **Winnemucca** ⓯, qui fait partie de cette catégorie, mérite qu'on s'y arrête. Vers 1850, cette petite ville s'appelait Frenchman's Ford, et elle n'était qu'un poste douanier où ceux qui voulaient traverser l'Humboldt River devaient payer une taxe.

Mais c'est l'attaque de sa banque en 1900 par Butch Cassidy et Sundance Kid qui a rendu Winnemucca célèbre. Les bandits y auraient fait main basse sur près de 33 000 dollars. Tous les ans, Winnemucca organise une **Butch Cassidy Days Fiesta**, en espérant à chaque fois que Robert Redford, un des héros de *Butch Cassidy et le Kid*, y fera une apparition. Pour échapper à l'ennui des longues soirées, il y a quatre casinos.

Près de la frontière de l'Utah, on arrive à **Elko** ⓰, principale localité du nord-est du Nevada et, avec ses 20 700 habitants, ses bordels et ses casinos, la plus grande ville entre Reno et Salt Lake City. L'héritage basque et de ses bergers est présent à Elko où les restaurants servent des spécialités basques. En juillet se déroule le **Basque Festival** avec des parades, des épreuves de force, des courses de taureaux et des danses.

Des records de vitesse (jusqu'à plus de 1000 km/h) sont battus sur le **Bonneville Speedway**, près de Wendover.

Salt Lake City

Salt Lake City ⓱ est la seule ville à avoir une municipalité "théocratique" aux États-Unis. Ses dirigeants veulent que la communauté y soit propre, honnête et franche. Le plus grand groupe de blancs (15 000 personnes) de la région appartenaient à une nouvelle secte *The Church of Jesus Christ of Latter-Day Saints*, plus connue sous le nom de Mormons. Ils furent menés dans ce désert par un de leur "guide", Brigham Young, en 1847 au cours d'un exode aventureux et héroïque à travers la Prai-

 » Carte p. 163 et S. 167, fiche pratique p. 170-171

rie et les Rocheuses. Celui-ci cherchait un lieu où ils pourraient pratiquer librement leur religion, laquelle indique que les hommes doivent être polygames. Quand Young vit la vallée désertique et son lac salé, il décida que c'était là le lieu où ils resteraient, et il prononça la célèbre phrase : "*This is the Place*" (c'est le bon endroit). Et depuis, les Mormons sont restés.

Leur premier camp fut dressé sur les rives du ★**Great Salt Lake** qui est, avec 115 km de long, 54 km de large et une profondeur de 15 m, le plus grand lac à l'ouest du Mississippi. C'est un véritable régal de pourvoir flotter à la surface du lac, qui contient jusqu'à 27 % de sel ! En fait, c'est tout ce qu'il reste du lac Bonneville, qui s'est évaporé durant des milliers d'années ; il couvrait autrefois une partie immense de l'Utah. L'endroit qui offre la meilleure vue sur le lac et la ville est le **Saltair Resort**, à 15 mn du centre. Ce complexe touristique n'a guère de chance puisqu'il a brûlé trois fois depuis 1893 et a été inondé plusieurs fois.

Visite de Salt Lake City

Pour visiter Salt Lake City, le mieux est de commencer au ★**State Capitol**. Juché sur une colline, ce majestueux édifice de granit au dôme unique de cuivre de 1916 domine toute la ville. L'État n'aurait jamais eu les moyens de se l'offrir, mais un riche magnat des chemins de fer eut la bonne idée de mourir, et la vente de ses biens pour financer les droits de succession permit de bâtir enfin le Capitole.

Le ★**Temple Square**, avec ses deux centres d'information et ses expositions, fournit un premier aperçu de la théologie des Mormons. Des guides retracent leur histoire au cours des 150 dernières années. Tous les jeudis soirs, de 20 h à 21 h 30, on peut assister aux répétitions du **Mormon Tabernacle Choir**, la célèbre chorale qui compte 320 membres. Le dimanche, à 9h15, la télévision et la radio diffusent un enregistrement de la chorale. C'est probablement la chorale religieuse la plus connue au monde, après le King's College Choir de Cam-

» Carte p. 167, fiche pratique p. 170-171

Foto: Rainer Hackenberg

bridge. Elle a participé à quatre cérémonies d'intronisation du nouveau président des États-Unis et à des concerts avec des orchestres célèbres.

Au Temple Square, on trouve également, la **Family History Library**, une bibliothèque généalogique totalisant 1,9 million de microfilms et 250 000 livres. L'équipe de la bibliothèque peut remonter la généalogie de presque n'importe quel nom jusqu'au XVIe s.

Juste à côté de Temple Square se trouve le **Joseph Smith Building**, un ancien hôtel avec un hall impressionnant. Il porte le nom d'un prophète mormon. La **Lion House** et la **Beehive House**, qui ont toutes deux appartenu à Brigham Young, se trouvent tout près.

Grâce aux Jeux Olympiques d'hiver qui se sont déroulés à Salt Lake City en 2002, la ville a connu un boom. Pour préparer ce grand événement sportif, on a dû créer de nouvelles infrastructures sportives dans et autour de la ville, ainsi qu'un nouveau tramway reliant le centre au faubourg de Sandy. Un train dessert désormais l'Université et le réseau ferroviaire va être élargi dans les prochaines années à d'autres quartiers.

À proximité de la gare d'Amtrak, on est en train de construire un complexe gigantesque, **The Gateway**, avec plus de 100 magasins, des restaurants, des cafés, le tout relié par des rues piétonnes et des ponts.

Ci-dessus : le Mormon Tabernacle Choir, à Salt Lake City. Ci-contre : la Bonneville Annual Speed Week sur le Great Salt Lake.

Les environs de Salt Lake City

Les environs de Salt Lake City offrent d'intéressantes excursions. À 20 mn du centre-ville, on se retrouve sur des sentiers solitaires, des alpages parsemés de fleurs sauvages et de torrents limpides.

Le **Brighton Resort** ⓲, à l'extrémité supérieure du **Big Cottonwood Canyon**, est le point de départ d'un chemin de randonnée de 2,5 miles menant aux lacs **Mary**, **Martha** et **Catherine**, alimentés par la fonte d'un glacier. Depuis **Little Cottonwood Canyon**,

» Carte p. 167, fiche pratique p. 170-171

Foto: Manfred Braunger

un petit train se charge d'amener les randonneurs ou les cyclistes fatigués à 3 352 m d'altitude. De là, on a une vue sur cinq États.

Les mines de cuivre ont contribué à la richesse de Salt Lake City ; on peut voir où est extrait le minerai à la ★**Bingham Canyon Copper Mine**, une grande attraction touristique. L'énorme cratère de 760 ha et de 1 200 m de profondeur était jadis une montagne ; vus de son bord, les camions et bandes transporteuses ressemblent à des jouets. Le **Visitor Center**, accessible par l'I-15 et la State Road 48, présente l'histoire de la mine.

Non loin de là, à **Sundance**, Robert Redford a acheté des terrains à la fin des années 1960 et fondé une réserve naturelle. Chaque année, au printemps, le festival de cinéma de Sundance, qui se tient dans la petite ville de Park City, est un véritable événement pour le cinéma indépendant.

Une manifestation originale se déroule en novembre sur l'île d'**Antelope Island**, un parc d'État situé dans le **Great Salt Lake** ⓳ (Grand Lac Salé). Le Visitor Center de l'île est accessible par une digue. Pendant dix jours, des cow-boys, aidés par des hélicoptères, s'activent pour enfermer dans un corral l'un des plus gros et plus anciens **troupeaux de bisons** du pays (600 têtes de bétail). Il ne s'agit pas là d'un spectacle folklorique, mais de la visite médicale annuelle que doivent passer les buffles.

À l'ouest de **Brigham City**, le **Golden Spike National Historic Site** ⓴ commémore la jonction des voies ferroviaires transcontinentales en 1869. Aujourd'hui, on y voit d'anciennes voies et des locomotives remises en état.

Les sports d'hiver sont un loisir apprécié autour de Salt Lake City, surtout au sud-est de la ville, dans les domaines d'Alta, de Deer Valley, de Snowboard et de Park City. Dans les **Wasatch Mountains** culminant à 3 600 m, où se sont déroulés les Jeux Olympiques d'hiver en 2002, il tombe – notamment en février – de la neige poudreuse, extrêmement sèche : la légendaire *champagne powder* est très prisée des skieurs.

» Carte p. 167, fiche pratique p. 170-171

SAN FRANCISCO ET LES ENVIRONS (☎ 415)

San Francisco V & C Bureau, 900 Market St., tél. 391-2000. www.sanfrancisco.travel. **Oakland C & V Bureau**, 463 11th St., tél. (510) 839-9000, www.visitoroakland.org.

CHER : **Farallon**, 450 Post St, tél. 956-6969, www.farallonrestaurant.com, exquis fruits de mer. **Kyo-ya**, 2 New Montgomery St, tél. 546-5090, www.sfpalacerestaurants.com, mets japonais raffinés.
BON MARCHÉ : **Yank Sing**, 101 Spear St., tél. 781-1111, www.yanksing.com, excellents et copieux dim-sum. **The Cheesecake Factory**, dans le Macy's sur Union Square, 251 Geary St., tél. 391-4444, du hamburger à la pizza, environ 40 sortes de cheese-cakes.

Alcatraz Island, tél. 561-4700, ferries (www.alcatrazcruises.com) à partir de 9h du matin toutes 30 mn, selon la saison le soir aussi, en été il faut réserver les billets jusqu'à une semaine à l'avance !
Asian Art Museum, 200 Larkin St., tél. 581-3500, www.asianart.org, mar.-dim. 10h-17h, le jeudi jusqu'à 21h, art chinois.
The Cannery, 2801 Leavenworth St., tél. 771-3112, www.delmontesquare.com, centre commercial et galeries d'art.
Coit Tower sur la Telegraph Hill, tél. 362-0808, t.l.j. 10-17h, mai-oct. jusqu'à 18h.
Fort Point National Historic Site, Presidio of San Francisco, tél. 556-1693, www.nps.gov/fopo, ven.-dim. 10h-17h.
Ghirardelli Square, entre Beach et Polk St., www.ghirardellisp.com, quartier de magasins et restos.
Golden Gate National Recreation Area, Park Headquarters, Fort Mason, tél. 561-4700, www.nps.gov/goga.
Golden Gate Park, McLaren Lodge (Fell/Stanyan Sts.), avec le **De Young Museum**, 50 Hagiwara Tea Garden Drive, http:/deyoungfamsf.org, mar.-dim. 9h30-17h15, mi-avril à nov. ven. jusqu'à 20h45, et **California Academy of Sciences**, 55 Music Concorde Drive, www.calacademy.org, lun.-sam. 9h30-17h, dim. 11h-17h. **Aquarium of the Bay,** Pier 39, tél. 623-5300, www.aquariumofthebay.org, en été t.l.j. 9h-20h, hiver lun.-jeu. 10-18h, ven.-dim. 10-19h ; printemps/automne lun.-jeu. 10h-19h, ven.-dim. 10h-20h. **Jack London Square**, 30 Jack London Square, Oakland, www.jacklondonsquare. com.
Mission Dolores, 3321 16th St., tél. 621-8203, www.missiondolores.org, t.l.j. 9-16h, mai-oct. 9h-16h30. **Palace of Fine Arts**, 3601 Lyon St, bâtiment de l'exposition Panama-Pacific de 1915 avec l'**Exploratorium** (qui propose des animations interactives), www.exploratorium.edu, mar.-dim. 10h-17h. **Pier 39**, tél. 705-5500, www.pier39. com. **SF Museum of Modern Art**, 151 Third St, tél. 357-4000, www.sfmoma.org, t.l.j. 10-17h, jeu. 10-21h.
Performing Arts Center, 401 Van Ness Ave., tél. 392-2545, www.performances.org.
San Francisco Zoo, 1 Zoo Rd, tél. 753-70 80, www.sfzoo.org, t.l.j. 10h-17h, en hiver 10-16h.
Wells Fargo History Museum, 420 Montgomery St., tél. 396-2619, www.wellsfargohistory.com, lun.-ven. 9h-17h, exposition de belles calèches ainsi que de pièces et de pépites d'or.
Muirs Woods National Monument, Mill Valley, à 12 miles au nord, sur la Highway 101, tél. 388-2595, www.nps.gov/muwo, t.l.j. 8-20h.

SACRAMENTO (☎ 916) ET LE GOLD COUNTRY

Grass Valley/Nevada County Chamber of Commerce, 128 E. Main St., Grass Valley, tél. (530) 273-4667, www.grassvalleychamber.com. **Sacramento Visitor Center**, 1608 I St., tél. 808-7777, www.visitsacramento.com.

California State Railroad Museum, 125 I St., Sacramento, tél. 445-7387, www.csrmf.org, t.l.j. 10-17h. **Columbia State Historic Park**, au nord de Sonora, tél. (209) 588-9128, toujours ouvert, magasins 10-17h. **Crocker Art Museum**, Sacramento, 216 O St, tél. 808-7000, www.crockerartmuseum. org, mar.-dim. 10h-17h, jeu. 10h-21h, collection d'œuvres européennes et californiennes. **The Sacramento History Museum**, 101 I St., Sacramento, tél. 264-7057, t.l.j. 10h-17h, mai-août le jeu. jusqu'à 20h. **Empire Mine State Historic Park**, 10791 E. Empire St., Grass Valley, tél. (530) 273-8522, t.l.j. 10h-17h, mai-sept. 9h-18h. **Governor's Mansion State**

Historic Park, 1526 H St., Sacramento, tél. 323-3047, t.l.j. 10h-17h. **Marshall Gold Discovery Site State Hist. Park**, 310 Back St., Coloma, tél. (530) 622-3470, t.l.j. 8h-coucher du soleil. **State Capitol Museum**, State Capitol, 10 th et 2St., Room B-27, Sacramento, www.capitolmuseum.ca.gov, lun.-ven. 8-17h, sam./dim. 9-17h.
Sutter's Fort State Historic Park, 2701 L Street, Sacramento, tél. 445-4422, t.l.j. 10-17h, ancien fort. **California State Indian Museum**, 2618 K Street, tél. 324-0971, mer.-dim. 10h-17h, expo sur les canoës, les armes, la céramique et le tissage indiens. **California Auto Museum**, 2200 Front St., Sacramento, tél. 442-6802, www.calautomuseum.org, t.l.j. 10-18h, le 3e jeu. du mois 10-21h, plus de 180 modèles de vieilles voitures.
Discovery Museum - Science & Space Center, 3615 Auburn Blvd, Sacramento, www.thediscovery.org, mar.-ven. 12h-16h30, sam./dim. 10h-16h30, juillet/août 10h-16h30.

RENO, LAKE TAHOE, LE DÉSERT DU NEVADA

Humboldt County Chamber of Commerce (Winnemucca), 30 W Winnemucca, NV 89445, tél. (775) 623-2225, www.humboldtcountychamber.com.
Lake Tahoe Incline Village/Crystal Bay Visitors Bureau, 969 Tahoe Blvd., Incline Village, NV 89701, tél. (775) 832-1606, www.northlaketahoechamber.com. **Reno/Sparks C & V Authority**, 135 North Sierra St., Reno, tél. (775) 827-7600, www.visitrenotahoe.com.

Emerald Bay State Park, à 22 miles au sud de Tahoe City, sur la CA 89, tél. (530) 541-3030, www.parks.ca.gov. **Lake Tahoe Nevada State Park**, Incline Village, tél. (775) 831-0494, http://parks.nv.gov. **Lake Tahoe Historical Society Museum**, 3058 US 50, tél. (530) 541-5458, www.laketahoemuseum.org, sam. 11-15h, fermé en janvier, expo sur l'histoire des Indiens de la région. **Vikingsholm**, Emerald Bay, à 1 mile de la Highway 89, tél. (530) 541-3030, www.vikingsholm.org, visites guidées juin-fin sept. t.l.j. 10h30-16h30. **National Automobile Museum**, 10 S Lake St., Reno, tél. (775) 333-9300, www.automuseum.org, t.l.j. lun.-sam. 9h30-17h30, dim. 10h-16h. Exposition de vieilles voitures.

LOISIRS ET ACTIVITÉS SPORTIVES, TOURS EN BATEAU : **Alpine Meadows**, à 10 km au nord-ouest de Tahoe City, par la CA 89, tél. +1800-403-0206, www.skialpine.com, domaine skiable extra. **Camp Richardson Resort**, Hwy 89 So., PO Box 8335, South Lake Tahoe, CA 96158, tél. +1800-544-1801, www.camprich.com.
Squaw Valley USA, à 8 km au nord-ouest de Tahoe City, par la CA 89, tél. +1800-403-0206, www.squaw.com. **Heavenly Ski Resort**, à 1 mile à l'est de la US 50, Stateline, tél. (775) 586-7000, www.skiheavenly.com.

SALT LAKE CITY (☎ 801)

Salt Lake Convention & Visitors Bureau, 90 S West Temple, tél. 534-4900, www.visitsaltlake.com.

New Yorker, 60 West Market St., www.restaurant.com/newyorker, tél. 363-01 66. Resto populaire, qualité excellente et bon service. **Market Street Grill**, 48 W. Market St., tél. 322-4668, www.marketstreetgrill.com, délicieux plats de viande et de poisson, 3 autres filiales.
Diamond Lil's Steakhouse, 1528 W North Temple, tél. 533-0547, www.diamondlils-theoriginal.com, steaks et côtes de bœuf de 1ère qualité (*prime rib*) servis dans une atmosphère Far West.

Kennecott's Bingham Canyon Mine, à 25 miles au sud-ouest, sur la UT 48, tél. (801) 252-3234, Visitor Center avril-oct. t.l.j. 8h-19h. **Family History Library**, 35 N West Temple, tél. 886-406-1830, lun. 8h-17h, mar.-sam. 8h-21h. **State Capitol**, Head of State St., tél. 538-3074, visites guidées lun.-ven. 9-16h. **Temple Square** avec **Temple, Tabernacle, Assembly Hall**, Temple / Main Sts., www.visittemplesquare.com, tél. 240-4872. **Lion House / Beehive House**, 63 & 67 E South Temple, Lion House est aujourd'hui un hôtel-resto, Beehive House lun.-sam. 9h-21h. **Pioneer Memorial Museum with Carriage House**, 300 N Main St., tél. 532-6479. lun.-sam. 9h-17h, mer. jusqu'à 20h, expo sur l'époque des pionniers et du Pony Express.

The Gateway, 400 W 100 S, tél. 456-0000, www.shopthegateway.com, grand centre commercial.

Foto: Klaus Ender

DE SALT LAKE CITY AU YELLOWSTONE NATIONAL PARK

DE SALT LAKE CITY AUX IDAHO FALLS
GRAND TETON NATIONAL PARK
YELLOWSTONE NATIONAL PARK

De vastes parties de l'**Idaho** sont inhabitées et la densité de population est de 17 habitants au km^2. De la route, on aperçoit sans cesse les montagnes couvertes de neige ou des rivières écumantes dans des canyons encaissés. L'Idaho a pour surnom *Gem State* (État joyau), car on y trouve et vend des quantités de pierres semi-précieuses, joliment polies.

On quitte Salt Lake City et l'Utah par l'I-15 pour gagner vers le nord l'Idaho et le Wyoming et rejoindre les parcs nationaux de Grand Teton et de Yellowstone. Pour cet itinéraire de quelque 500 miles (800 km), il faut tabler sur une semaine voire plus, si vous vous laissez tenter par différentes excursions, la pêche, la marche ou le camping.

DE SALT LAKE CITY AUX IDAHO FALLS

Depuis **Salt Lake City ❶**, l'I-15 va vers le nord avant de passer la frontière avec l'Idaho au nord de Portage.

Pocatello

Pocatello ❷, la plus grande ville industrielle de ce trajet, est moyennement intéressante pour le touriste.

Ci-contre : on dénombre quelque 200 geysers dans le Yellowstone National Park.

Le **Bannock County Historical Museum** et le **Idaho Museum of Natural History** présentent des objets relatifs aux sciences naturelles et à l'histoire.

Le **Fort Hall Trading Post**, fort reconstitué niché dans la réserve indienne du même nom, relate l'histoire des *buffalo soldiers*, une unité spéciale de soldats afro-américains émancipés à la suite de la guerre de Sécession, et qui furent envoyés dans l'Ouest pour mater les révoltes indiennes.

L'immense lac de retenue voisin, **American Falls Reservoir**, offre des tours en bateau et des parties de pêche.

Idaho Falls

Plus au nord-est, **Idaho Falls ❸** est aussi prospère et bucolique que Pocatello est industrielle. La ville est dominée par un **Temple mormon** haut de sept étages, que l'on a souvent comparé à un gâteau de mariage.

Malgré le nom de la ville, il n'y a plus de chutes d'eau à Idaho Falls depuis la construction d'un barrage près du centre-ville, barrage qui dompte les eaux de l'Idaho River.

Une ceinture verte bordant les rives du barrage s'étire jusqu'au centre-ville. Le **Lindsay Boulevard**, l'une des plus grandes artères de la ville, est bordée d'hôtels et de motels.

» Carte p. 175, fiche pratique p. 183

Excursion au ★Craters of the Moon National Monument

Un détour de 90 miles par l'US 20 mène aux Craters of the Moon. À mi-chemin, un modeste bâtiment de briques rouges peut être visité. C'est là qu'on installa le premier réacteur du monde. Derrière le bâtiment, les déchets du réacteur sont stockés dans un terrain vague.

Le **★Craters of the Moon National Monument** ❹ est constitué par 215 km² de champs noirs de lave nus, évoquant l'enfer. L'été, la température en surface peut atteindre 45 °C. Ce paysage lunaire de basalte volcanique est le résultat du durcissement de la lave en fusion. Une route circulaire de 7 miles mène à des cônes rocheux, des tunnels de lave, des cratères et des grottes aux formes étranges dues au vent.

DES IDAHO FALLS AU ★YELLOWSTONE N. P.

★Jackson

A la sortie d'Idaho Falls, la Rte 26 sinueuse serpente vers l'est parmi les collines jusque dans le Wyoming. Non loin de l'entrée du Grand Teton National Park, la ville de **★Jackson** ❺ se blottit à la lisière sud d'une vallée appelée **Jackson Hole**, qui fait partie du parc.

Jackson a conservé le charme typique des villes du Far West caractérisé par des trottoirs en bois, des saloons à l'ancienne avec des portes battantes et des trophées d'élans contre les murs. On entre dans la ville par une porte faite des bois de nombreux caribous. En été ont lieu des concours de rodéos. Mais, la ville a un côté plutôt chic avec ses nombreuses boutiques de haute couture. Certaines comprennent d'élégantes galeries d'art et de petits cafés où l'on vous propose toutes les sortes de café existant sur terre.

Le **National Museum of Wildlife Art** présente des tableaux de paysages nord-américaines, et le **Jackson Hole Historical Museum** montre des objets qui racontent l'histoire de la colonisation de la vallée. En hiver, la localité se transforme en une station de ski chic qui possède parmi quelques-unes des plus longues pistes de descente des États-Unis. Quand la ville est ici couverte de 2 m de neige en moyenne, les autres stations des environs attendent encore désespérement la venue des flocons.

À la lisière nord de la ville s'étend l'impressionnant **National Elk Refuge**. À l'entrée de l'hiver, plus de 10 000 cerfs viennent se réfugier dans cette vallée plus basse et donc plus chaude. Ils fuient le froid des montagnes et viennent y chercher leur nourriture. Pendant la saison d'hiver (mi-décembre à mars), les rangers proposent des visites guidées, des excursions, des tours en traîneaux tirés par des chevaux pour observer les animaux sauvages.

Jakson, idéalement placée au bord de la Snake River, est devenue un point de départ populaire de sorties de rafting et de kayak plus ou moins aventureuses. En ville, de nombreuses agences organisent le transport des sportifs entre les points de départ et d'arrivée.

Le ★Grand Teton National Park

La région du **★Grand Teton National Park** ❻ est habitée depuis déjà 12000 ans. De nombreuses tribus d'Indiens, dont les Blackfoot, les Crow et les Shoshone, venaient établir leur camp d'hiver ici dans la vallée. Le premier homme blanc à y pénétrer, en 1807, fut le colon John Colter. Lorsque la nouvelle de la découverte de la chaîne du Grand Teton se répandit, des hordes de trappeurs arrivèrent, appâtés par les peaux de castors qui rapportaient alors beaucoup d'argent. Quand la mode changea, Jackson retrouva sa quiétude dans les années 1840, mais entre-temps, les castors avaient été décimés. Vers la fin du XIXe siècle, la ville retrouva de son importance avec l'arrivée de cow-boys

» Carte p. 175, fiche pratique p. 183

De Salt Lake City au Yellowstone National Park

14

Foto: Thomas Stankiewicz

qui faisaient halte ici avec leurs troupeaux de vaches et de moutons.

Avec le développement du tourisme dans la vallée de Jackson Hole au XXe siècle, certains propriétaires préférèrent louer leur ranch, même en hiver, car selon un slogan les "*dudes* rapportent plus en hiver que le bétail". Les *dudes* sont des citadins, qui souhaitent une fois dans leur vie être un vrai homme en apprenant le dur métier de cow-boy. Peu à peu, champs et pâturages furent transformés en ranches et en pistes de ski. Depuis, beaucoup d'argent a été investi dans la région. Dans les années 1940, le milliardaire John D. Rockefeller Junior racheta une grande partie de la région et l'offrit au gouvernement sous condition que sa société contrôle toutes les activités futures dans l'enceinte du parc.

Le Grand Teton National Park fut créé en 1929 et, en 1950, on y intégra la haute vallée de Jackson Hole.

En haut : élans dans le National Elk Refuge.
Ci-contre : les pics du Grand Teton National Park se reflètent dans le Jackson Lake.

Le parc est dominé par la silhouette de la ★**Teton Range**, chaîne de montagnes accidentées des Rocheuses dont les pics culminent à 4 000 m. Il couvre 1 254 km² et est fermé à l'ouest par une barre montagneuse de 64 km de long. Le plus haut sommet se dresse à 4 197 m d'alt. Les glaciers ont creusé de profondes vallées et des gorges dans ce massif montagneux sujet sans cesse aussi aux tremblements de terre. Le Grand Teton doit son nom à des trappeurs français qui posaient ici des pièges au XIXe s. La vue des montagnes érigées leur rappelèrent les seins blancs de leurs femmes restées en France.

Au pied des montagnes scintillent sept lacs aux eaux cristallines et aux rives ponctuées de fleurs sauvages aux vives couleurs. La **Snake River**, aux rives bordées de hauts peupliers et d'épicéas, traverse la vallée de Jackson Hole. Une étonnante variété d'animaux sauvages et d'oiseaux (castors, pélicans blancs, oies sauvages) vivent sur les berges de la rivière. Lors de descentes sur la rivière, on pourra peut-être apercevoir

» **Carte p. 175, fiche pratique p. 183**

Foto: Hubert Stadler

des élans broûter paisiblement au bord de la rivière. Des aigles à tête blanche se laissent porter par les courants d'air chaud. Ceux qui souhaitent pêcher dans les rivières du parc national, devront se procurer la licence, disponible dans presque tous les commerces du parc. Il est possible de faire des promenades à cheval (réservation obligatoire) qui partent de la station de rangers de la **Colter Bay** et du **Jackson Lake Lodge**.

Sentiers de randonnées et lacs

Le parc compte plus de 320 km de chemins de randonnées, de la promenade facile à de pénibles ascensions des parois les plus raides. L'escalade en solitaire n'est pas encouragée. Les grimpeurs doivent signaler leur arrivée et leur départ à la **Jenny Lake Ranger Station**, où l'on trouve aussi des renseignements sur la marche en haute montagne et l'escalade.

Parmi les sentiers les plus difficiles, on trouve le **Teton Crest** qui grimpe jusqu'à 3 352 m d'altitude, et l'**Indian Paintbrush Trail**, qui doit ce nom à ses belles fleurs sauvages. Il en est de plus faciles : le **Lunch Tree Trail**, promenade de 1 km, démarre non loin du **Jackson Lake Lodge**. À intervalles réguliers, des panneaux expliquent la flore et la faune qu'on y voit. Le **Cunningham Cabin Trail**, sentier facile de 1 km, emprunte les vieilles routes autrefois suivies par les cow-boys et leurs troupeaux.

C'est au parking de **Taggart Lake** que débute le **Taggart Trail** : ce sentier de 5 km fait longer toutes les curiosités historiques de la région, dont notamment les restes calcinés du **Beaver Creek fire**, feu qui ravagea 416 ha de forêt.

Le feu joue un grand rôle dans le Grand Teton Park et, sur l'aire de **Cottonwood Picnic Area**, au **Jackson Lake Overlook** et au **Flagg Ranch**, des panneaux font l'historique des feux qu'a connus la région et leur conséquence sur l'environnement.

De Jackson, la Rte 191 conduit vers le nord à **Menor's Ferry** et à la **Chapel of the Transfiguration**. On y verra la cabane du pionnier Bill Menor, ainsi

» Carte p. 175, fiche pratique p. 183

Foto: Rainer Hackenberg

que la réplique du bac qui effectuait ici il y a près de 100 ans la traversée de la Snake River. Dans la chapelle en face, on pourra admirer par l'encadrement d'une fenêtre située derrière l'autel les plus hauts pics du Grand Teton.

Toujours vers le nord, la Teton Park Road zigzague le long de la rive est du Jenny Lake. Au **Cathedral Group Turnout**, on a, depuis une aire de stationnement, une vue spectaculaire sur le **Mont Owen**, le **Tweewinot** et le **Grand Teton**, trois sommets célèbres particulièrement impressionnants. Un chemin de rando de 10 km fait le tour du Jenny Lake, et de petits bateaux font la navette entre les rives occidentale et orientale du lac durant l'été, permettant aux randonneurs fatigués de se reposer un peu.

Un peu plus loin, un embranchement mène, après 8 km, au sommet de la ★**Signal Mountain**, à plus de 2 314 m au-dessus de la vallée. On y jouit d'une vue merveilleuse sur la Teton Range, le Jackson Lake et le Jackson Hole. Il vaut mieux y arriver en début ou fin de journée, car il y a peu de places de parking.

Ci-dessus : écureuil d'Amérique. Ci-contre : la Morning Glory Pool et sa superbe palette de couleurs (Yellowstone National Park).

Plus au nord, sur les rives du Jackson Lake se tiennent le **Colter Bay Visitor Center** et l'★**Indian Arts Museum**, où une superbe exposition documente l'art et l'artisanat des tribus Shoshone, Blackfoot et Crow à qui appartenaient autrefois ces territoires.

La faune et la flore du Grand Teton

Le Grand Teton comprend une vaste zone où nombre d'animaux s'ébattent encore dans leur habitat naturel. Un peu à l'écart, dans le **Cascade Canyon**, à l'ouest du Jenny Lake, des écureuils à la fourrure dorée courent en tous sens dans l'**Inspiration Point**, et des marmottes pointent le nez entre les pierres. Parfois, on peut observer un cerf à queue noire ou un élan, occupé à mâchonner les rares arbustes qui poussent à l'entrée du canyon.

» Carte p. 175, fiche pratique p. 183

Foto: Hubert Stadler

Le Jackson Lake a été formé par un énorme glacier à l'époque glaciaire. Ses eaux froides accueillent des truites qui font le bonheur des loutres, des aigles pêcheurs et à tête blanche. Si on peut voir ces animaux en journée, les castors, eux, ne se montrent qu'à l'aube et au crépuscule. Le long des sentiers de randonnée s'offrent de nombreuses occasions d'examiner la flore variée du parc. La plupart des plantes fleurissent en juin à Jackson Hole, comme par exemple les buissons de balsamines (*yellow arrowleaf balsamroot*) aux fleurs semblables à des marguerites et aux feuilles en forme de flèche. À la fin du mois de juin, les lupins bleus et pourpre apparaissent, puis les tournesols jaunes, les roses trémières, les géraniums roses et les pieds-d'alouette mauves.

En été, les prés dans la montagne sont recouverts de tapis de fleurs de toutes les couleurs : campanules, ancolies jaunes, pâquerettes roses. La fleur officielle du Grand Teton est le myosotis bleu. Quelques années après des incendies de forêt, les fleurs poussent encore plus nombreuses car la lumière du soleil atteint en effet bien plus facilement le sol de la forêt, et augmente l'effet fertilisant des cendres riches en nitrate. La piste, qui fait le tour du **Taggart Lake** dans un secteur ravagé par un grand incendie en 1985, est envahie de bouquets jaunes d'arnica et de grappes blanches de céanothes poussant au milieu de troncs d'arbres calcinés.

★★Yellowstone National Park

Cinq routes permettent d'entrer au **★★Yellowstone National Park** à la réputation mondiale. On peut y accéder par l'entrée sud (**South Entrance**) ❼ depuis le Grand Teton National Park via la route **John D. Rockefeller Jr. Memorial Parkway**.

Le Yellowstone, créé en 1872, est le plus ancien parc national d'Amérique. Il s'étend sur près de 9 000 km², ce qui en fait l'un des plus grands parcs des États-Unis. Il se trouve dans le coin nord-ouest du Wyoming, aux frontières du Montana et de l'Idaho. Il est extrê-

» Carte p. 175, fiche pratique p. 183

Foto: Gabriele Wojciech

mement populaire et il ne faut donc pas vous attendre à savourer la nature sauvage en solitaire, sauf en hiver au milieu de la neige et de la glace. Mais, même en été, le Yellowstone vous laissera des souvenirs inoubliables. Vous serez fasciné par l'activité volcanique et du magma apparaissant sous la forme de geysers, de bassins de boue bouillonnante et de sources thermales entourées de vapeurs. Grâce à sa formation volcanique, le sol très fertile est parsemé de myriades de fleurs sauvages. De majestueux pics couronnés de neige se dressent parmi les vallées où paissent des troupeaux de bisons et d'élans.

Avec ses 8 800 km^2, le Yellowstone est l'une des plus grandes zones des USA (à l'exception de l'Alaska et de Hawaii) à n'avoir jamais été cultivée. C'est en 1807 que John Colter découvrit ces sources d'eau chaude bouillantes, ces mares de boue en ébullition et ces geysers sifflants d'où jaillissent de l'eau bouillante et de la vapeur qui montent haut dans le ciel. Colter, qui avait pourtant participé à l'expédition de reconnaissance jusqu'au Pacifique de Lewis et Clark, fut pris pour un huluberlu lorsqu'il revint dans l'Est avec ses histoires fantastiques. Mais d'autres vinrent bientôt confirmer ses dires et, en 1870, une expédition officielle envoyée par le gouvernement eut lieu dans la région. Dans leurs rapports, ils insistèrent pour que l'endroit reste fermé aux chasseurs, bûcherons ou chercheurs d'or. En 1872, le président Grant signa les documents qui faisaient du Yellowstone le premier parc national d'Amérique, "soustrait à tout peuplement, et destiné à être un parc public ou un terrain de loisirs, pour le bienfait et le plaisir de la population".

Au début, peu de fonds furent consacrés à protéger le parc de ses visiteurs : des plaisantins enfonçaient des savons dans les trous des geysers pour que la vapeur se pare d'énormes bulles. Des brigands se cachaient le long des premiers sentiers et délestaient les tou-

Ci-dessus : terrasses calcaires dans le Yellowstone Park. Ci-contre : le "fidèle" geyser Old Faithful projette un jet d'eau bouillant toutes les 90 mn.

» Carte p. 175, fiche pratique p. 183

ristes de leur portefeuille. Des Indiens Nez- Percés scalpèrent même quelques-uns des premiers visiteurs. Les choses allaient si mal qu'en 1886 la Cavalerie fut chargée de ramener l'ordre dans le parc et on érigea à cet effet un fort à Mammoth Hot Springs, occupé désormais par les bureaux de l'administration du Yellowstone. Dans le **Albright Visitor Center**, installé dans les anciens quartiers des officiers du fort, des expositions et des diaporamas illustrent l'histoire du parc, présentent la faune et la flore et les conséquences du terrible incendie de 1988 qui ravagea la forêt et tua quantités d'animaux.

D'autres *Visitor Centers* sont espacés tous les 20 miles environ le long de la **★★Grand Loop Road**, une route en forme de 8 qui conduit à toutes les attractions touristiques du parc.

Foto: Rainer Hackenberg

Le pays des geysers

Ce qui distingue le Yellowstone de la plupart des autres parcs nationaux, ce sont ses quelque 200 geysers. Ces merveilles de la nature sont dues au fait que sous le parc, la croûte terrestre n'a que 3 à 5 km d'épaisseur et que le magma la chauffe jusqu'à des températures allant jusqu'à 540 °C. La plupart des geysers se trouvent dans l'ouest du parc, le long d'un chemin de 50 miles qui séparent le geyser appelé "Old Faithful" au sud-ouest et les Mammoth Hot Springs au nord-ouest. Le plus populaire des geysers est le **★★Old Faithful ❽** ("vieux fidèle"). Il fut découvert par les scientifiques dans les années 1880. Son éruption a lieu toutes les 90 mn environ, et il projette à 55 m de hauteur un jet de 32 000 litres d'eau et de vapeur. L'éruption dure parfois 5 bonnes minutes.

C'est dans l'**★Upper Geyser Basin** que bouillonnent le plus de geysers. On se délectera particulièrement à la vue du spectacle offert par le **★Morning Glory Pool** : ce fascinant bassin naturel ressemble à énorme fleur à la corolle jaune et au coeur émeraude. Au nord-ouest, dans le **★Lower Geyser Basin**, on peut voir la Fountain Paint Pot, remplie de boue rouge, et le **Great Fountain Geyser**, qui ne se déclenche qu'une fois par jour.

Plus au nord-est, dans le **Norris Geyser Basin**, le geyser Echinus crache son jet vers le ciel toutes les heures ; le **Steamboat Geyser**, le plus grand du monde, impressionne les visiteurs avec ses jets de 130 m de haut. Le Norris Museum livre des informations très détaillées sur les geysers.

On sera émerveillé aussi par la vision offerte par les sources thermales de **★★Mammoth Hot Springs ❾** : l'eau fumante de la cascade dégringole à travers 10 bassins naturels superposés en terrasses,

Mais on ne négligera pas pour autant les autres curiosités naturelles du parc. Ainsi, le **★Yellowstone Lake ❿** est avec ses 176 km de rives le plus grand lac de montagne d'Amérique et un paradis pour les pêcheurs. Au **Roosevelt Lodge**, on peut faire des excursions en diligence. Et pour ceux qui aiment le

Foto: Bonnie J. Schupp / EyeJoy (iStockphoto)

confort, des cars climatisés font des circuits panoramiques dans le parc et s'arrêtent à tous les endroits spectaculaires.

L'un des clous du parc est constitué par le ★**Grand Canyon of the Yellowstone River** ⓫. La Yellowstone River a creusé une gorge de 250 m de profondeur et 40 km de longueur dans la roche marron-jaune. Outre de nombreux rapides, l'eau de la rivière s'écrase sur 33 m du haut des **Upper Falls** (chutes supérieures) puis dévale encore sur 94 m les ★**Lower Falls** (chutes inférieures), encore plus spectaculaires.

La faune du parc

Le Yellowstone possède la plus grande concentration d'animaux sauvages des USA, du bison à l'élan en passant par l'orignal, le wapiti, le cerf à queue noire, l'ours brun et le grizzly, ainsi que des pélicans blancs et des cygnes trompettes, deux espèce d'oiseau en voie de disparition qui ont trouvé ici refuge. C'est à l'aube et au crépuscule autour des points d'eau, que l'on observera le plus facilement les animaux. Attention aux **bisons** : ils ont l'air de gros mollassons, mais ont très mauvais caractère et peuvent charger à grande vitesse. Un bison peut peser jusqu'à une tonne et atteint près de 48 km/h !

Ci-dessus : un bison des prairies provoque un bouchon dans le Yellowstone Park.

Les rencontres avec des **ours** à Yellowstone ne sont pas rares non plus. Les ours bruns peuvent peser environ 150 kilos et mesurer encore 1 m lorsqu'ils marchent sur quatre pattes. Mais les ours les plus dangereux restent les grizzlis, qui peuvent debout mesurer jusqu'à 2,50 m. Le seul conseil à propos des ours est simple : le mieux est de ne pas en trouver sur son chemin ! Ils détestent le bruit, et parler ou siffler fort suffit en général à les éloigner. Les ours ont un odorat très développé, il est donc important de ne jamais laisser traîner aucune nourriture. Si vous dormez à la belle étoile, enveloppez bien vos vivres et suspendez-les dans un arbre à au moins 30 m de votre campement.

Si vous préférez dormir sous un toit, il y a de nombreux hôtels dans le Yellowstone. L'un d'eux, riche en tradition, l'★**Old Faithful Inn**, classé monument historique, fut bâti en 1904 dans le style d'un chalet. C'est le plus grand établissement du monde. Son exceptionnel hall d'entrée, dont le plafond s'élève à 23 m, est construit autour d'une cheminée de 12 m dont le conduit de 24 m est fait de blocs de lave taillés à la main. Ses 300 chambres sont rustiques mais confortables.

L'activité touristique du Yellowstone a bénéficié aussi à la ville de **Cody**, située à l'est. On y accède depuis le parc en sortant par la **East Entrance** ⓬. Cody recèle le ★**Buffalo Bill Historical Center**, un centre regroupant cinq musées qui racontent l'histoire palpitante du célèbre chasseur de bisons et éclaireur dans la Cavalerie, "Buffalo Bill" Cody (1846-1927), et celle des Indiens des plaines.

» Carte p. 175, fiche pratique p. 183

IDAHO FALLS ET POCATELLO (☎ 208)

Pocatello Visitor Center, 2695 South 5th, Pocatello, www.visitpocatello.com.
Idaho Falls Visitors Bureau, 425 Capital Ave., tél. 523-1010, www.visitidahofalls.com.

Buddy's, 626 E Lewis St., Pocatello, tél. 233-1172. Ce restaurant, situé à proximité du campus de l'Idaho State University, propose aux étudiants des salades, pizzas et pâtes à des prix avantageux.

American Falls Dam, I-86, exit (sortie) 40, tél. 383-2200.
Bannock County Historical Museum, 3000 Alvord Loop, Pocatello, tél. 233-0434, juin-août t.l.j. 9h-18h, sinon mar.-sam. 10h-14h.
Craters of the Moon National Monument, informations tél. 527-1300, www.nps. gov/crmo.
Idaho Museum of Natural History, Idaho State University, 5th & Dillon St., Pocatello, tél. 282-5893, www.imnhisu.edu, mar.-sam. 11-17h.

GRAND TETON NATIONAL PARK JACKSON HOLE (☎ 307)

Grand Teton National Park, Visitor Centers à Moose (Colter Bay), Jackson Lake, Jenny Lake, www.nps.gov/grte.
Jackson Hole Chamber of Commerce, 112 Center St., tél. 733-3316, www.jacksonholechamber.com.
Jackson Hole and Greater Yellowstone Visitor Center, 532 North Cache St., PO Box 510, Jackson, WY 83001, www.fs.fed.us/jhgyvc.

Mangy Moose, Teton Village, WY 83025, tél. 733-4913, www.mangy-moose.net. La cuisine est bonne, de nombreux clients y viennent pour admirer l'intérieur de style western.
Nani's Genuine Pasta House, 242 North Glenwood, Jackson Hole, tél. 733-3888, www.nanis.com. Plats italiens, cadre sympathique. On peut manger en terrasse.

Jackson Hole Historical Society & Museum, 225 N Cache, Jackson, tél. 733-2414, www.jacksonholehistory.org, mar.-sam. 10h-17h. Histoire locale et géologique des environs.
National Elk Refuge, Jackson Hole, tél. 733-9212, www.fws.gov/nationalelkrefuge.
National Museum of Wildlife Art, 2820 Rungius Rd, Jackson, tél. 733-5771, www.wildlifeart.org, t.l.j. 9h-17h, dim. 11h-17h.

***SPORTS ET LOISIRS* : Hole Hiking Experience**, Jackson Hole, tél. 866/733-4453, www.holehike.com, cette agence organise des randonnées, des sorties de ski, de VTT et d'escalade.
Iditarod Sled Dog Tours, Jackson Hole, tél. 800/554-7388, www. jhsleddog.com. Tours de traîneaux à chiens.
Solitude Float Trips, tél. 733-2871, www. grand-teton-scenic-floats. com. Tours en radeaux sur la Snake River.

YELLOWSTONE NATIONAL PARK (☎ 307)

Yellowstone National Park Headquarters Information, tél. 344-7381, www. nps.gov/yell ; grand Visitor Center aux Mammoth Hot Springs ainsi que dans le Canyon Area, au Fishing Bridge, à Grant, West Thumb, Old Faithful et West Yellowstone.

Mayor's Inn Dinner House, 1413 Rumsey Ave., Cody, WY 82414, tél. 587-0887, www. mayorsinndinnerhouse.com. Plats de viande, de volaille et végétariens, cadre élégant.
Cassie's Supper Club, 214 Yellowstone Ave., Cody, WY 82414, tél. 527-5500, www.cassies. com. Ancienne maison close de l'époque des pionniers reconvertie en respectable restaurant style western, 4 bars.

Buffalo Bill Historic Center, Cody, 720 Sheridan Ave., tél. 587-4771, www.bbhc. org, janv., février, décembre jeu.-dim. 10h-17h, mars, avril, nov. t.l.j. 10h-17h, mai-15 sept. t.l.j. 8h-18h, 16 sept.-oct. t.j.j. 8h-17h.
Old Trail Town, 1831 Demaris Dr., Cody, WY, tél. 587-5302, www.oldtrailtown.org, ouvert de la mi-mai à fin sept. t.l.j. 8-19h, ville vétuste typique du Far West, avec une cabane de rondins où Butch Cassidy et Sundance Kid, célèbres pour leurs attaques de train, se seraient rencontrés.

Jeff McGraw (Shutterstock)

Le Mount Rainier (4 392 m) est un volcan endormi.

Foto: Bodo Bondzio

DE SAN FRANCISCO À L'ÉTAT DE WASHINGTON

LE NORD DE LA CALIFORNIE
L'OREGON SAUVAGE
LES CURIOSITÉS NATURELLES DE L'ÉTAT DE WASHINGTON

Peu de régions côtières offrent autant de splendeurs naturelles que les côtes du nord de la Californie, de l'Oregon et de l'État de Washington. Le trajet commence au nord de San Francisco sur la légendaire State Highway 1, prolongée au niveau de Leggett par la US 101. La route longe le Pacifique, et les plages et baies désertes de l'Oregon. Elle s'achève au nord juste avant Seattle, au pied de deux volcans éteints. Elle couvre une distance de quelque 1 000 miles (1 600 km) parcourable en deux semaines, voire davantage si vous prévoyez de faire quelques crochets à l'intérieur des terres.

LE NORD DE LA CALIFORNIE : VILLAGES DE PÊCHEURS ET ARBRES GÉANTS

La Pacific Coast Highway, la ★**State Highway 1**, file vers le nord depuis **San Francisco** ❶. Elle longe la côte, passant de hautes falaises rocheuses et de petites criques protégées. La combinaison de dunes et de falaises, typique de cette région, est parfaitement illustrée au ★**Point Reyes National Seashore**, qui n'est qu'à quelques miles de San Francisco. En hiver et au début du printemps, le phare **Point Reyes Lighthouse**, est parfait pour observer les baleines qui remontent vers l'Alaska.

Le village côtier de **Bodega Bay** ❷ fit la une des journaux entre 1961 et 1963, lorsque le cinéaste Alfred Hitchcock y tourna son thriller *Les Oiseaux*. Dans ce film à suspense, une scène cruciale se passe dans une école : celle-ci se trouve non dans la localité de Bodega, mais à Bodega Bay.

Le littoral romantique, constellé de villages de pêcheurs, s'étend jusqu'à **Mendocino** ❸, petite mais très jolie colonie d'artistes. On y tombera sous le charme de ses maisons de bois soignées en parties victoriennes, surplombant l'océan, et du State Park alentour. La Hwy 1 traverse **Westport** et **Rockport**, puis elle devient la US 101, au niveau de la ville de **Leggett** ❹.

La principale attraction sur le trajet qui mène vers l'Oregon est visible à quelques miles seulement au nord de la ville : dans la **Leggett Valley**, on admirera de gigantesques séquoias, dont le plus célèbre, le ★**Chandelier Tree**, est vieux de plus de 2000 ans. Dans les années 1930, le tronc a été creusé à la base afin de permettre le passage d'une voiture. Plus au nord, le **Humboldt Redwoods State Park** est facilement accessible par **Garberville** ❺.

L'★**Avenue of the Giants**, fort bien nommée, longue de 50 km et parallèle à la Hwy 101, est bordée d'énormes

Ci-contre : le Chandelier Tree dans la Leggett Valley est vieux de plus de 2000 ans.

» Carte p. 189, fiche pratique p. 199

Foto: Thomas Stankiewicz

séquoias vieux de plusieurs siècles. Cependant, les spécimens les plus vieux et les plus hauts se trouvent dans le Redwood National Park, plus au nord.

En route, faites un crochet jusqu'à **Ferndale** ❻, bourgade aux maisons victoriennes du XIXe siècle. Puis la Hwy 101 mène à **Orick** et au ★★**Redwood National Park** ❼, où l'on peut se promener des jours entiers en perdant toute notion du temps. Les **séquoias géants de la côte** (séquoia sempervirent / *redwood*), qui peuvent atteindre 100 m de haut et 7 de large, comptent parmi les plus grands et les plus vieux arbres de la terre. Certains ont plus de 2 000 ans. Des sentiers de randonnée amènent aux plus beaux bosquets, tel que le ★**Lady Bird Johnson Grove** (qui doit son nom à "Lady Bird" la femme du président Lindon B. Johnson). La **Redwood Creek** (crique) est jalonnée par les plus hautes espèces du monde, dont le ★**Tall Tree** (112 m). Les arbres sont si denses à cet endroit que leurs branches se mêlent en une voûte digne d'une cathédrale. Pourtant, en dépit des apparences, les forêts de *redwood* sont menacées. Ces derniers siècles, env. 95 % de ces arbres ont été abattus. Ils donnent en effet un bois très résistant et très isolant. L'industrie du bois, qui a encore le monopole sur nombre de ces forêts, continue à abattre ces arbres gigantesques.

Ci-dessus : crépuscule à Mendocino, une colonie d'artistes sur la State Highway 1.

L'aspect authentique de ces paysages est resté intact en particulier le long de la côte du parc national. Une randonnée par la piste qui relie **Gold Bluffs Beach** à **Klamath** vous fera traverser un paysage magnifique.

L'OREGON SAUVAGE

La frontière qui sépare la Californie de l'**Oregon** n'est qu'à quelques miles au nord des Redwood State Parks. Officiellement, c'est ici que commence le *Pacific Northwest*, région où la nature est encore la mieux préservée de toute la côte Ouest. De grandes parties de l'Ore-

» Carte p. 189, fiche pratique p. 199

gon sont couvertes de forêt, à la base du secteur économique le plus important de la région, l'industrie du bois.

L'Oregon ne fut rattaché à l'Union qu'en 1859, et en devint ainsi le 33e État. Sa colonisation commença quand une poignée de négociants en fourrures et de trappeurs audacieux s'aventura au-delà des Rocheuses, et rencontra des tribus d'Indiens Shuswap et Nez-Percé, avec lesquels ils se mirent à commercer. La ruée vers l'or amena par la suite d'autres aventuriers dans la région.

Un détour au ★★Crater Lake National Park

Juste avant la frontière, au nord de **Crescent City**, la route 199 bifurque et rejoint d'abord **Grants Pass** ❽, puis **Medford** avant d'atteindre, dans l'ouest de l'Oregon, une curiosité naturelle exceptionnelle : dans le **★★Crater Lake National Park** ❾, accessible par la Route 62, se trouve le **Mount Mazama**, (2 487 m), un volcan éteint dont l'immense cratère s'est rempli d'eau il y a 7 700 ans. Le bleu intense de ce **lac de cratère** vient de sa grande profondeur (600 m, ce qui en fait le lac le plus profond des USA). La **★Rim Drive**, route de 52 km, serpente tout autour du cratère. Des chemins de randonnée partent de **Rim Village**. Le plus beau, **Cleetwood Trail**, se trouve sur le bord nord-est du cratère. Il descend aux rives du lac, où des bateaux peuvent vous emmener jusqu'à **★Wizard Island**, un petit cône volcanique dans le lac de cratère. La meilleure période de visite du parc – juillet/août – est très courte en raison de l'altitude (sinon, risques de neige).

La côte de l'Oregon

La route entre **Brookings** ❿ et **Gold Beach** ⓫ (50 km) offre l'un des plus beaux trajets de la côte de l'Oregon, avec de superbes plages et formations rocheuses. Gold Beach, village au bord de la **Rogue River**, est un vestige de la

Foto: Bernd Jonkmanns

fièvre de l'or. Il y a plus de 150 ans, des aventuriers s'installèrent ici au bord de l'Oregon pour y chercher le métal jaune et entrèrent rapidement en conflit avec les Indiens vivant de la pêche.

Au niveau de **Coos Bay** ⓬, la Hwy 101 se déroule à travers l'★**Oregon Dunes National Recreation Area**, une zone naturelle protégée de 47 miles de dunes formées par le vent et l'eau. Ces colllines de sable, dont certaines atteignent 152 m, représentent le plus grand ensemble de dunes de toute la côte Ouest. Elles sont parcourues de pistes menant à des points d'observation, mais de nombreux visiteurs préfèrent "explorer" les dunes en se lançant dans des équipées sauvages motorisées en buggy ou en quad. L'apparente douceur du sable est trompeuse : les dunes sont une force redoutable de la nature. Les vents du large les poussent vers l'intérieur et, depuis leur apparition, il y a 7 000 ans, elles ont submergé de vastes pans du littoral. En se déplaçant, les dunes ont laissé derrière elles des troncs d'arbres morts et de petits lacs.

Ci-dessus : la Pacific Coast Highway 1 / 101 est l'une des routes les plus impressionnantes des USA.
Ci-contre : conducteurs de quads dans les dunes de l'Oregon.

Ce paysage de dunes continue jusqu'à **Florence** ⓭. Là, il faut absolument s'arrêter aux ★**Sea Lion Caves** : des centaines d'otaries (ou lions) de Steller se rassemblent dans ces grottes en bord de mer dont les rochers décuplent l'écho de leurs mugissements.

On passe ensuite le **Devil's Elbow State Park**, et on poursuit vers le nord et **Newport** ⓮ : dans cet ancien port de commerce de bois, la visite du **Hatfield Marine Science Center** (sur Marine Science Drive) et du ★**Newport Oregon Coast Aquarium** intéressera particulièrement les familles avec enfants. Mais si vous voulez avoir une vue "en direct" du Pacifique nord et de sa faune maritime, vous devrez, au Mariner Square, descendre jusqu'aux **Oregon Undersea Gardens**, où une "fenêtre sous la mer" vous permettra de voir comme si vous étiez dans le monde sous-marin. Au Mariner Square vous attendent aussi un **cabinet de cire** et le **Ripley's Believe or Not** qui vous surprendra avec des phénomènes étranges (Mariner Square, 250 SW Bay Blvd, www.marinersquare.com)

Étape suivante : **Tillamook** ⓯ est connue pour son fromage, le **Tillamook Cheese**, en vente partout mais au goût pas vraiment exceptionnel. De là, on peut faire un détour par la **Three Capes Scenic Drive**, route de 22 miles qui longe des falaises, des dunes et les **caps** de **Meares**, **Lookout** et **Kiwanda**. À la fin de l'hiver et au printemps, on peut bien y observer les baleines en route de l'Alaska vers le Mexique.

Au nord de Tillamook se trouvent ★**Cannon Beach** ⓰ et Seaside, des stations balnéaires traditionnelles, même si les eaux froides du Pacifique n'incitent guère à la baignade. ★**Cannon Beach**, qui doit son nom à des canons de marine échoués après le naufrage d'un vaisseau en 1846, est pourvue de

» Carte p. 189, fiche pratique p. 199

Foto: Bodo Bondzio

kilomètres de plages et de falaises. Sur cette portion de côte, l'œil est attiré par le **Haystack Rock**, un monolithe de pierre haut de 71 m surgissant de l'eau.

Deux parcs voisins, ★**Ecola State Park** et **Oswald West State Park**, valent aussi une visite. Les deux présentent de vastes paysages de dunes et des points d'observation livrant de superbes panoramas sur les baies aux alentours.

L'isolement et la solitude de ces parcs tranchent avec l'animation de la station balnéaire de **Seaside**, plus au nord. Déjà au tournant du XIXe/XXe s., les habitants de Portland venaient s'y reposer et s'y divertir le week-end.

Durant l'été 1792, le capitaine Robert Gray, qui était à la recherche d'un passage nord-ouest, découvrit l'embouchure de la **Columbia River**, près du site actuel de la ville d'**Astoria** ⓱. Astoria, aujourd'hui petit port idyllique, n'était à l'origine qu'un simple comptoir commercial pour les négociants en fourrure. Mais il a vu depuis l'ascension des plus riches familles américaines. En 1811, John Jacob Astor fonda un comptoir de commerce de la fourrure, et posa la première pierre de la fortune des Astor. Les modestes débuts de la célèbre dynastie sont relatés dans le **Fort Astoria** (15th St. / Exchange St.), l'ancien entrepôt familial.

Astoria s'énorgueillit d'avoir le plus grand quartier victorien de l'Oregon. Parmi les élégantes demeures, citons **Flavel House** (441 8th St.), qui appartenait à un marin nommé Flavel.

Au **Columbia River Maritime Museum** (17th St./Marine Dr.), des expositions informent sur l'histoire du port de pêche, les bateaux à vapeur et la navigation. Près d'Astoria se trouve un point de vue panoramique populaire : il est perché sur une hauteur, sur laquelle on a construit en 1926 une colonne de 40 m de haut pourvue d'une plateforme panoramique. De là haut, on bénéficie d'une vue merveilleuse sur les environs. Les fresques décorant l'**Astoria Columne** sont l'œuvre de l'artiste italien Atillio Pusterla.

À 8 km au sud-ouest d'Astoria, le ★**Fort Clatsop National Memorial** est

Foto: Jim Boardman (Dreamstime)

associé aux noms de deux explorateurs américains, Lewis et Clark, qui passèrent ici l'hiver 1805/1806. Ces deux officiers avaient été chargés par le président Thomas Jefferson d'explorer l'Ouest du Mississipi, à partir de Saint Louis dans le Missouri, jusqu'au Pacifique.

À l'époque, en 1803, la jeune nation avait acheté à la France la région actuelle allant du Mississippi aux Rocheuses. Ainsi, la surface du pays venait de doubler d'un seul coup. La tâche de Lewis et Clark était d'explorer ce gigantesque territoire et de découvrir s'il existait une voie navigable directe pour les bateaux entre les côtes Est et Ouest. En mai 1804, à la tête d'une compagnie de trente hommes, Meriwether Lewis et William Clark quittèrent St. Louis et firent cap vers l'ouest. Ils passèrent l'hiver dans le Dakota du Sud, puis se frayèrent un chemin à travers les interminables Rocheuses, et arrivèrent dans l'État de Washington et l'Oregon. Lewis et Clark sont considérés comme deux héros américains, et leur épopée est devenue un mythe fondateur de l'histoire des Etats-Unis.

Ci-dessus : vue sur la vallée de la Columbia River. À droite : un grizzly au zoo du Washington Park, à Portland.

Un détour à Portland et au ★Mount Hood

La ville de **Portland** ⓲, qui se trouve au confluent de la **Columbia** et de la **Willamette**, est en général moins appréciée pour son architecture que pour ses splendides parcs et jardins. Au milieu du XIXe siècle, Portland n'était qu'une simple étape sur la route de San Francisco à Seattle. Elle doit son ascension et sa prospérité à son port et aux industries locales de la pêche et du bois.

Portland s'est surnommée fièrement "City of the Roses" : chaque année, en juin, a lieu le **Rose Festival**. Des parades colorées, des courses de voiture et des tours en montgolfière attirent les visiteurs de toute la côte Ouest.

Promenez-vous dans les parcs de la ville, en particulier dans le **Washing-**

» Carte p. 189, fiche pratique p. 199

Foto: George Ostertag (age/mauritius images)

ton Park, avec son **zoo** et l'**International Rose Test Garden** où de nouvelles sortes de roses sont créées.

Le cœur de la ville est formé par le **Pioneer Courthouse Square** et le **Mall** (allée). Le petit **Oregon Maritime Museum** est installé sur un ancien bateau à aubes amarré sur la Willamette River. Le **Portland Art Museum** (1219 SW Park Ave./Jefferson St.) possède notamment une intéressante collection d'art indien. Le quartier appelé **Old Town**, qui s'étend des deux côtés de Burnside Street, de SW Front Street à 5th Street, est constitué de vieux entrepôts de marchandises et a gardé son aspect authentique. Le **Skidmore Market**, un marché de l'artisanat, se tient tous les week-ends dans la Burnside Street. Un **funiculaire** d'un kilomètre de long part de la Willamette River pour rejoindre l'Oregon Health and Science University établie sur la colline **Marquam Hill** d'où l'on a une vue imprenable sur la ville et ses environs.

Le **Museum of Contemporary Craft**, qui vient d'emménager dans de nouveaux locaux beaucoup plus vastes qu'avant, expose des œuvres en céramique, verre, métal et bois.

La **Willamette Valley**, au sud de Portland, est l'une des plus fertiles régions viticoles de l'Oregon. Si vous avez le temps, faites une excursion dans cette région qui rappelle la vallée du Rhin. Vers le sud, la Rte 99W traverse deux douzaines de vignobles où l'on peut déguster d'excellents vins ou même un champagne local.

Au nord de Portland dans l'État de Washington, on pourra visiter près de Vancouver le **Fort Vancouver National Historic Site**, reconstitution du fort de la Compagnie de la Baie d'Hudson, qui faisait le commerce de la fourrure.

★Mt. Hood-Columbia Scenic Drive

La ★**Mount Hood-Columbia Gorge Loop Scenic Drive**, bonne route panoramique longue de 260 km, commence après Portland. Certains tronçons longent la rivière, d'autres grimpent dans les montagnes. La Columbia River est

» Carte p. 189, fiche pratique p. 199

le plus long fleuve des États-Unis après le Mississippi. Elle prend sa source dans les montagnes du Canada, et durant 50 millions d'années elle s'est tracé un lit dans le massif des North Cascades. Elle se jette dans le Pacifique près d'Astoria. Sur ses rives, le paysage n'a guère changé depuis des centaines d'années. Mais il est vrai que la région n'a été colonisée qu'il y a un siècle.

En roulant vers l'est sur l'**Historic Columbia River Highway** (sortir vers l'est de Portland par l'I-84 et prendre la sortie indiquée), on a des vues spectaculaires sur l'univers montagneux vierge qui borde le fleuve du côté de l'Oregon. Le long de la route, de nombreuses cascades invitent à la détente. La plus connue, ★**Multnomah Falls**, dégringole d'une paroi de 190 m de haut, ce qui en fait la plus haute cascade de l'Oregon et l'une des plus importantes des États-Unis. Ce site est aussi très prisé en raison d'un petit pont placé juste devant la cascade de Multnomah.

Plus à l'est, près du **Bonneville Lock and Dam** (écluse et barrage de Bonneville), la Highway revient sur l'I-84. Le barrage de Bonneville, haut de 60 m, fut achevé en 1938. C'est l'un des dix qui ont été construits sur le fleuve pour produire de l'électricité. Cette modification du cours naturel des eaux ne fut pas sans conséquences pour l'écologie locale. Un demi million de saumons grandissent dans le fleuve chaque année avant de nager jusqu'au Pacifique. Ces poissons n'ont aucune difficulté à passer les rapides dans un sens ou dans l'autre, ou même à sauter de petits obstacles, tels que des écueils, mais la muraille du barrage leur bloquait le passage vers l'est, et leur était mortelle sur la route de l'océan. Dès la fin des années 1930, des écologistes s'alarmèrent devant cette véritable hécatombe.

Après la guerre, les autorités firent construire des "échelles à poisson" sur les barrages, permettant aux saumons de passer sans dommage et de continuer leur pérégrination. À Bonneville, vous aurez l'occasion de voir de près les saumons remonter le courant et passer le barrage par sauts successifs.

Au sud du barrage, un chemin de randonnée, appelé **Eagle Creek Trail**, permet de découvrir la flore locale, d'autres cascades et de pique-niquer.

Cascades Locks ⓳ évoque un épisode de l'histoire du Far West. Au XIXe siècle, les pionniers qui descendaient le fleuve depuis l'Oregon Trail devaient interrompre leur périple en raison des très dangereux rapides qui s'y trouvent. Ils devaient décharger leur cargaison, porter leurs bateaux par voie de terre jusqu'à un point situé plus à l'ouest, puis les recharger. Le **Cascade Locks Historical Museum** fait revivre cette époque des pionniers héroïques. Dans le port de Cascades Locks, une petite sortie à bord du vieux bateau à aubes, **Columbia Gorge**, permet aujourd'hui de remonter les rapides de la Columbia, désormais domptés par l'homme.

De nos jours, les esprits aventureux se lancent sur les eaux tumultueuses de la Columbia près de **Hood River**. Cette partie du fleuve fait aussi le bonheur des véliplanchistes, car les vents froids du Pacifique s'y heurtent à l'air chaud de l'est de l'Oregon, produisant de forts courants aériens. On vient du monde entier, et en foule, pour tester en été son savoir-faire sur le fleuve.

The Dalles ⓴, un peu plus à l'ouest, aujourd'hui ville insignifiante, eut pourtant autrefois son heure de gloire, car c'était là que se terminait la légendaire **Oregon Trail**, la piste que suivirent des milliers de pionniers entre 1843 et 1848, après que des missionnaires et des trappeurs eurent fait savoir dans l'Est que les nouveaux territoires du Nord-Ouest étaient le "paradis des pionniers". C'est à Dalles que les grands chariots étaient déchargés et que les pionniers poursuivaient leur voyage vers l'Oregon par la Columbia River. Statistiquement, l'afflux

Ci-contre : la région du Mt. Hood est réputée pour être un domaine skiable exceptionnel.

» Carte p. 189, fiche pratique p. 199

Foto: Julia Gatewood (Dreamstime)

de colons fut modeste, mais les convois de pionniers qui y participèrent furent la dernière grande ruée vers l'ouest et signèrent l'arrêt de mort des tribus indiennes du Pacifique.

Avant d'entrer dans l'État de Washington par un pont situé plus à l'ouest sur la Hood River, faites un détour par le ★**Mount Hood** ㉑. La Rte 35 mène vers le sud à ce volcan éteint, le plus haut sommet de l'Oregon avec une altitude de 3 424 m. La région du Mount Hood est très connue des amoureux de sports d'hiver, en particulier de ski alpin. **Mt. Hood Meadows** et **Mt. Hood Ski Bowl** possèdent un grand nombre de pistes à des niveaux de difficulté variés. La **Timberline Ski Area** permet même de skier toute l'année.

On atteint la rive de la Columbia, dans l'État de Washington, en traversant le **Bridge of the Gods** (pont des dieux). Une vieille légende indienne raconte qu'un énorme pont de pierre construit par les dieux traversait le fleuve en cet endroit. La Hwy 14 repart vers l'ouest en direction de Portland, offrant une vue à couper le souffle sur le fleuve et sur les montagnes qui entourent le Mt. Hood. On peut faire un arrêt intéressant au **Beacon Rock**, un monolithe de pierre haut de 243 m. Notre tour se poursuit vers le nord par l'I-5 et nous amène au Mt. St. Helens.

CURIOSITÉS NATURELLES DANS L'ETAT DE WASHINGTON

★Mount Saint Helens

En 1987, le ★**Mont Saint Helens**, un volcan rendu célèbre par sa violente éruption en 1980, était un paysage désolé, comme semblant mort : sur des kilomètres, des troncs d'arbres gisaient comme des allumettes brisées par la main d'un géant. Il ne restait pas un brin d'herbe, pas la moindre fleur ; aucun chant d'oiseau, pas même un bruissement d'insecte n'y était audible par les chaudes journées d'été. Le sol était gris ou noir, balayé par un épais nuage de cendres. Ces dernières années, beaucoup d'arbres ont été certes replantés

» Carte p. 189, fiche pratique p. 199

Foto: Hubert Stadlier

dans le **Mt. St. Helens National Volcanic Monument**, et la nature a repris ses droits, en particulier sur les coulées de lave solidifiées. Mais l'ambiance sombre et dramatique qui plane sur la montagne évoque la dernière grande éruption volcanique.

Le 18 mai 1980, le Mt. St. Helens, endormi, entra soudain en éruption, détruisant 650 km^2 du parc national qui l'entourait. Les coulées de lave et une pluie de cendres noyèrent des villages entiers. Cette éruption dura trois jours et coûta la vie à 60 personnes. Les explosions arrachèrent un pan de 400 m du flanc nord du volcan qui culminait avant cela à 2 900 m. À l'automne 2004, le Mt. St. Helens est de nouveau entré en activité et a craché d'immenses nuages de cendres dans le ciel.

Le **Mt. St. Helens Visitor Center**, entre **Castle Rock** et **Toutle** ㉒, à l'est sur l'I-5, explique avec force détails cette catastrophe naturelle. Le centre est aussi le point de départ d'une excursion sur la Rte 504, qui vous mènera sur la pente nord-ouest du volcan.

Ci-dessus : on voit encore les traces de l'éruption volcanique de 1980 au Mount St. Helens.

Le retour par l'I-5 en direction du sud (puis prendre la Rte 503) conduit à Yale. De là, on continue jusqu'à Cougar pour rejoindre **Ape Cave** ㉓ ("grotte du singe"). Cette grotte consiste en un tube de lave ouvert des deux côtés, qui fut formé lorsque le Mt. St. Helens entra en éruption il y a près de 2000 ans. En refroidissant, la lave de surface se transforme en une croûte dure, tandis que la lave liquide à l'intérieur continue à s'écouler. Ce phénomène a ainsi donné naissance à ce tube de plus de 3 km de long, ce qui en fait l'une des plus longues grottes de lave de tout le continent américain. Les terrasses d'observation situées le long de la route, au sud du Mount Saint Helens, sont le point de départ de sentiers de randonnée qui conduisent à des pans entiers du parc ravagé par l'activité volcanique. Des coulées de lave gigantesques se répandirent dans la vallée au cours des siècles et donnèrent naissance à cet étrange paysage lunaire.

La Route 25 franchit des crêtes rocheuses jusqu'à la **Strawberry Mountain** ㉔ ("montagne de la fraise"), qui offre une belle vue sur le cratère effondré et le **Spirit Lake** qui s'étend devant. Ce lac fade aux eaux grisâtres était autrefois un lieu de repos prisé.

C'est de ★**Windy Ridge** ㉕ ("corniche ventée"), sur la Rte 99, qu'on a le plus beau panorama sur le Mt. St. Helens. C'est aussi le point le plus proche du volcan, accessible en voiture. De Windy Ridge, des sentiers raides mènent à des points de vue où le volcan semble si proche qu'on pourrait presque le toucher.

La Highway 12 se déroule dans un paysage sans grand attrait avant de passer par les villes de **Morton** ㉖ et **Randle** ㉗, et de rejoindre le **Mt. Rainier**, qui ressemble comme un frère au Mt. St. Helens, avant sa destruction par la violente éruption de 1980.

» Carte p. 197, fiche pratique p. 199

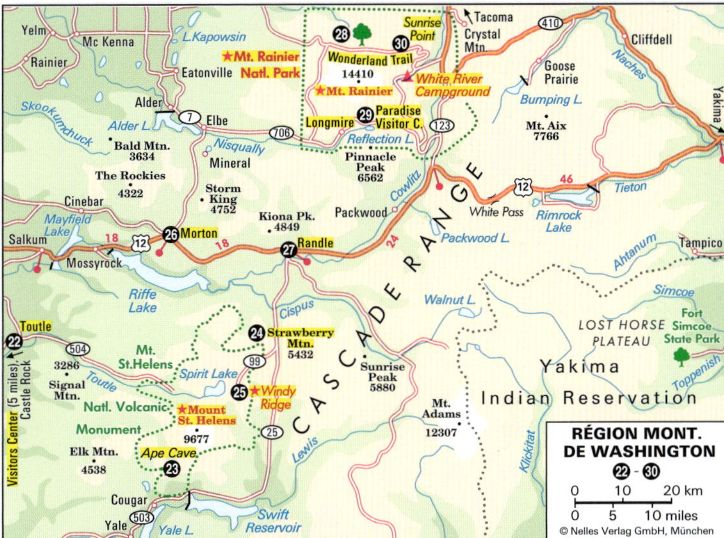

Le ★Mt. Rainier National Park

L'attraction majeure de l'État de Washington est sans conteste un géant de pierre, de feu et de glace. Le **★Mount Rainier** (4 392 m), beauté froide et lointaine, domine toute la zone du sud de l'État de Washington à Seattle. Les habitants de la capitale nichée sur le détroit de Puget Sound jouissent d'un spectacle splendide les jours clairs, lorsque le Mount Rainier, à 100 km de là, apparaît à l'horizon. Le matin, la montagne surgit lentement de ses brumes ; vers midi, le sommet coiffé de neiges éternelles brille dans le lointain ; au crépuscule, le soleil couchant baigne la montagne d'une extraordinaire lumière rouge.

Actuellement, le Mt Rainier est un volcan endormi, vêtu en permanence de glaces et de neiges, et ses flancs sont recouverts de glaciers majestueux. Ce massif forme la plus grande région de glaciers des USA en dehors de l'Alaska. Si la dernière éruption s'est produite il y a plus de 150 ans, des fumerolles s'échappent toujours de l'intérieur de son cratère. Le mont fait partie d'une chaîne de volcans reliés en sous-sol au Mt. St. Helens, au Mt. Adams, au Mt. Baker dans les North Cascades, et au Mt. Hood dans l'Oregon.

Il y a quelques millions d'années, à la fin du Tertiaire, le Rainier était déjà une montagne, un peu plus élevée qu'aujourd'hui mais, au cours du temps, il fut remodelé par l'activité volcanique et l'érosion glaciaire. Comme partout dans les North Cascades, les glaciers se sont frayé un chemin dans les roches de la région, façonnant de petites montagnes, et leurs glaces en fondant ont créé de nombreux torrents. Ce jeu de la nature, lent et inexorable, se poursuit toujours dans le parc, où trois grands glaciers continuent leur œuvre d'érosion.

Le paysage extraordinaire du site permet de comprendre pourquoi le **★Mt. Rainier National Park** ㉘ compta dès 1899 comme l'un des cinq premiers parcs nationaux des USA. La Route 706 en rend l'accès très aisé, ce qui implique malheureusement qu'en été le Mt. Rainier est envahi par les habitants de

Foto: Wolfgang Kaehler

Seattle en quête de repos. Nous recommandons de prendre l'entrée sud-ouest qui vous fera passer par la ville de **Longmire**, avant de rejoindre le **Paradise Visitor Center** ㉙, situé sur le flanc sud du Mt. Rainier.

Des chemins de randonnée débutent à proximité d'un hôtel, le *Paradise Inn*, et mènent tout au pied des glaciers ; cela concerne aussi les courtes pistes **Skyline Trail** et **Nisqually Vista Trail**. Dans cette région, on a recensé en 1972 qu'il est tombé au Paradise Point 28 m de neige, un record pour les États-Unis.

La Route 706 poursuit sa course en direction du sud-ouest, en passant par le splendide **Reflection Lake** dont les eaux claires et calmes reflètent les hauts sommets et le ciel azur piqué de nuages blancs. On prendra ensuite la Route 123 à flanc de la montagne, puis un embranchement vers le nord jusqu'à **Sunrise Point** ㉚ (2 011 m), qui offre sans conteste le plus beau panorama sur le Mt. Rainier, les **Cascades**, ainsi que le Mt. Adams et le **Mt. Baker** au loin.

Ci-contre : le lac Eunice dans le Mount Rainier National Park

C'est ici que débute le chemin de randonnée le plus populaire, le **Wonderland Trail**, qui fait le tour du Mt Rainier en 50 km. Pour ce tour plutôt fatigant, il faut compter deux bonnes journées, et seuls les marcheurs entraînés s'y risqueront. Il est possible de planter sa tente dans un camping, le **White River Campground**, mais il faut demander la permission à l'un des *park rangers*.

Les randonneurs apprécient le calme et la solitude du Wonderland Trail, à l'écart des foules du reste du parc. Les vallées profondes du parc abritent des ours bruns et de nombreux animaux sauvages. Si vous voulez éviter les routes très fréquentées et les aires de pique-nique surpeuplées, entrez dans le parc par la **Carbon River**, au nord-ouest.

La côte du Puget Sound, très densément peuplée, n'est plus très loin. En deux bonnes heures, l'I-5 vous conduit à **Seattle** ㉛, la "perle du Nord-Ouest" (cf. p. 203).

» **Carte p. 197, fiche pratique p. 199**

LE NORD DE LA CALIFORNIE (☎ 707)

Crescent City & Del Norte County Chamber of Commerce, 1001 Front St., Crescent City, tél. +1800-343-8300, www.redwoodcoast.com. **Visit Mendocino County**, 345 North Franklin St., Fort Bragg, tél. 964-9010, www.mendocinocoast.com.

Humboldt Redwoods State Park, Weott, tél. 946-2263, www.humboldtredwoods.org. **Pacific Lumber Co. Museum**, 125 Main St., Scotia, horaires au 764-2222, vieux outils pour l'abattage du bois. **Point Reyes Nat. Seashore**, Point Reyes, tél. (415) 464-5100, www.nps.gov/pore. **Redwood Nat. Park**, 1111 Second St, Crescent City, tél. 464-6101, www.nps.gov/redw.

L'OREGON (☎ 503)

Columbia Gorge Nat. Scenic Area, www.fs.usda.gov/cgnsa, visitor centers : Multnohmah Falls, Skamania Lodge, The Gorge Discovery Center (à The Dalles). **Travel Portland Visitor Info Center**, 701 S. W. 6th Ave., Portland, tél. 275-8335, www.travelportland.com. **The Dalles Chamber of Commerce**, 404 W 2nd St., The Dalles, tél. (541) 296-2231, www.thedalleschamber. com. **Tillamook Ch. of Co.**, 3705 US 101 N, Tillamook, tél. 842-7525, www.gotillamook.com.

Oregon Maritime Museum, Pine St. (au Waterfront Park), Portland, tél. 224-7724, www.oregonmaritimemuseum.org, mer., ven., sam. 11-16h. **Pittock Mansion**, 3229 NW. Pittock Dr., Portland, www.pittockmansion.org, t.l.j. 11-16h, juillet-août 10h-17h.
Cape Lookout State Park, à 12 miles au sud-ouest, accès par la Hwy US 101, à prox. de Tillamook, tél. 842-4981, www.oregonstateparks.org. **Cascade Locks Historical Museum**, Marine Park, Cascade Locks, tél. (541) 374-8535, www.portofcascadelocks.org, mai-sept. t.l.j. 12h-17h. **Columbia River Maritime Museum**, 1792 Marine Dr., Astoria, www.crmm.org, tél. 325-2323, t.l.j. 9h30-17h. **Crater Lake Nat. Park**, tél. (541) 594-3000, www.nps.gov/crla.
Ecola State Park, Cannon Beach, tél. 436-2844, www.oregonstateparks.org. **Flavel House**, 441 8th St., Astoria, tél. 325-2203, mai-sept. t.l.j. 10h-17h, oct.-avril t.l.j. 11h-16h. **End of the Oregon Trail Interpretive Center**, 1726 Washington St., Oregon City, tél. 657-9336, www.endoftheoregontrail.org., t.l.j. 11-16h, plus longtemps en été. **Fort Clatsop Nat. Memorial**, à 6 miles au sud-ouest par la Hwy US 101A, Astoria, tél. 861-2471, www. nps.gov/lewi. **Fort Dalles Museum**, 500 West 15th/Garrison Sts., The Dalles, tél. (541) 296-4547, t.l.j. 11h-16h, fermé en hiver.
Fort Vancouver Historic Site, 612 E. Reserve Street, Vancouver, tél. (360) 816-6230, www.nps.gov/fova, t.l.j. 9h-17h.
Hatfield Marine Science Center, Marine Science Dr., Newport, tél. (541) 867-0100, visitor center en été t.l.j. 10-17h, hiver jeu.-lun. 10-16h.
Oregon Coast Aquarium, 2820 SE Ferry Slip Rd, Newport, tél. (541) 867-3474, www.aquarium.org, été t.l.j. 9h-18h, hiver 10h-17h.
Portland Art Museum, 1219 SW Park Ave./Jefferson St., Portland, www.portlandartmuseum.org, mar.-dim. 10h-17h, jeu./ven. 10-20h.
International Rose Test Garden, 400 S.W. Kingston Ave., t.l.j. 7h30-21h. **Sea Lion Caves**, à Yachats, tél. (541) 547-3111, www.sealioncaves.com, t.l.j. 9h-17h. **Oregon Undersea Gardens**, 250 SW Bay Blvd (Mariner Square), Newport, www.marinersquare. com, juillet-août tlj 9h-20h, juin et sept. tlj. 10h-18h, oct.-mai tlj. 10h-17h.

LOISIRS ET SPORTS : **Sternwheeler Columbia Gorge**, Portland, tél. (503) 224-3900, www.sternwheeler.com, sorties en bateau à aubes. **Jerry's Rogue River Jet Boat Trips**, Gold Beach Boat Basin (à l'extrémité sud du pont sur la Rogue River), tél. (541) 247-4571, www.roguejets.com.

MOUNT ST HELENS ET MOUNT RAINIER (☎ 360)

Mount Rainier N. P., tél. (360) 569-2211, www.nps.gov/mora. **Visit Rainier**, www.visitrainier.com ; visitor center à Longmire, Ashford, Randle, Paradise. **Mount St. Helens Nat. Volcanic Mon.**, Coldwater Ridge Visitor Center, Toutle, 1900 Spirit Lake Hwy, tél. (360) 274-2130, www.fs.usda.gov/mountsthelens.

LOISIRS/SPORTS : **Alpine Ascents**, www.alpineascents.com, alpinisme au Mt Rainier. Infos sur l'ascension du Mt St Helens souss fs.usda.gov/mountsthelens.

Ferran Traité Soler (ferrantraite / iStockphoto)

La ligne d'horizon de Seattle avec la Space Needle et le Mount Rainier.

Foto: Burke Museum (Wilde & Partner)

LA CÔTE PACIFIQUE NORD-OUEST

SEATTLE
OLYMPIC PENINSULA
PUGET SOUND
NORTH CASCADES ET MOUNT BAKER
VANCOUVER
VANCOUVER ISLAND

Peu de touristes européens s'aventurent dans cette partie des USA et du Canada. La côte pacifique du Nord-Ouest a ainsi gardé sa beauté primitive, un univers à l'écart régenté par les montagnes, les glaciers et les eaux glacées du Pacifique. Cet itinéraire commence à Seattle, la "perle du Nord-Ouest", passe par les îles du Puget Sound et se termine à Vancouver, dans la province de Columbie Britannique (*British Columbia*).

Les deux métropoles ne sont séparées que par 145 miles (230 km), aisément parcourables en quelques heures, mais il serait plus avisé de prévoir une semaine en tenant compte des détours, dont plusieurs traversées en ferry.

★Seattle

Ce qui rend ★**Seattle** ❶ (602 000 habitants, agglomération : 3,4 millions) si attrayante – elle a déjà été plusieurs fois primée pour être l'une des villes avec la meilleure qualité de vie des USA – c'est son cadre exceptionnel et sa vaste gamme de loisirs. La ville bâtie sur des collines est entourée d'eau.

À l'ouest, les baies naturelles du détroit du ★**Puget Sound** s'étirent sur 230 km jusqu'au Pacifique, et à l'est s'étend le **Lake Washington**, un imposant lac d'eau douce. La ville est cernée de chaînes de montagne majestueuses aux cimes enneigées. Le soleil se lève au-dessus de la Cascade Range et du Mt Rainier, et disparaît le soir derrière le Mt Olympus. Seattle bénéficie d'un climat tempéré et doux. Ses habitants affichent un air naturel et décontracté, ce qui est en accord avec le passé récent de la ville et son esprit de pionnier.

Ci-contre : masque indien des Tingit et Haida, au Burke Museum de Seattle.

La petite ville portuaire se développa vers 1850 autour de la scierie Yesler qui exploitait les forêts locales pour produire du bois de charpente expédié ensuite en Californie ou en Asie. Cet avant-poste de la civilisation n'abritait que les cabanes en rondins des bûcherons. Quand, en 1897, la nouvelle se répandit comme le feu que l'on y avait trouvé de l'or, la ville vit affluer en l'espace de quelques mois plus de 20 000 hommes qui continuaient de là en bateau vers l'Alaska. Pour Seattle, la ruée vers l'or du Klondike entraîna un boom économique court, mais très profitable.

Depuis la Seconde Guerre mondiale, l'industrie aéronautique a pris son essor dans la région. L'exposition universelle de 1962 a donné lieu à de grands projets architecturaux tels le *Seattle Center* et la *Space Needle*, qui est le nouvel emblème de la ville. De grandes entreprises implantées à Seattle comme *Microsoft*, *Boeing*, *Amazon*, attirent quantités de travailleurs.

» Carte p. 208-209, plan de ville p. 205, fiche pratique p. 215

Foto: Hans-Walter Untch (iStockphoto)

Seattle – une ville entre l'Asie et l'Amérique

Le port de Seattle n'est pas qu'une escale privilégiée des bâteaux de croisière. C'est aussi la porte de l'Asie et le 5e port de transbordement de conteneurs des États-Unis. Des quartiers entiers sont occupés par des immigrants issus d'Asie (pas seulement de Chine).

Pour explorer la **Waterfront / Alaskan Way**, une promenade longeant en partie les quais, on peut emprunter le **Waterfront Streetcar** (trolleybus circulant sur la voie du vieux tramway). À l'extrémité nord, près de l'historique **Pier 57** (avec un manège), se trouve le **Waterfront Park** – où s'amarra jadis le *Portland* avec à son bord plus d'une tonne d'or provenant d'Alaska. Près du parc, le réputé ★**Seattle Aquarium** ① vaut le déplacement pour son dôme sous-marin géant avec un récif de corail où évoluent requins, saumons, loutres de mer et phoques.

Ci-dessus : le Pioneer Square, cœur historique de Seattle, possède d'élégantes arcades victoriennes de la fin du XIXe siècle.

Sur la colline se tient le célèbre ★**Pike Place Market** ②, un vieux marché couvert de deux étages (1907). À l'époque, comme les ménagères de Seattle se plaignaient des prix élevés des commerces, la ville fit élever ce marché pour permettre aux pêcheurs et agriculteurs de vendre directement leur production aux consommateurs. Rien n'a changé depuis : moules, saumons frais et crabes de l'Alaska abondent sur les étals. Autour du marché, de multiples restaurants de poisson, des bistrots et des boutiques invitent à la flânerie.

Il faut traverser **Downtown Seattle**, le centre-ville, pour aller voir au **Seattle Art Museum** ③, réouvert en 2007 après d'importants travaux de rénovation et d'agrandissement, une collection unique d'art amérindien et d'art moderne du Nord-Ouest.

Revenons sur le Waterfront, puis continuons vers le sud par le **Ye Olde Curiosity Shop** ④ : ce musée-boutique logé dans une jolie bâtisse, est spécialisé dans la vente d'objets hétéroclites, dont des têtes réduites (qui seraient les plus petites du monde) et des corps parfaitement conservés découverts dans le désert de l'Arizona. La scierie de M. Yesler, qui fut à l'origine de l'ascension de Seattle, se dressait autrefois à gauche de la boutique.

La rue **Yesler Way**, qui rappelle l'industrieux homme d'affaires, mène vers l'est au **Pioneer Square** ⑤, cœur historique de la ville. La première pierre de Seattle fut posée au milieu de cette place, là où se dresse aujourd'hui le **Totem Pole**. Les quelques maisons du XIXe siècle, aux façades sans grâce, qui entourent la place, abritent aujourd'hui des galeries d'art, des restaurants, des librairies et des sociétés d'informatique. Triste ironie, on y vend beaucoup d'objets d'art et d'artisanat indiens, alors que les descendants des premiers habitants du pays traînent sur Pioneer Square, dormant par terre ou mendiant.

» Plan de ville p. 205, fiche pratique p. 215

La côte Pacifique nord-ouest
16

Foto: Manfred Braunger

Le Pioneer Square présente aussi une autre facette : après un terrible incendie en 1889, certaines parties de la ville furent rehaussées et rebâties sur le rez-de-chaussée des premiers bâtisses. On découvrira ainsi tout un ensemble de rues souterraines dans l'**Underground Seattle**. Pendant la Prohibition, les trafiquants d'alcool se cachaient dans cette ville souterraine. Plus récemment, elle accueillait les sans-abri avant que cette "ville dans la ville" ne soit transformée en une attraction touristique.

L'intéressant **Klondike Gold Rush Museum** ⑥ (319, 2nd Avenue South), raconte l'histoire de la ruée vers l'or.

Au sud-est du Pioneer Square, les quartiers de **Chinatown** et de l'**International District** ⑦, entre la 5th et 16th Avenue, sont habités entre autres par des immigrants chinois, coréens, viêtnamiens, philippins et thaïs.

Au nord du Waterfront, le nouvel **Olympic Sculpture Park** ⑧ est un peu l'"annexe" gratuite du Seattle Art Museum, où un sentier vous fera déambuler dans un parc de sculptures réunissant des œuvres d'artistes renommés tels Richard Serra, Alexander Calder et Mark di Suvero.

À l'extrémité nord du centre-ville, on tombe sur **Broad Street** ⑨, surnommée "*Broadway*", qui coupe en diagonale les autres rues organisées selon un plan en damier. C'est la grand-rue des loisirs de Seattle, avec des restaurants, bistros, bars et cafés alignés côte à côte et elle a vu naître dans les années 1990 d'un nouveau style musical, le *grunge rock*.

Au coin de Pine Str./ 4th Avenue, le **monorail**, un train surélevé, se faufile entre les gratte-ciel jusqu'au **★Seattle Center** ⑩, l'ancien centre de l'Exposition universelle de 1962. Outre des restaurants, le centre renferme d'excellents musées tels le **Children Museum**, le captivant **Pacific Science Center** avec un cinéma IMAX, le musée de la musique interactif **EMP** implanté dans un bâtiment moderne conçu par Frank Gehry, le musée de la science-fiction **SFM**, l'**Opera House** et la **★Space**

Ci-dessus : le marché couvert de Seattle.

» **Plan de ville p. 205, fiche pratique p. 215**

Needle (aiguille de l'espace), symbole de la ville par excellence. Cette tour et relais de télévision de 184 m se termine par une plate-forme panoramique avec un **restaurant tournant**. Son architecture futuriste en filigrane confère à Seattle une ligne d'horizon qui s'inscrit parmi les plus belles d'Amérique. Depuis la plate-forme, la vue s'étend au-delà du chapelet d'îles du Puget Sound, jusqu'à la chaîne montagneuse des Cascades, au Lake Washington et au Lake Union au nord-est de la ville.

Au bord du **Lac Washington**, le **Washington Park** possède un **arboretum** ⑪ et un **Japanese Tea Garden**.

On arrive par le Mountlake Blvd au campus de l'**University of Washington** qui abrite le **Burke Museum** ⑫: des quantités d'objets indiens et de fossiles (dont des dinosaures) y mettent à l'honneur la culture amérindienne du Pacifique et l'histoire naturelle du Nord-Ouest. Sur le campus, la **Henry Art Gallery** ⑬ est consacrée à l'art moderne du XXe siècle comme l'installation *Light Reign* de James Turrell.

L'**Interlaken Boulevard** ⑭, qui passe à travers un parc splendide, mène à **Portage Bay** ⑮ et au **Lake Union** ⑯, où s'aligne une flotte de péniches colorées rendues célèbres par le film *Nuits blanches à Seattle*.

★OLYMPIC PENINSULA

Sur les traces de Chief Seattle

Tous les jours, plusieurs car-ferries partent du Pier 52 du port de Seattle. Ils rallient entre autres **Bainbridge Island**, une petite île au large de l'Olympic Peninsula. Après une courte traversée, le ferry accoste à **Eagle Harbor** ❷, village parsemé de boutiques de souvenirs, de restaurants et de bars à vin.

En direction du nord, la Hwy 305 traverse des zones résidentielles isolées (et chères). Les routes qui la relient au rivage offrent des vues spectaculaires sur Seattle et le Mount Rainier enneigé.

Au nord, la **Port Madison Indian Reservation** ❸ est pourvue du **Suquamish Museum** où des démonstrations de techniques ancestrales, telle que la fabrication de canoës, donne un bon aperçu de la culture indienne. Jetez un œil à l'**Old Man House**, la plus grande *longhouse* (longue maison) d'Amérique. La tombe de **Chief Seattle** qui donna son nom à la ville, est à proximité. Ces dernières années, ce chef indien légendaire est devenu une figure culte : il y a plus d'un siècle, il aurait tenu un discours dans lequel Il accusait l'homme blanc de saccager la nature et prévoyait un avenir noir pour la planète dont il avait détruit l'environnement.

★Olympic National Park

On gagne ensuite **Poulsbo** ❹, ancienne colonie scandinave, puis par la Hwy 104 l'★**Olympic Peninsula.** La route devient ici la Hwy 101. Les amateurs d'histoire feront un crochet jusqu'à **Port Townsend** ❺, à l'extrémité de l'Olympic Peninsula. En raison de son

» Plan de ville p. 207, carte p. 208-209, fiche pratique p. 215

emplacement stratégique, trois forts y furent successivement construits. Les anciens **Old Fort Townsend** et **Fort Worden** (2 km au nord de la ville), aménagés en parcs de détente, valent le détour. Dans le Fort Worden, quelques édifices victoriens sont ouverts au public.

La petite ville portuaire de **Port Angeles** ❻ vit de la pêche et de l'industrie du bois. Elle héberge le **Visitor Center** de l'★**Olympic National Park**. La faune et la flore de ce parc (inscrit au patrimoine mondial de l'Unesco) sont uniques et très contrastées. On y trouve côte à côte des zones climatiques rigoureusement opposées, allant des forêts les plus humides du continent (plus de 4 000 mm de précipitations par an) à des pentes arides et des glaciers, peuplés d'élans, d'ours bruns, de cerfs et, sur la côte, de phoques. Une visite de ce parc immense (3 800 km²) ne vaut la peine que par beau temps, qui peut ici changer très vite. Quelques excursions depuis Port Angeles donnent une bonne idée de la beauté de cette nature vierge et intacte.

La route le long de la ★**Hurricane Ridge** (corniche de l'ouragan) traverse une région de montagnes déchiquetées ; divers points de vue dévoilent de splendides perspectives sur le détroit de Puget. Des chemins de randonnée s'enfoncent dans la végétation sauvage. Les montagnes de l'Olympic Peninsula, dont l'altitude varie de 1 500 à 2 100 m,

» Carte p. 208-209, fiche pratique p. 215

furent formées par la puissante masse glaciaire, un processus géomorphologique que l'on peut en principe encore observer à notre époque de réchauffement climatique. La plupart des 60 glaciers actuels continuent toujours leur travail d'érosion et sont groupés autour du **Mount Olympus** qui est avec ses 2 428 m le plus haut sommet de la péninsule. Depuis la découverte de celle-ci en 1592, les Indiens Salish qui peuplaient la région ont presque complètement disparu. Leurs descendants vivent désormais dans les **Quillayute** et **Hoh Indian Reservations**, au nord-ouest de la péninsule.

En repartant vers l'est par la Highway 101, on passe devant le **Lake Crescent ❼**, dont les eaux d'un beau bleu sombre semblent glaciales bien qu'on puisse s'y baigner en été. Les campeurs iront à 19 km de là, aux **Sol Duc Hot Springs ❽**, des sources d'eau chaude naturelle, très bénéfique pour ceux qui souffrent du dos.

La dernière étape marquante de ce trajet sera réservée au **Visitor Center** de la **★Hoh Rain Forest ❾** (on y accède par la Hoh River Road). Là, un chemin de randonnée mène à travers l'une des dernières forêts pluviales de ces latitudes tempérées. La végétation extrêmement dense impressionne avec ses immenses cèdres rouges de près de 100 m de haut envahis de lichens, des pruches et des sapins de Douglas.

VISITE AUX ÎLES DU PUGET SOUND

En route par l'I-5 qui relie rapidement Seattle à Vancouver, on se laissera tenter par quelques incursions dans le fascinant monde insulaire du Puget Sound, avec son chapelet compliqué d'îles s'étirant jusqu'au Canada. Certaines d'entre elles sont inhabitées. Autrefois, la population locale vivait dans de petits villages du saumon et de l'abattage des arbres. Aujourd'hui, ce sont les promeneurs du dimanche et les riches citadins de Seattle qui viennent se reposer ici dans des résidences secondaires. Cet ensemble d'îlots rocheux constitue un véritable paradis pour les amateurs de voile et de canoë-kayak.

Les usines Boeing à Everett

Les **usines Boeing**, principale attraction d'**Everett ❿**, se repèrent de fort loin. De gros jumbo jets vert-jaune, sans aucun signe distinctif sur le fuselage, tournent dans le ciel ; ils subissent en fait leurs derniers essais en vol avant d'être mis sur le marché. À proximité de l'aéroport de la firme Boeing se trouve le plus grand hangar d'assemblage d'avions du monde où contiennent 12

» Carte p. 208-209, fiche pratique p. 215

Foto: Hubert Stadler

jumbo jets. Les visites guidées partent du **Future of Flight Aviation Center**.

Avec plus de 100 000 employés, Boeing est le principal employeur du Nord-Ouest. Les premiers avions prirent leur envol au-dessus du lac Washington, près de Seattle, en 1916. De nos jours, ils sont construits à Everett et à Reston, une localité voisine. La survie d'Everett dépend totalement de Boeing. Ainsi, à la fin des années 1960, quand la compagnie dut licencier 50 000 personnes en raison du manque de commandes dans l'armement, Seattle se retrouva au bord de la faillite. Une partie de la population partit chercher du travail ailleurs. Aujourd'hui, la construction du Boeing 777 (jusqu'à 550 places assises), du Boeing 787, qui a effectué son baptème de l'air en 2009, ainsi que de nouveaux contrats dans le domaine spatial ont redonné à la compagnie de saines bases économiques, malgré la concurrence d'Airbus.

Ci-dessus : les forêts pluviales de l'Olympic National Park. Ci-contre : les usines Boeing d'Everett sont le premier employeur de la région.

Whidbey Island

Des ferries relient **Mukilteo**, au sud d'Everett, à la ville de **Clinton** ⓫, sur **Whidbey Island**, longue île effilée. Les amateurs d'antiquités ou d'art local trouveront de bonnes affaires dans la petite localité de **Langley** ⓬.

Coupeville ⓭ est l'un des plus beaux et plus anciens villages de pêcheurs de l'État de Washington. Ses rues étroites sont bordées de maisons victoriennes restaurées avec soin. Les visiteurs sont chaleureusement accueillis dans les *bed-and-breakfast* et les excellents restaurants. En juin, le **Rhododendron State Park** voisin se transforme en une mer bariolée de fleurs. Le rhododendron est d'ailleurs la "fleur nationale" de l'État de Washington.

On poursuit par **Oak Harbour** ⓮, port fondé par des colons hollandais, pour se rendre au **Deception Pass State Park** ⓯. Ce parc est très apprécié pour ses petites baies, ses forêts profondes et ses lacs cristallins ; mais ce qui force essentiellement l'admiration des

» Carte p. 208-209, fiche pratique p. 215

Foto: Bodo Bondzio

visiteurs, c'est le **Deception Point** où un pont relie les îles de Whidbey et de Fidalgo. Sous le pont, les eaux sombres du Pacifique, affluant par un détroit dans la paisible **Skagit Bay**, offrent un spectacle éblouissant.

On revient sur le continent par la Rte 20. Après un détour par **La Conner** ⓰, pittoresque village de pêcheurs isolé, on arrive à **Burlington** ⓱.

★San Juan Islands

Les voyageurs, qui veulent aller directement à Vancouver Island, poursuivront leur voyage jusqu'à **Anacortes** ⓲ d'où partent les ferries pour Sidney sur Vancouver Island.

Les ★**San Juan Islands**, archipel de 170 petites îles, invitent à passer d'une île à l'autre. Cependant, on fera une halte prolongée sur **Orcas Island** ⓳ et **San Juan Island** ⓴. Dans l'ancien port baleinier de **Friday Harbor**, le **Whale Museum** (musée de la baleine, 621 st. Street) retrace l'histoire de la chasse à la baleine dans la région. En été, les ferries Victoria Express à destination de Vancouver Island partent à 15 h de Friday Harbour. Avec un peu de chance, on apercevra pendant la traversée les nageoires dorsales de majestueuses orques fendant les flots sombres du Pacifique.

North Cascades et Mount Baker

Depuis Burlington, on pourra faire un saut jusqu'au **North Cascades National Park**, une chaîne de montagnes allongée à cheval entre le Canada et l'État de Washington. Par temps clair, on peut voir depuis Seattle les sommets déchiquetés et les glaciers de ce massif. Comme depuis des milliers d'années, la nature continue son œuvre : les glaciers se déplacent jusque vers le fond des vallées en rabotant tout sur leur passage, laissent ainsi derrière eux des lacs aux eaux limpides, des moraines et des kyrielles de chutes d'eau qui ont donné leur nom au massif montagneux. La Hwy 20 donne dans la **North Cascades Scenic Highway**, route qui

Foto: Wolfgang Kaehler

n'est ouverte que d'avril à novembre. En effet, chaque hiver, on enregistre ici des chutes de neige qui sont parmi les plus importantes du pays.

Près de la ville de **Concrete** ㉑ (de l'anglais : béton), qui doit de fait son nom à une cimenterie, un embranchement vers le nord mène à la **Mt. Baker-Snoqualmie National Forest**, dont le principal intérêt est le **Mt. Baker** ㉒, haut de 3 285 m. Ce volcan éteint n'est pas aussi spectaculaire que le Mt. Rainier ou le Mt. St. Helens, mais il a l'avantage de drainer moins de touristes et de randonneurs que ces derniers.

Près de **Rockport** ㉓**,** un détour intéressant vous mènera dans le parc d'État du même nom où l'on admirera des pins vieux de trois siècles.

À **Marblemount** ㉔, les visiteurs du parc national pourront se procurer des cartes et des prospectus au **Visitor Center**. Au sud de la ville, sur les berges de la **Skagit River**, on peut observer des pyrargues à tête blanche (aigles), particulièrement en hiver. Des deux côtés de la Highway, des points d'observation signalisés, d'où partent parfois des sentiers de randonnée, offrent de beaux panoramas. Les plus spectaculaires donnent sur le **Diablo Lake** ㉕ et le **Lake Ross** ㉖.

Ci-dessus : on peut voir des pygargues à tête blanche dans le North Cascades National Park.
Ci-contre : Science World – un musée interactif de la technique et des sciences, à Vancouver.

★★Vancouver

L'arrivée par l'I-5 depuis le sud puis par la Hwy 99 jusqu'à ★★**Vancouver** ㉗ offre un panorama spectaculaire sur la ville. La ligne d'horizon de la cité, avec ses hauts gratte-ciel de verre et d'acier, semble surgir des eaux bleu profond de la baie flanquée d'une chaîne de montagnes. La ville fut fondée en 1886, presque un siècle après que le capitaine britannique George Vancouver à la recherche d'un passage nord-ouest eut découvert en 1792 la baie **Burrard Inlet**, en fait un fjord long de 25 km.

Avant de gagner le centre-ville, faites un arrêt sur **Granville Island** (par la Highwaw 99). Sous le pont Granville Street Bridge, dans les bâtiments des anciens chantiers navals et des usines, on a installé des boutiques, une école d'art et des restaurants, qui comptent parmi les meilleurs de Vancouver et dont la spécialité est le saumon de l'Alaska. Son goût est bien plus délicat que son confrère européen et nettement plus abordable aussi.

La **Granville Street** mène au centre-ville (**Downtown**) et à la **Granville Mall**, la principale rue commerçante de Vancouver. À l'extrémité nord de Granville Street, à la **Waterfront Station**, se trouve le **Sea Bus Terminal**, point de départ des ferries pour Nanaimo et Victoria. Le **Sky Train**, qui relie Waterfront Station et Surrey, dessert Downtown (plusieurs arrêts).

À côté de la Waterfront Station, la célèbre ★**Canada Place**, l'un des symboles de Vancouver, comprend le **Pan**

» Carte p. 208-209, fiche pratique p. 215

Foto: Steve Rosset (iStockphoto)

Pacific Hotel, des restaurants, des magasins et un **cinéma IMAX**. Elle se distingue par son architecture audacieuse évoquant un navire à voiles.

Plus à l'est, ★**Gastown**, la charmante vieille ville de Vancouver, abrite son lot de curiosités : la ★**Steam Watch** (une horloge à vapeur) et la maison la plus étroite de la ville, le **Sam Kee Building**. Gastown, qui réunit de nombreux bureaux et boutiques, doit son nom à "Gassy Jack" Deighton, homme très bavard (*gassy*) qui ouvrit ici un saloon en 1867. Au sud de **Hastings Street**, les visiteurs iront se dépayser au marché chinois de **Chinatown** et se griser de ses odeurs exotiques.

Sur Quebec Street, au sud de Chinatown, on trouve un legs de l'Exposition de 1986 : **Science World** avec son dôme de verre propose de passionnantes animations scientifiques qui permettent de comprendre des phénomènes naturels incompréhensibles grâce à des modèles et des manipulations très simples.

De Downtown en allant vers l'ouest, on emprunte **Robson Street**, la rue commerçante de la ville, animée jour et nuit, pour gagner le ★★**Stanley Park**, une zone boisée de 400 ha parsemée de sentiers de promenade et de **mâts totémiques** des tribus amérindiennes de la région. Dans le parc, le **Vancouver Aquarium** abrite des orques et des baleines blanches (bélugas). Vers la fin de l'été notamment, on aperçoit les nageoires dorsales de ces cétacés géants qui sillonnent les eaux de Seattle, de Vancouver et de la myriade d'îles de la région.

Les expositions du **Museum of Anthropology** (Westside, près de l'université) sur la culture des Indiens de la côte canadienne sont très intéressantes.

À 3 miles au nord du Stanley Park, au-delà de l'Inlet, se trouve le **Capilano Suspension Bridge**, un pont suspendu à 70 m au-dessus de la rivière Capilano. On peut le franchir à pied. De là, on rejoint vite la ★**Grouse Mountain**, au nord de Vancouver. Un **funiculaire** grimpe jusqu'au sommet de cette montagne, haute de 1 128 m, d'où l'on profite d'une vue fantastique sur la ville.

» Carte p. 208-209, fiche pratique p. 215

Foto: Davewebbphoto (Dreamstime)

Ci-dessus : compétition de curling au cours des J. O. d'hiver de 2010.

★★Vancouver Island

Avec ses 480 km de long, ★★**Vancouver Island** est la plus grande île de la côte américaine du Pacifique. Elle est accessible par ferry depuis Vancouver (ou d'Anacortes, cf. p. 211). Elle est réputée pour ses merveilles naturelles : des otaries prennent le soleil sur les plages et au bord de falaises encadrées de forêts et de pics enneigés. La **Malahat Drive** (Hwy 1) et la Hwy 14 West offrent les plus belles vues sur le sud de l'île.

Au sud de l'île, ★**Victoria** ㉘, capitale de la province canadienne de **British Columbia**, était à l'origine un comptoir commercial fondé dans un fort par la **Compagnie de la Baie d'Hudson** en 1843. De nos jours, les visiteurs apprécient son climat doux, ses jardins et parcs fleuris toute l'année. Les plus beaux sont le **Crystal Garden**, qui recèle un jardin tropical, une ménagerie de singes, une cascade et les ★**Butchart Gardens**, à 20 km au nord de la péninsule de Seawick. Les multiples édifices de style Tudor confèrent à Victoria un charme très british. Le **Parliament Building** (Belleville St.) et le huppé ★**Fairmont Empress Hotel** (Government St.) méritent une visite. Le ★**Royal British Columbia Museum** est voué à l'histoire de la nature et de la culture de la province.

Des ferries relient Victoria à Seattle (seulement en été) et Port Angeles. De Sidney, on peut aussi gagner le continent américain par les îles San Juan. On peut faire des tours organisés pour **observer les baleines** (*whalewatching*).

De Victoria, faites un détour sur la côte Ouest jusqu'au ★★**Pacific Rim National Park**, réputé pour son West Coast Trail, un chemin de randonnée de plusieurs jours, ou poussez jusqu'au **Strathcona Park**. Vous passerez par les villes de **Duncan** (60 mâts totémiques) et de **Nanaimo**, la 2e ville de l'île. Au nord de Duncan, **à Chemainus**, des artistes renommés ont réalisé de grandes fresques murales en plein air.

» Carte p. 208-209, fiche pratique p. 215

SEATTLE (☎ 206)

Seattle's Convention and Visitors Bureau, One Convention Place, 701 Pike St., Suite 800, Seattle, WA 98101, tél. 468-5800, www.visitseattle.org.

Burke Museum, 17th Ave. NE/NE 45th St., tél. 543-5590, www.burkemuseum.org, t.l.j. 10-17h, 1er jeudi du mois jusqu'à 20h.
Klondike Gold Rush Museum, 319 2nd Av. South (coin de Jackson St.), tél. 220-4240, www.nps.gov/klse, tlj. 9h-17h. **Pacific Science Center** (avec l'**Omnidome Theater**), 200 2nd Ave. N., www.pacificsciencecenter.org, tél. 443-2001, t.l.j. 10h-17h, sam.-dim. 10-18h, plus tard en été.
Pike Place Market, www.pikeplacemarket.org.
Seattle Aquarium, Pier 59, tél. 386-4300, www.seattleaquarium.org, t.l.j. 9h30-17h.
Seattle Art Museum, 1300 First Ave., tél. 654-3210, www.seattleartmuseum.org, mer.-dim. 10h-17h, jeu. 10-21h.
Seattle Center et Space Needle, 400 Broad St., www.spaceneedle.com, lun.-jeu. 10-21h30, ven/sam 9h30-22h30, dim. 9h30-21h30.
Underground Tour, 608 1st Ave., tél. 682-4646, www.undergroundtour.com, horaires variant selon saison (mai-sept. 10h-19h toutes les heures).

FERRIES : pour Victoria et d'autres villes au Canada : **Washington State Ferries**, Pier 52, tél. 464-6400, www.wsdot.wa.gov/ferries.

OLYMPIC PENINSULA, PUGET SOUND, NORTH CASCADES (☎ 360)

Washington Tourism Alliance, tél. 1-800-544-1800, www.experiencewa. com.
San Juan Islands Visitor Bureau, tél. 888-468-3701, www.visitsanjuans.com.

Capilano Supsension Bridge, Vancouver, www.capbridge.com.
Deception Pass State Park, www.parks.wa.gov
Everett Tour Center-Boeing, par l'I-5, sortie 189, tél. 756-0086, www.futureoflight.org, visites t.l.j. 8h30-17h, résa obligatoire, les enfants mesurant moins de 1,22 m ne sont pas admis.
Fort Casey State Park, près de Coupeville, tél. 678-4519, www.parks.wa. gov/ftcasey.htm.
Fort Worden State Park, 200 Battery Way, Port Townsend, tél. 344-4400, www.parks.wa.gov.
Hoh River Visitor Center, tél. 565-3130, www.nps.gov/olym, en été t.l.j., sinon ven.-dim.
Mt. Baker-Snoqualmie Nat. Forest, tél. (425) 783-6000, www.fs.usda.gov/mbs.
Olympic National Park, 600 E Park Ave., Port Angeles, tél. 565-3130, www.nps.gov/olym.
Suquamish Museum (sur Bainbridge Island, Sandy Hook Rd), Sedro Woolley, tél. 394-8496, www.suquamishmuseum.org, tlj. 10h-16h, hiver mer.-dim. 10-16h. **Whale Museum**, 62 1st St N, Friday Harbor, San Juan Island, tél. (360) 378-4710, www.whalemuseum.org, t.l.j. 10h-17h.

LOISIRS / SPORTS : **Grouse Mountain**, Capilano Rd, tél. 980-9311, www. grouse-mountain.com, téléphérique, randonnée, ski.
Olympic Raft & Kayak, Port Angeles, tél. 452-1443, www.raftandkayak.com, tours de bateau en eaux vives dans l'Olympic N.P. **Sorties à vélo sur l'Olympic Peninsula**, infos: www.trails.com.

VANCOUVER ET VANCOUVER ISLAND (☎ 604)

L'indicatif pour le Canada (et donc pour Vancouver) est le 001.

Tourism Vancouver Info Centre, Plaza Level, Waterfront Centre, 200 Burrard St., tél. 682-2000, www.tourismvancouver.com.
Victoria Chamber of Commerce, 525 Fort St., Victoria, B.C. V8W 1E8, tél. (250) 383-7191, www.victoriabc.com.

Butchart Gardens, Benvenuto Av., Victoria, tél. (250) 652-4422,www.butchartgardens.com, t.l.j. de 9h au coucher du soleil.
Crystal Garden, 713 Douglas St., Victoria, (250) 381-1213. **Parliament Buildings**, 501 Bellevue St., tél. (250) 387-3046, visites guidées mai-sept. t.l.j. 9h-12h et 13h-16h30.
Royal British Columbia Museum, 675 Belleville St., tél. 356-7226, www.royalbcmuseum.bc.ca, t.l.j. 10h-17h, en été ven./sam. jusqu'à 22h.
Vancouver Aquarium, tél. (604) 659-3474, www.vanaqua.org, en été t.l.j 9h30-19h, en hiver jusqu'à 17h.
Museum of Anthropology, 6393 N.W. Marine Drive, Vancouver, tél. (604) 822-5087, www.moa.ubc.ca, tlj 10-17h, mar. 10-21h, fermé le lundi de mi-oct à mi-mai.

Foto: Wolfgang Kaehler

DE SEATTLE AU YELLOWSTONE NATIONAL PARK

DE SEATTLE À SPOKANE
DE SPOKANE À MISSOULA
DE MISSOULA AU YELLOWSTONE N. P.

Ce trajet de 780 miles (1 200 km) entre Seattle et le Yellowstone Park est une rencontre avec la nature à l'état pur dont le plaisir est sans cesse renouvelé. De Seattle, la route traverse l'est de l'État de Washington, le nord de l'Idaho, et le Montana, terre des cow-boys et des chercheurs d'or, avant d'atteindre l'entrée nord du parc de Yellowstone. Cet itinéraire par la partie nord des Rocheuses n'est pas aussi spectaculaire qu'une traversée du Colorado. Mais on y rencontre peu de touristes (peu d'Européens) et le pays et les gens sont restés très naturels, comparés aux régions plus au sud très fréquentées. Faute d'avoir trouvé un qualificatif adéquat, les Américains appellent cette région l'*Inland Empire* (empire de l'intérieur).

DE SEATTLE À SPOKANE

Depuis **Seattle ❶**, faisons cap par l'I-90 vers l'est de l'État de Washington. La partie orientale de l'État de Washington est totalement différente de celle qui longe la côte du Pacifique. Alors que les habitants de cette dernière, dans la région de Seattle, affirment avoir parfois l'impression de vivre sous un déluge permanent (ce qui est une légende), ceux de la partie orientale ne pourraient survivre sans l'aide de leurs coûteux et complexes systèmes d'irrigation. Sans les largesses de la grande Columbia River, dont les eaux irriguent les champs et les vergers, l'agriculture n'aurait jamais été envisageable dans cette région. La raison de ce déséquilibre climatique est la présence d'une chaîne de montagnes, la North Cascades Range, qui retient presque tous les nuages du Pacifique. La pluie se déverse sur le versant ouest, alors que l'est ne reçoit pas plus de 25 cm d'eau par an. En raison de la chaleur qui règne dans ces régions, on peut caractériser le climat du centre et de l'est de Washington comme désertique.

Ci-contre : portrait d'un jeune Indien durant un "Pow Wow" (réunion tribale avec danses rituelles) à Seattle.

Excursion à Wenatchee et au Grand Coulee Dam

Juste avant **Ellensburg ❷** se présente l'occasion de faire un premier détour par le nord jusqu'à **Wenatchee ❸**, qui est particulièrement belle au printemps, lorsque les pommiers sont en fleurs. Chaque année, entre le dernier week-end d'avril et le 1er mai, le **Washington State Apple Blossom Festival** commémore le début de la saison de la fleuraison des pommiers. Au nord de la petite ville, les **Ohme Gardens** sont idylliques avec leurs chutes d'eau et leurs prairies vertes piquées de fleurs.

» Carte p. 218-219, fiche pratique p. 225

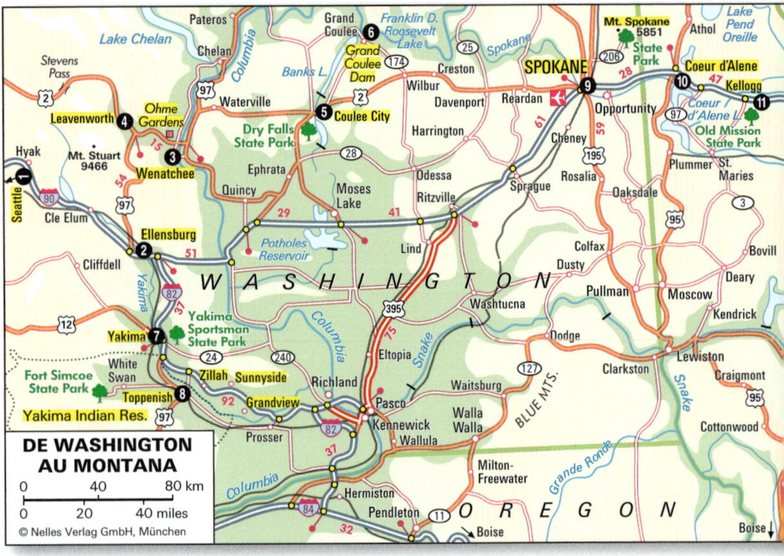

Plus au nord-ouest, **Leavenworth** ❹ se blottit au pied des **North Cascades**. Pour les Européens, surtout les Allemands, cette ville bâtie sur le modèle d'un village des Alpes bavaroises, qui fête le début du printemps avec la tradition de l'arbre de mai et un orchestre d'instruments à vent, semble déplacée dans ce milieu américain. Mais cela plaît aux touristes américains, et cela revient moins cher qu'un voyage en Bavière.

De Wenatchee, la Rte 2 mène vers le nord-est à **Coulee City** ❺ et au bien nommé **Dry Falls State Park** (parc de la cascade sèche) : du gouffre béant de 122 m de profondeur au pied des visiteurs se déversait jadis sur 6 km de longueur une cascade qui était alors la plus haute du monde. À la fin de la période glaciaire, lorsque les glaciers qui l'alimentaient disparurent, cette partie de la Columbia River se retrouva à sec.

On trouve un autre candidat au superlatif un peu plus à l'est, avec le **Grand Coulee Dam** ❻, qui était le plus grand ouvrage d'art du monde quand il fut bâti en 1941. Ce barrage est haut de plus de 167 m, avec une largeur à la base de 152 m. La route qui le couronne est longue de 1,6 km, ce qui le met au premier rang mondial des monuments d'acier et de béton. Ses bâtisseurs firent un usage ingénieux des conditions locales. Avant d'être arrêtée par un barrage, la Columbia River fut déviée et retenue dans une gorge, qui était un ancien lit il y a des millions d'années. Le **Franklin D. Roosevelt Lake**, qui fut ainsi créé, approvisionne la région en eau et en électricité. De Grand Coulee, on se dirige vers Spokane (❾) par la Route 174 et la Highway 2.

Un détour par Yakima et Toppenish

Depuis Ellensburg (❷), l'Hwy 82 mène vers le sud dans la région de **Yakima** ❼, qui fait partie des principales zones de plantations de pommes d'Amérique. À Yakima, on oublie presque que les paysans durent irriguer ce sol fertile, en partie volcanique dès les années 1870. L'ancienne "bourse aux fruits" a été convertie en grand centre

» Carte p. 218-219, fiche pratique p. 225

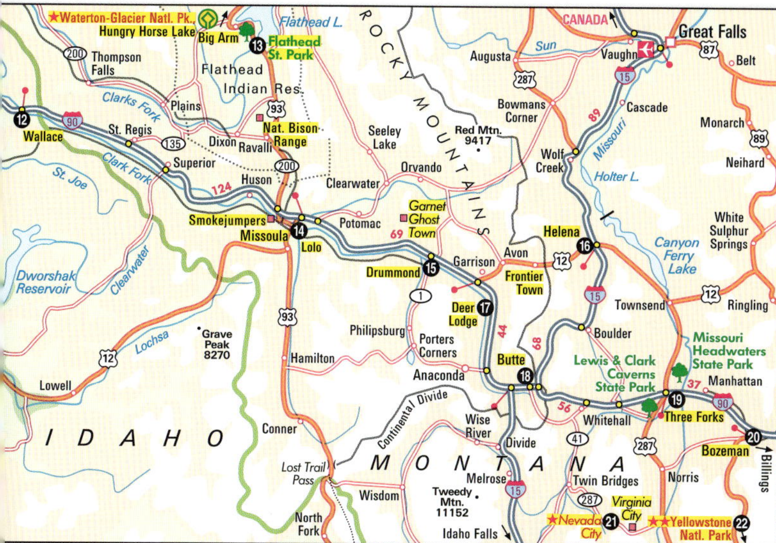

commercial, le **Yesterday's Village**. La passionnante histoire de la vallée de Yakima est racontée au **Yakima Valley Museum**, qui présente entre autres une collection de vieux chariots bâchés.

Si vous en avez le temps et n'aimez pas parcourir de longues distances d'une traite, arrêtez-vous dans l'une des caves de la **Yakima Valley**. Ces dernières années, les vins provenant de l'État de Washington sont très appréciés et, de fait, la région est devenue le second État du pays pour la production viticole, après la Californie. Avec 300 jours de soleil par an, la vallée de Yakima est devenue l'une des régions les plus propices à la culture de cépages de haute qualité. Le goût de ces vins forts et capiteux rappelleront souvent aux Européens celui des vins grecs ou turcs. Les cépages utilisés ici, même s'ils portent les noms de Chardonnay ou Riesling, donnent un vin qui a un bouquet beaucoup plus prononcé que leurs homologues européens. La plupart des caves vinicoles offrant des dégustations sont situées dans les villages des alentours de Yakima, dont **Zillah**, **Sunnyside** et **Grandview**.

Toppenish ❽ compte aussi plusieurs caves vinicoles. Cette bourgade a été aussi surnommée "ville des fresques". On en découvre rapidement la raison au centre. Sur les murs des maisons, de vastes fresques axées sur différents thèmes racontent l'histoire de la ville et de la région. Une association reconnue d'utilité publique, fondée en 1989, a commandé plus d'une soixantaine de ces peintures auprès d'artistes, dont certains étaient renommés. Le détour par Toppenish vaut déjà la peine par le fait que ce bourg endormi se trouve dans la **Yakima Indian Reservation**. Le **Cultural Center** du même nom illustre l'histoire des Indiens Yakima, et leurs us et coutumes. Vers 1850, les Indiens se rebellèrent contre l'accaparement progressifs de leurs terres par les Blancs.

Le **Fort Simcoe**, à 40 km au sud-ouest de Yakima, fut construit par l'armée à cette époque pour combattre les Indiens, dont les descendants vivent maintenant dans des réserves.

» Carte p. 218-219, fiche pratique p. 225

Foto: Donald Gruener (iStockphoto)

Spokane

Avec ses 195 000 habitants, la "petite grande ville" de **Spokane** ❾ fut longtemps considérée comme un trou perdu de province, quelque part dans le no man's land entre l'océan Pacifique et Minneapolis. Les fiers citadins des métropoles de la côte Est s'empresseraient sûrement d'ailleurs de signaler que Minneapolis fait aussi partie de l'Amérique profonde. Mais Spokane dégage un certain charme que même les villes jumelles de St. Paul et Minneapolis peuvent lui envier. Cet ancien avant-poste de bûcherons et de trappeurs au bord de la rivière Spokane abrita par la suite la première scierie de la région.

Vers la fin du XIXe siècle, lorsqu'elle était un arrêt sur la voie ferrée transcontinentale, Spokane devint un important centre commercial dans l'*Inland Empire* pour le bois, le blé et les minerais. Sur des centaines de kilomètres de montagnes, le seul endroit pour franchir les Rocheuses passait par un col près de Spokane.

Elle connut une nouvelle croissance lorsqu'on découvrit de l'or non loin, à Coeur d'Alene. Parallèlement à ce développement, les tribus indiennes locales (Spokane signifie "enfants du soleil" dans leur langue) furent peu à peu entassées dans des réserves. Grâce à son cadre splendide à 580 m d'altitude, les montagnes vertes environnantes, son climat agréable et ses rues soignées, Spokane est considérée par beaucoup d'Américains comme l'une des villes les plus plaisantes à vivre des USA.

Le passé de la ville s'affiche pleinement sur le **Riverfront** (bord de la rivière) joliment restauré où s'alignent des immeubles commerciaux du tournant du XIXe-XXe siècle. Suite à une exposition internationale en 1974, la vieille ville a connu un renouveau avec par ex. la création du **Riverfront Park** sur une petite île au milieu de la rivière, espace de loisirs équipé d'aires de jeux et d'une salle de cinéma IMAX. Des ponts piétonniers raccordent l'île aux deux berges de la Spokane River.

Les chutes **Spokane Falls**, illuminées la nuit, sont visibles depuis Bridge Ave/ Monroe St. Le **Northwest Museum of Arts and Culture** (W 2316 1st Ave.) met à l'honneur un passé qui n'existe pratiquement plus en présentant des objets d'art des tribus amérindiennes locales.

Mais d'autres parcs et jardins de Spokane valent également le déplacement, tels que le **Manito Park** (Grand Blvd/18th Ave.) et le **Riverside State Park**, (Downriver Dr.) très apprécié des marcheurs, pêcheurs et campeurs. Le Mt. Spokane State Park, à 64 km au nord-est de la ville, sur la Rte 206, vaut lui aussi le détour. Les deux plus hautes montagnes de la région, le **Mount Spokane** (1 767 m) et le **Mount Kit Carson** (1 594 m), offrent toutes deux des vues magnifiques sur la vallée.

Ci-dessus : horloge dans le Riverfront Park de Spokane. Ci-contre : bisons arpentant les prairies de la réserve animale de National Bison Range, au nord de Missoula.

» Carte p. 218-219, fiche pratique p. 225

Foto: Stefan Ekernas (Dreamstime)

DE SPOKANE À MISSOULA

L'I-90 traverse le nord de l'**Idaho**, qui se range parmi les plus beaux et les plus variés États des États-Unis.

Coeur d'Alene

Dans l'Idaho, on extrait encore de nos jours de l'argent, du zinc et du plomb, en particulier dans la zone comprise entre Boise et **Coeur d'Alene** ⑩. Cette dernière est le point de départ d'excursions à travers une aire de loisirs qui entoure le **Cœur d'Alene Lake** (lac). La Hwy 97 vers le sud, et l'I-90 vers l'est, permettent de découvrir de très beaux paysages. À Athol, au nord de Cœur d'Alene, se trouve le grand **Silverwood Theme Park**, un parc d'attractions avec de nombreux manèges et grands huits.

Kellogg et Wallace

L'Interstate 90 mène vers l'est à travers les grandes vieilles régions minières de l'État et à une première étape d'intérêt, **Kellogg** ⑪. Cette ville et ses environs renferment toujours les plus grandes mines de plomb et d'argent des USA. À la fin du XIXe siècle, cette région connut une violente grève de mineurs qui paralysa la région. L'histoire des terribles conditions de travail sous terre est racontée au **Wallace District Mining Museum** (509 Bank St.), à **Wallace** ⑫. Des visites organisées de la **Sierra Silver Mine** (à Wallace, 420 5th Street), aujourd'hui désaffectée, font assister à des démonstrations d'extraction d'argent.

Visite de la patrie des cow-boys

Le voyage se poursuit à l'est vers le **Montana** où la vaste Prairie vient se heurter aux contreforts nord des Rocheuses. Cet État fut autrefois la plus importante région aurifère de tout le pays, et aujourd'hui encore l'extraction de minerai dans l'est du Montana est un facteur économique important. Mais le Montana a aussi la réputation d'être le dernier refuge du monde du bétail et

» Carte p. 218-219, fiche pratique p. 225

des cow-boys (et il y en a plus qu'on ne le croit. L'image romantique d'hommes endurcis, chevauchant toute la journée en poussant leurs immenses troupeaux bovins, est encore très présente dans le Montana. Des citadins, qui dans la vie courante sont peut-être cadres ou vendeurs en ville, viennent passer leurs vacances dans des *dude ranches* : dans ces ranchs,, ils peuvent jouer au cowboy en montant des *quaterhorses*, ces chevaux typiques de l'Ouest, rassembler le bétail ou galoper à cheval dans la Prairie. On trouvera des fermes d'accueil dans de nombreuses villes et villages, et on peut même réserver depuis l'Europe.

Mais la vie quotidienne des cow-boys d'autrefois était bien différente de celle mise en scène aujourd'hui pour les touristes. Ce n'étaient que de pauvres vachers qui n'utilisaient leurs Colts qu'en cas de danger (les balles coûtaient cher) et buvaient rarement un whisky (trop cher aussi) dans un saloon. Vers 1900, les cow-boys commencèrent à se faire rares avec l'invention du fil barbelé, confinant le bétail dans un espace fermé.

Sur ce trajet, certaines villes ont gardé un côté inachevé très Far West, comme si on les avait construites à toute allure pour servir de camp de base aux chercheurs d'or ou aux cow-boys de passage avec leurs troupeaux.

Au nord-ouest de Missoula, la Hwy 200 bifurque vers la réserve **National Bison Range**, où des centaines de bisons, espèce quasiment disparue, paissent sous un ciel sans fin, sur 76 km² de prairie. Pour ceux qui ont du temps, le **Flathead State Park** ⓭ offre de splendides baies ourlant le lac Flathead et un paysage montagneux lacéré de gorges romantiques à souhait. Depuis **Big Arm**, des bateaux partent pour l'île **Wild Horse Island** dans le lac, qui sert de refuge à des chevaux sauvages, des aigles et des mouflons canadiens. Plus au nord, on arrive au ★**Waterton-Glacier National Park** et au lac de retenue, **Hungry Horse Lake** (Highway 2). Ce parc national est relié au ★**Waterton Lakes National Park** (au Canada). Des sentiers permettent de faire des randonnées englobant les deux parcs nationaux.

Ci-contre : un "dude ranch" du Montana – l'odeur des bêtes, de la sueur et du cuir fait oublier pour un moment à de vrais "mecs" leur vie de bureau.

Missoula

Aujourd'hui, comme il y a plus de 150 ans, **Missoula** ⓮ est un important carrefour routier. Une visite s'impose au **Rocky Mountain Museum of Military History at Fort Missoula** (South Ave., à l'ouest de Reserve St.) qui abrite des bâtiments d'origine bien restaurés.

La **Rocky Mountain Elk Foundation** est une organisation implantée dans la ville. Dans son visitor center, les visiteurs découvrent gratuitement des expositions consacrées à la protection et à la multiplication des cervidés – mais aussi à la chasse – dans le Montana (5705 Grant Creek Rd.)

Si vous voulez savoir en quoi consiste le dur et dangereux travail des **smokejumpers** (sauteurs de fumée), passez par le **Visitor Center**, à 7 miles à l'ouest sur la Hwy 10. Des pompiers y sautent en parachute pour s'entraîner à combattre les incendies qui dévastent en été les forêts de l'Ouest.

Au sud de Missoula, la Rte 12, route à lacets de 27 km de toute beauté, mène à **Lolo**. À l'origine, il y a des centaines d'années, c'était une piste empruntée par les Indiens Nez-Percés pour la chasse au bison. Elle fut plus tard explorée par l'expédition Lewis & Clark, qui a laissé des traces de son passage dans tout le Montana.

Reprenons l'I-90 pour gagner notre prochaine étape, **Drummond** ⓯. Cette ville n'est pas en soi intéressante, mais dans les environs, à 16 km à l'ouest de la sortie pour Drummond sur l'Interstate, on visitera **Garnet Ghost Town**, l'une des villes fantômes les mieux conservées de la fin du XIXe siècle.

» Carte p. 218-219, fiche pratique p. 225

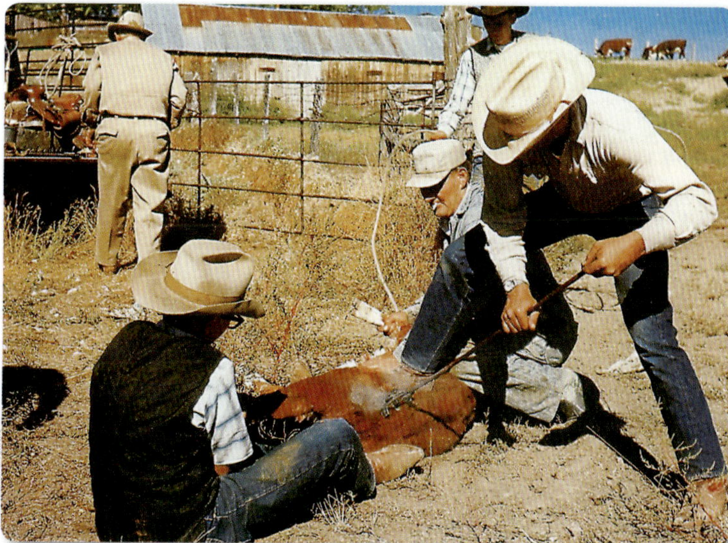

Foto: Volkmar E. Janicke

DE MISSOULA AU YELLOWSTONE N.P.

Un détour par Helena

Un détour par **Helena** ⑯, la capitale de l'État de Montana, par la Rte 12, ramène à l'époque de la ruée vers l'or. En chemin, la soi-disant **Frontier Town** (ville frontière), réplique d'une colonie de cabanes en rondins de l'ère des pionniers, offre une vue superbe sur les vallées environnantes.

La rue principale d'Helena s'appelle encore **Last Chance Gulch** (ravin de la dernière chance) : en 1864, des chercheurs d'or découragés découvrirent près de là une gorge qu'ils nommèrent "dernière chance". Celle-ci fut au rendez-vous et, les années suivantes, on trouva dans les environs d'Helena l'équivalent de plusieurs millions de dollars en pépites (*nuggets*).

Le **Last Chance Tour Train** (départs du musée, au 225 N Roberts St.) vous propose un petit voyage remontant le passé. Le **Holter Museum of Art** met une scène à la disposition des artistes américains qui ne sont pas encore très connus. Les Européens sont souvent amusés par le fait qu'Helena, bourgade de moins de 30 000 habitants, soit la capitale d'un État aussi étendu que le Japon. Cependant, ses bâtiments officiels sont dignes de son rang, en particulier le **State Capitol** au dôme de cuivre coiffé de Lady Liberty et le **Governor's Mansion**, de 1888 (304 N Ewing St.).

Butte

L'I-90 passe par **Deer Lodge** ⑰, où se visite le **Grant-Kohrs Ranch**, une propriété de 23 pièces qui donne une bonne idée de ce qu'était la vie quotidienne d'une famille d'éleveurs aisés dans un ranch de 4 000 km^2.

On contemplera les richesses des propriétaires de mines dans la ville voisine de **Butte** ⑱, dont les mines de cuivre et d'argent firent sa prospérité. Le **Copper King Mansion**, un ancien manoir construit en 1888, témoigne de l'opulence tapageuse qui régnait alors.

» Carte p. 218-219, fiche pratique p. 225

Foto: Rainer Hackenberg

L'extraction du cuivre et de l'or, et les conditions de travail sont présentés avec force détails au **World Museum of Mining and 1899 Mining Camp** (W Park St.). On y a même reconstitué un camp de chercheurs d'or.

Lewis and Clark Caverns State Park

Deux routes mènent de Butte au parc de Yellowstone. L'une monte vers le nord à travers de splendides paysages ; l'autre part vers le sud-est et passe par deux anciens camps de chercheurs d'or.

La première étape du trajet au nord sur l'I-90 est le **Lewis and Clark Caverns State Park**, dans les environs de Whitehall. Ce réseau spectaculaire de grottes parées de stalactites et stalagmites calcaires est le plus grand du Nord-Ouest.

À peu de distance, près de **Three Forks** ⓳, les explorateurs de l'Ouest Lewis et Clark, trouvèrent l'endroit où le Missouri prend sa source : là, il consiste en trois rivières. Devant cette vue grandiose, ils leur donnèrent les noms de personnalités célèbres : Jefferson, Madison et Gallatin.

Avant de gagner par le sud le Yellowstone Park, la route passe par **Bozeman** ⓴. Cette ville doit son nom à John M. Bozeman qui, en 1864, mena du Wyoming à ici un convoi de pionniers.

Des villes de chercheurs d'or

Le trajet vers le sud emprunte les Hwys 41 et 287 qui mènent à deux villes fantômes, ★**Nevada City** ㉑ et **Virginia City**. Ces deux villes sont deux anciens camps de chercheurs d'or surgis du néant, lorsque de l'or fut trouvé dans la région en 1863. Des milliers d'hommes en quête d'aventures affluèrent dans la région. Mais il n'est resté de cette époque enfiévrée que ces deux *ghost towns* empoussiérées.

Les deux Highways conduisent au ★★**Yellowstone National Park** ㉒ (voir p. 179) et à ses merveilles naturelles.

Ci-dessus : les stations-service constituent un point de repère dans les vastes étendues désertiques du pays.

» Carte p. 218-219, fiche pratique p. 225

LA YAKIMA VALLEY ET SPOKANE (☎ 509)

Spokane Visitor Center, 808 W Main Ave., tél. 747-3230, www.visitspokane.com. **Yakima Visitor Information Center**, 101 North Fair Ave., tél. 573-3388, www.visityakima.com. **Wine Yakima Valley**, tél. 965-5201 ou 1-800-258-7270, www.wineyakimavalley.com.

Central Washington Agricultural Museum, 4508 Main St., Union Gap, www.centralwaagmuseum.org, tél. 457- 8735, avr.-oct. mar.-sam. 9h-17h, dim. 13h-16h, nov.-mars musée fermé mais site ouvert. **Northwest Museum of Arts and Culture**, W 2316 1st. Ave., Spokane, tél. 456-3931, www.northwestmuseum.org, mer.-dim. 10-17h. **Grand Coulee Dam**, près de l'intersection des Hwys WA 155/174, tél. 633-9265, www.grandcouleedam.org. **Riverfront Park**, Spokane Falls Blvd/Howard St., Spokane, 625-6601, www.spokaneriverfrontpark.com, hor. selon saison. **Yakama Nation Cult. Heritage Center**, US Hwy 97, tél. 865-2800, www.yakamavalleymuseum.org, lun.-ven. 8-17h, sam. 9-18h, dim. 9-17h. **Yakima Valley Mus.**, 2105 Tieton Dr., Franklin Park, Yakima, tél. 248-0747, http://yakimavalleymuseum.org, lun.-sam. 10-17h.

LOISIRS / SPORTS : **Mission Ridge Ski Area**, près de Wenatchee, au s-o sur la Squilchuck Rd, www.missionridge.com, tél. 663-6543. **Mt. Spokane Ski/Snowboard**, à 30 miles au nord-est sur la Hwy WA 206, tél. 238-2220, www.mtspokane.com.

LE MONTANA / L'IDAHO

Virginia City Visitor Center, 413 W Walace Rd, tél. (406) 843-524, www.virginiacitymt.com. **Cœur d'Alene Visitor Bureau,** 105 N. 1st St., suite 100, tél. (877) 782-9232, www.coeurdalene.org.

Copper King Mansion, 219 W Granite St., Butte, www.thecopperkingmansion.com, tél. (406) 782-7580, visites guidées t.l.j. 9h-16h, avril seulement sam.-dim., oct.-mars seul. sur rés. **Flathead State Park**, US Hwys 200 et 93, près de Kalispell, tél. (406) 849-5255. **Frontier Town**, à 15 miles à l'ouest sur la US 12, tél. (406) 442-4560. **Original Governor's Mansion**, 304 N Ewing St., Helena, tél. (406) 442-3115, visites guidées mai-sept. mar.-sam. 12-16h, oct.-avril seul. sam. **Grant-Kohrs Ranch National Historic Site**, Deer Lodge, tél. (406) 846-2070, www.nps.gov/grko, mi-mai à mi-sept. t.l.j. 9h-17h30, sinon 16h30. **Rocky Mountain Museum of Military History at Fort Missoula**, à 5 miles au sud de l'I-90, tél. (406) 728-3476, www.fortmissoula.org, juin mi sept. tlj 12 17h, sinon sam. dim. 12 17h. **Lewis and Clark Caverns State Park**, à 19 miles à l'ouest sur la MT 2, près de Whitehall, tél. (406) 287-3541, mai-sept. t.l.j. 9h-16h30, mi-juin-mi-août jusqu'à 18h30. **Forest Service - Smoke Jumper Visitor Center**, à 7 miles à l'ouest sur la US 10, tél. (406) 329-4934, juin-août t.l.j. 8h30-17h. **Museum of North Idaho**, 115 NW Blvd/près du City Park, Coeur d'Alene, tél. (208) 664-3448, www.museumni.org, avril-oct. mar.-sam. 11h-17h. **Museum of the Rockies**, 600 W. Kagy Blvd S, Bozeman, tél. (406) 994-2251, www.museumoftherockies.org, lun.-sam. 9-17h, dim. 12h30-17h. **Old Mission State Park**, Cataldo, tél. (208) 682-3814, t.l.j. 9h-17h. **Sierra Silver Mine Tour**, 420 5th St., Wallace, tél. (208) 752-5151, www.silverminetour.org, visites guidées mai-sept. t.L.j. 10h-14h, juin-août jusqu'à 16h. **Silverwood Theme Park**, sur I-95, à Athol, (208) 683-3400, www.silverwoodthemepark.com, en été 9h à minimum 19h, sinon hor. selon saison. **Montana State Capitol**, Helena, tél. (406) 444-4789, visites guidées mai-sept. lun.-sam. 9h-15h, dim. 10h-16h. **Wallace District Mining Mus.**, 509 Bank St., Wallace, tél. (208) 556-1592, www.wallaceminingmuseum.org, en été 10-17h, sinon horaires variant selon saison. **World Mus. of Mining**, 15 Museum Way, Butte, tél. (406) 723-7211, avr.-oct. 9h-18h. **Glacier Nat. Park**, West Glacier, tél. (406) 888-7800, www.nps.gov/glac. **Craters of the Moon**, Arco, tél (208) 527-1300, www.nps.gov/crmo.

LOISIRS : **Lake Coeur d'Alene Cruises**, City Dock, à l'est du City Park, tél. (208) 765-4000, www.cdaresort.org, tours en bateau. **Lookout Pass Ski Area**, près de Wallace, www.skilookout.com, tél. (208) 744-1301. **Silver Mountain Ski Area**, I-90, sortie 49, près de Kellogg, tél. (208) 783-1111, www.silvermt.com. **Glacier Raft & Outdoor Center**, West Glacier, tél. (406) 888-5454, www.glacierraftco.com.

Rainer Hackenberg

White Sands, Nouveau-Mexique.

SUR LA ROUTE 66, À TRAVERS LE SUD-OUEST DES ETATS-UNIS

Get your kicks out on Route 66 ("éclatez-vous sur la Rte 66") : tel est le titre de la célèbre chanson écrite par Bobby Troup en l'honneur de cette route. La "66" fut la première Nationale à relier l'Est à l'Ouest des USA. Durant la crise de 1929, elle fut empruntée par des flots de fermiers qui fuyaient la pauvreté pour gagner la "Terre promise" (la Californie), comme le raconte John Steinbeck dans *Les raisins de la colère*.

Pendant la Seconde Guerre mondiale, elle servit au transport des soldats et du matériel de guerre, et aux pérégrinations d'aventuriers de tous crins. Le long de la Rte 66 fleurirent motels, relais routiers, restaurants, *diners* (petits restos) et stations-service dont certains existent toujours. Le mythe de cette route légendaire continue à être entretenu par les chanteurs, écrivains et cinéastes. En ce qui concerne les paysages, on trouve cependant des routes bien plus attrayantes aux États-Unis.

La Route 66 faisait plus de 4 000 km de long, traversait huit États dont des territoires indiens. La chanson de Bobby Troup *It winds from Chicago to L.A.* indiquait déjà ses points de départ et d'arrivée. En 1926, seuls 800 miles étaient carrossables. Par la suite, on relia les différents tronçons entre eux, créant ainsi en 1937 la première autoroute entre l'Est et l'Ouest.

De nos jours, on ne peut plus rouler que sur certaines portions de la Route 66, remplacée petit à petit par les autoroutes I-55, I-44, I-40, I-15 et I-10. Il fut question en 1985 d'en fermer l'accès définitivement, mais des associations de défense de la Route 66 (dont on peut devenir membre) remirent le tracé au goût du jour.

Les parties les plus intéressantes de la Route 66 se trouvent dans le Texas, le Nouveau-Mexique, l'Arizona et la Californie, bien que l'Arizona se targue de posséder la plus longue portion de route encore utilisable. Les puristes préfèrent l'itinéraire "classique" Est-Ouest.

Au Texas, où environ 90 % de la Route 66 – quoique de manière discontinue – sont encore intacts, elle va de Texola à Glenrio, ville fantôme à la frontière de l'Etat, via Amarillo. **Texola** est la première étape de la "66" en venant de Chicago et après avoir traversé l'Oklahoma. Fondée par des immigrants irlandais, **Shamrock**, l'étape suivante, est connue pour ses nombreux bâtiments de style Art déco.

En allant vers l'ouest, à **McLean**, l'original **Devil's Rope Museum**, un "musée du barbelé", surprend avec sa collection de clôtures en fil de fer. La **Route 66 Association of Texas**, qui montre une petite exposition sur la Route 66, a ici son siège.

À **Amarillo**, nom que la rengaine de Tony Christies *Is this the way to Amarillo ?* a rendu familier, on comprend mieux le slogan texan : "Tout est un peu plus grand ici" : ici, en effet, le **Big Texan Steak Ranch** propose un steack de 2 kilos gratuit - mais attention, seulement à ceux qui arrivent à l'avaler en une heure ! Autres curiosités d'Amarillo, le **Paolo Duro Canyon**, spectaculaires gorges, et le **Cadillac Ranch** (Interstate 40, à 7 miles à l'ouest d'Amarillo), où le mécène du Pop Art, Stanley Marsh, a érigé un étonnant monument à la gloire de la célèbre marque de voiture et de la "66" : 10 Cadillac aux couleurs vives, à moitié enfouies dans le sol, qui s'élèvent vers le ciel. Amarillo est également le siège de la plus grande **association de Quarter Horse** (association du quart de mile qui est un cheval utilisé dans les ranches).

Au Nouveau-Mexique, la "66" traverse les villes de Tucumcari, Santa Rosa, Albuquerque, Grants et Gallup, mais prévoyez aussi un crochet par Santa Fe (voir p. 57), empreinte du style Pueblo, car cet itinéraire correspond en fait à l'ancien tracé de 1926.

Ci-contre : station-service délabrée sur la Route 66, à l'ouest de Kingman, avec un Saguaro mort depuis.

» Fiche pratique p. 231

Foto: Rainer Hackenberg

Avec 2 000 chambres, **Tucumcari** était, dans les années 1950, la "capitale des motels" des États-Unis. On y trouve encore de nombreux motels bon marché de la belle époque de la Route 66. À **Santa Rosa**, le vieux **Club Cafe** fait désormais partie du patrimoine historique – en attendant un éventuel repreneur.

Albuquerque offre quelques curiosités intéressantes : la **Old Town** (vieille ville), fondée en 1706, l'**Indian Pueblo Cultural Center** (un village pueblo au centre-ville) et le **National Museum of Nuclear Science & History**. Malgré son nom, le **66-Diner** n'est qu'une reconstitution d'un restaurant des années 1950.

Grants, jadis capitale mondiale de l'exploitation de l'uranium, a remis au goût du jour l'**East Santa Fe Avenue** et les motels de la vieille Route 66. Aujourd'hui encore, les Indiens Navajo et Zuni font leurs courses dans l'ancien poste de commerce de **Gallup**. Mais le paysage alentour est plus attrayant que le bourg lui-même. De 1929 à 1964, Gallup fut une cité du cinéma, et les stars d'Hollywood descendaient volontiers à l'*hôtel El Rancho*. En Arizona, la Route 66 traverse Holbrook et Winslow pour gagner ensuite Flagstaff, puis Ash Forks et Kingman via Williams.

À **Holbrook**, faites un crochet par le **Petrified Forest National Park**, réputé pour ses troncs d'arbres pétrifiés. Ce parc se trouve dans le Painted Desert, qui fascine avec ses formations de grès aux somptueuses couleurs. De **Winslow**, où une visite s'impose au **Old Trails Historical Museum** (musée des vieilles pistes), la route Interstate 40 (exit 233) conduit au **Meteor Crater**, large de 1,5 km et profond de 1,50 m, utilisé jadis par la NASA comme camp d'entraînement pour les cosmonautes de 1969.

À **Flagstaff**, un alignement de motels sur la route du Grand Canyon, l'ex-Route 66 s'appelle la **Santa Fe Avenue**. De là, on se rend à Williams, connu pour son **Grand Canyon Railway** : ce train dessert le Grand Canyon par un très bel itinéraire. Après **Ash Fork**, on se dirige vers **Seligman** ; entre Seligman et **King-**

» Fiche pratique p. 231

Foto: Rainer Hackenberg

man se trouvent les **Grand Canyon Caverns**. Un peu plus à l'ouest, dans le splendide cadre de la **Truxton Valley**, s'étend la ville de **Truxton**, où les habitués de la "66" se retrouvent au *Frontier Cafe*.

À **Kingman**, la **Andy Devine Avenue** abrite quelques "classiques" de la "66" comme *El Trovatore* et un musée sur l'histoire de la région, le **Mohave Museum of History and Arts**.

À **Oatman**, l'*hôtel Oatman* au passé chargé accueillit, le 19 mars 1939, les stars du cinéma Carole Lombard et Clark Gable, le principal acteur de *Autant en emporte le vent*, pour leur nuit de noces. On se croirait revenu à l'époque du Far West, lorsque les *Oatman gunfighters* font des démonstrations de tirs dans Main Street.

Needles, Amboy, Ludlow, Barstow, Victorville, San Bernardino, L.A. et Santa Monica, sont autant de noms qui évoquent la "66" en Californie.

Ci-dessus : la liberté sur deux roues – Easy Rider dans le Sud-Ouest.

Needles ("aiguilles") fut nommée ainsi à cause des Black Mountains, aux sommets découpés, et son **Broadway** garde vivant le souvenir de la Route 66. Le **Hungry Bear Restaurant** est un vestige de la grande époque de la Route 66. À **Amboy** se trouve le *Roys Cafe*, un restaurant très prisé sur la "66". Non loin d'Amboy, à 2 miles à l'ouest, le **Amboy Crater**, cratère d'un volcan éteint, vaut le coup d'œil ; plus au nord s'étend le désert de Mojave, utilisé par le général Patton comme terrain d'entraînement pendant la guerre. **Bagdad** et **Siberia** ne sont plus que des villes fantôme, et le film *Bagdad Cafe* (dont le nom provient de la ville) a été en fait tourné dans le *Sidewinder Cafe*, à **Newberry Springs**.

Tout comme Holbrook, **Rialto** est équipé d'un **Wigwam Village Motel**, village de wigwams en pierre, dotés toutefois du confort d'une chambre de motel américain. Ces "huttes indiennes", entre-temps rénovées, furent en fait édifiées en 1949, lorsque la Route 66 était très fréquentée. À **Barstow**, le **Route 66 Mother Road Museum** informe sur tous les aspects intéressants de la Route 66. Un autre musée du même genre, le **California Route 66 Museum**, pourvu d'une boutique de souvenirs, attend aussi les visiteurs.

À **San Bernardino**, chaque année, on fête en septembre le *Route 66 Rendezvous-Festival*.

Le **Sunset Boulevard** de **Los Angeles** – autrefois sur la Route 66 – est le clou du voyage pour les fans de la "66". Étape classique, le **Barney's Beanery**, situé sur le **Santa Monica Boulevard** (jadis aussi sur la Rte 66), date de 1920 : ce bungalow hollywoodien où se croisaient les vedettes du cinéma muet est désormais un restaurant très fréquenté.

La Pier (jetée) de **Santa Monica**, marque la fin de la Route 66. Là, face aux vagues du Pacifique, le besoin d'"être toujours en route vers l'ouest", comme dans le film *Easy Rider*, est "refroidi", mais pour combien de temps ?

» Fiche pratique p. 231

ROUTE 66 : LE SUD-OUEST

California Historic Route 66 Association, cahistoricrt66@aol.com, www.route66ca.org.
Historic Route 66 Association of Arizona, tél. (928) 753-5001, azrt66@frontiernet.net, www.azrt66.com.
New Mexico Route 66 Association, tél. (505) 831-6317, information@rt66nm.org, www.rt66nm.org.
National Historic Route 66 Federation, tél. (909) 336-6131, www.national/66.org.
Albuquerque C&V Bureau, 20 First Plaza NW, suite 601, NM, tél. 1-800-284-2282, www.visitalbuquerque.org.
Amarillo C&V Bureau, 1000 S. Polk St., Amarillo, Texas, tél. 1-800-692-1338, www.visitamarillotx.com.
Oatman Chamber of Commerce (rens. sur les Oatman Gunfighters), Oatman, AZ, tél. (928) 768-6222, www.oatmangoldroad.org.

Barney's Beanery, 8447 Santa Monica Blvd, Los Angeles, CA, tél. (323) 654-2287, www.barneysbeanery.com.
66 Diner, 1405 Central NE, Albuquerque, NM, tél. (505) 247-1421, www.66diner.com.
Big Texan Steak Ranch, 7701 E Interstate 40, Amarillo, Texas, www.bigtexan.com, tél (806) 372-6000, steaks énormes.
Hungry Bear Resto, 1906 Needles Highway, Needles, CA, tél. (760) 326-2988.
Delgadillo's Snow Cap, 301 East Route 66, tél. (928) 422-3291.
Roy's Cafe, 66 Old National Hwy, Amboy, CA, tél. (760) 733-4263, www.rt66roys.com.

California Route 66 Museum, 16849 Rte 66, Victorville, CA, tél. (760) 951-0436, www.califrt66museum.org, lun., jeu.-sam. 10-16h, dim. 11-15h.
Route 66 Mother Road Museum, dans la Historic Harvey House, 681 N. First Ave., Barstow, tél. (760) 255-1890, www.route66museum.org, avril-oct. ven.-dim. 10-16h.
Indian Pueblo Cultural Center, 2401 12th St. NW, Albuquerque, NM, tél. (505) 843-7270, www.indianpueblo.org, manifestations cult. variées.
Devil's Rope Museum, Old Route 66 / Kingsley St., Mc Lean, TX, tél. (806) 779-2225, www.barbwiremuseum.com, lun.-ven. 9-17h, sam. 10-16h, fermé en hiver.
American Quarter Horse Heritage Center & Museum, 2601 E Interstate 40, Amarillo, TX, tél. (806) 376-4811, www.aqha.com, été lun.-sam. 9h-17h, dim. 12h-17h, en hiver fermé le dim., musée du cheval.
Mohave Museum of History & Art, 400 W Beale St., Kingman, AZ, tél. (928) 753-3195, www.mohavemuseum.org, lun.-ven. 9h-17h, sam./dim. 13-17h.
Old Trails Museum, 212 N Kinsley Ave., Winslow, AZ, tél. (928) 289-5861, www.oldtrailsmuseum.org, mar.-sam. 11h-15h.
New Mexico Mining Museum, 100 Iron St./ Santa Fe Ave., Grants, NM, tél. (505) 287-4802, lun.-sam. 9-16h.
National Museum of Nuclear Science & History, Kirtland Airforce Base, Albuquerque, NM, tél. (505) 284-2137, www.nuclearmuseum.org, t.l.j. 9h-17h.
Ki-Mo Theater, 423 Central Ave NW, Albuquerque, NM, tél. (505) 768-3522, www.kimotickets.com, spectacles tous les soirs.
Cadillac Ranch, Amarillo CVB, PO Box 9480, Amarillo, TX, du lever au coucher du soleil.
California Theater, 468 West 5th St., San Bernadino, CA, tél. (909) 885-5152, http://sanbernardinosymphony.org.
Pow Wow Trading Post, 752 Navajo Blvd, Holbrook, AZ, tél. (928) 524-1937, tableaux, bijoux, pierres.
Meteor Crater, près de Winslow, AZ, Meteor Crater Rd, I-40 ouest, sortie 233, tél. (928) 289-5898, Visitor Center t.l.j. 8h-17h, été 7h-19h, excursions t.l.j. 9h15-15h15.
Palo Duro Canyon, TX, Hwy 217, à 22 miles au sud d'Amarillo, tél. (806) 488-2227, www.paloduro canyon.com.
Petrified Forest N. P., tél. (928) 524-6228, www.nps.gov/pefo.
Petroglyph NM, 6001 Unser Blvd NW, Albuquerque, NM, tél. (505) 899-0205, www.nps. gov/petr.
Grand Canyon Railway, Williams Depot, Williams, AZ, 1-800-843-8724, www.thetrain.com.

LOCATION DE MOTOS : **Route 66 Riders**, 4164 Lincoln Blvd, Marina Del Rey, CA, tél. (310) 578-0112, www.rout66riders.com.

PRÉPARATIFS

Les États-Unis en chiffres

Superficie : 9,6 millions de km², soit près de 17 fois la France.

Population : 320 millions d'habitants. *Densité* : 34,2 habitants au km².

Répartition ethnique : Blancs : 77,7 %, Noirs : 13,2 %, Asiatiques : 5,3 %, Indiens : 1 % (Amérindiens ou Indiens du Pacifique), autres : 4,9 % (N.B. : les Latinos qui représentent 15,8 % de la population ne sont pas recensés en tant que groupe ethnique).

Religion : protestants : 51,3 %, catholiques romains : 23,9 %, juifs : 1,7 %, mormons : 0,7 %, bouddhistes : 0,7 %, musulmans 0,6 %, hindous : 0,4 %, autres : 5,5 %, sans religion : 14,2 %.

Préparatifs et informations

Avant de choisir l'un des itinéraires proposés dans ce livre, penchez-vous sur les sites ou les routes qui vous attirent le plus. Mais de manière générale, mieux vaut voir peu, mais bien. Si vous ne voulez pas faire que de la voiture, ne prévoyez pas plus de 250 km par jour. Pour de plus longues étapes, il faut tenir en compte les limitations de vitesse (sur la plupart des routes, elle fait entre 55 et 65 mph / soit 90-105 km/h).

Pour préparer votre séjour, vous pouvez vous renseigner à l'**Office de tourisme-USA** (c/o Visit USA Committee) sous www.office-tourisme-usa.com ou par tél. : 0899-702-470 (3 €/appel). Ce bureau privé livre de nombreuses infos sur différents États des USA.

Climat / Quand voyager ?

La meilleure période pour voyager se situe entre mi-avril et mi-juin ou entre fin août et fin septembre.

En haute saison, de mi-juillet à début septembre, les prix augmentent habituellement de 50 %, et nombres de curiosités et de parcs nationaux sont envahis par les touristes américains de fin mai (*Memorial Day*) à début septembre (*Labor Day*). En été, il fait extrêmement chaud à l'intérieur des terres, notamment dans les régions situées à une altitude plus basse, telle la Vallée de la Mort, où les campings sont même fermés de mai à septembre, à l'exception de Furnace Creek. Le reste de l'année, à l'exception de la Californie, les parcs et autres endroits naturels ne sont en revanche fréquentés que par des retraités et des familles avec de jeunes enfants.

Le Sud-Ouest américain connaît un climat continental sec. La région bénéficie d'environ 300 jours de soleil par an. Les montagnes Rocheuses sont idéales pour des vacances d'hiver.

Lors d'un voyage aux États-Unis, pensez que les forces de la nature s'y déchaînent souvent avec une plus grande violence que dans la plupart des pays européens. Prenez très au sérieux les messages radio signalant l'arrivée de gros orages, de tornades, d'ouragans (*hurricanes*) et de raz-de-marée.

Budget / Coût de la vie

Le prix d'un voyage aux États-Unis dépend de la saison (l'été étant la haute saison), de vos possibilités financières et du cours actuel du dollar. On peut bien évidemment en diminuer le coût en faisant certains choix comme voyager en dehors de la haute saison.

Il est conseillé de réserver une voiture et un hôtel depuis l'Europe, ce qui s'avère généralement moins cher. De plus, les niveaux de prix varient énormément dans les États de la côte Ouest, du Sud-Ouest et dans les Rocheuses. Dans l'Ouest, en général, plus vous allez vers l'est et les grands espaces (vers les prairies), moins la vie est chère. Les zones les plus chères sont les grandes villes, comme San Francisco et Los Angeles. La plupart du temps, la Californie est plus chère que le Texas ou l'État de Washington. Les États du Nord ainsi que le Sud-Ouest américain sont relativement bon marché pour le touriste européen. Le Colorado, les grands lieux touristiques et les parcs nationaux les plus populaires comptent comme les endroits les plus chers.

Change / Cartes bancaires / Chèques de vogage

En règle générale, il vaut mieux avoir sur soi le moins d'argent liquide possible. Munissez-vous de préférence de petites coupures, à savoir de billets de 20 ou 50 $ acceptés partout. On ne peut changer les devises européennes que dans les grandes villes et dans quelques banques, mais il y a partout des distributeurs automatiques de billets.

Les **chèques de voyage** (travellers cheques) en dollars sont la variante la plus sûre, bien qu'ils perdent en popularité. Ils sont acceptés partout, sans taxe supplémentaire, dans nombre de boutiques, hôtels et dans les banques. Achetez-les de préférence en petites coupures de 20 ou 30 US$. Ils ont valeur d'espèces et on vous rend la petite monnaie dessus, bien utile pour payer les frais de la vie courante.

Il est difficile de voyager aux USA sans **carte de paiement** (Visa, Mastercard) car indispensable pour certaines transactions comme louer une voiture (pour le paiement de la caution) ou réserver une chambre d'hôtel. On vous demandera parfois de justifier de votre identité avec votre passeport. On peut bien sûr payer partout avec la carte, y compris de petites sommes, et retirer de l'argent dans les nombreux distributeurs automatiques de billets (appelés *ATM* pour *automated teller machine* ou *cash machine*). Pensez à faire éventuellement relever le plafond de retrait auprès de votre banque avant le départ.

Carte prépayée Travelex : la carte **Cash Passport™** est une carte prépayée en devise qui vous permet de gérer votre budget en chargeant sur la carte le montant prévu pour votre séjour. Vous pourrez ensuite l'utiliser dans plus de 32 millions de distributeurs automatiques, commerces et restos du monde entier. Infos sous : www.travelex.fr.

Assurance voyage

Il es impératif d'avoir une assurance voyage privée pour voyager aux Etats-Unis. Les soins médicaux y sont excellents mais les tarifs sont souvent très élevés, voire exhorbitants. Il est donc indispensable de souscrire, avant votre départ, une assurance-voyage intégrale pour la durée de votre séjour à l'étranger qui couvrira à 100 % vos frais médicaux et d'hospitalisation et le rapatriement, ainsi qu'éventuellement une assurance-accidents pour les activités sportives par ex. Renseignez-vous auprès de votre mutuelle, des compagnies d'assurance ou de votre agence de voyage.

Aux États-Unis, frais médicaux et factures d'hôpital doivent être réglés immédiatement, en liquide, en travellers checks ou par carte de crédit.

Visa

Les ressortissants de l'Union Européenne et de la Suisse n'ont pas besoin de visa pour entrer aux USA pour les séjours d'une durée maximale de 90 jours, à condition de présenter un billet aller-retour, assez d'argent pour couvrir leur séjour (v. p. 235 "Formalités d'entrée") et d'avoir reçu une autorisation ESTA.

Il leur faut également présenter un passeport biométrique ou électronique ou un passeport individuel à lecture optique (passeport bordeaux de l'UE) en cours de validité. À l'arrivée, les agents de l'immigration relèvent les empreintes digitales et prennent une photo numérique de chaque voyageur étranger.

Pour s'informer sur les formalités d'entrée aux USA, consultez le site : https://fr.usembassy.gov/fr/

Certains grands aéroports (par ex. Los Angeles) sont équipés d'automates d'immigration, qui permettent d'effectuer rapidement les formalités d'immigration. Pour l'utiliser, votre dernier séjour aux USA doit remonter à moins de cinq ans et avec votre passeport actuel.

Quelque soit leur âge, les enfants doivent disposer de leur propre passeport électronique ou biométrique, comportant une puce. Au même titre que les adultes, les mineurs doivent être en possession d'une autorisation électronique de voyage ESTA, à remplir en ligne. Si vous voyagez en famille, prévoyez de faire vos déclarations groupées pour obtenir l'ESTA. En effet, les demandes pour une même famille sont traitées en même temps par l'administration américaine.

Les ressortissants français, belges et suisses sont autorisés à se rendre aux USA sous le régime du Visa Waiver Programm, et doivent s'enregistrer en ligne au moins 72 h avant leur départ pour obtenir une autorisation de voyage **ESTA** (*Electronic System for Travel Authorization*). Pour cela, il faut remplir obligatoirement le formulaire sur le site officiel https//esta.cbp.dhs.gov et s'acquitter d'un montant de 14 dollars payable par carte bancaire (Visa, Mastercard, American Express).

Sur le site d'ESTA, on doit choisir entre deux formulaires : 1) Solliciter une autorisation de voyage aux États-Unis ou 2) Mettre à jour ou consulter un dossier dans le cas d'une demande d'une autorisation préalablement soumise. On vous y pose diverses questions personnelles –il est obligatoire de compléter celles avec une astérisque rouge.

L'ESTA est valable deux ans et pour plusieurs voyages. Une tierce personne ou une agence de voyage peut effectuer la demande ESTA à votre place.

Il est formellement interdit de travailler (comme fille ou garçon au pair, par ex.) avec un visa de tourisme, de faire des études ou de travailler. Pour ces cas-là, il existe des visas de séjour temporaire qui sont établis par les consulats des USA. Pour avoir plus de détails sur les différents types de visas, consultez le site d'informations : www.usvisa-france.com.

Si vous vous rendez aux États-Unis sans billet de retour et / ou souhaitez rester entre trois et six mois (le maximum autorisé), vous devrez vous présenter au consulat concerné (seulement sur rendez-vous) avec le formulaire de demande de visa dûment rempli et une photo. Un visa de tourisme est rarement refusé, et ce, seulement en cas d'infractions à la loi, acte criminel ou trafic de drogue. Durant la haute saison, avant les vacances d'été par exemple, les délais d'attente pour avoir un rendez-vous peuvent atteindre 6 semaines. Le passeport et le visa vous seront renvoyés par la poste dans les 5-6 jours suivant votre demande. Si vous désirez rester plus de six mois aux USA, usez d'une ruse tolérée par les autorités : faites un petit tour au Canada ou au Mexique et revenez tout à fait légalement au bout de quelques jours.

Si vous souhaitez travailler quelques temps aux États-Unis, renseignez auprès de l'administration compétente ou au "Pôle Emploi" américain concerné, qui vous indiquera comment obtenir un visa dans les meilleurs délais.

Ambassades et consulats des USA en France, Belgique et Suisse

En France : *ambassade et section consulaire :* 2, av. Gabriel, 75008, tél. 01 43 12 22 22, fax 01 42 66 97 83, https://fr.usembassy.gov/fr/

En Belgique : *ambassade :* bd du Régent 27, 1000-Bruxelles, tél. (02) 811-4000, fax : (02) 811-4500, https://be.usembassy.gov/fr/

En Suisse : *ambassade :* Sulgeneckstrasse 19, 3007 – Bern, tél. (031) 357 70 11, http.//bern.usembassy.gov.

SE RENDRE AUX ÉTATS-UNIS

Par avion

Les grandes compagnies aériennes proposent une grande variété de tarifs, mais ceux-ci sont nettement moins chers de fin septembre à mi-mai ou mi-juin qu'en haute saison (de fin mai à mi-septembre). Les étudiants bénéficient jusqu'à l'âge de 25 ans de réductions et d'offres spéciales.

Il y a peu de différence de prix entre les principales compagnies aériennes. Comme toutes les compagnies aériennes européennes et américaines ont des accords de partenariat entre elles, nous conseillons d'étudier les offres spéciales que les compagnies américaines réservent aux Européens.

L'alliance de compagnies aériennes Star Alliance comprend une vingtaine de compagnies dont United Airlines et Air Canada. Ces compagnies proposent un bon réseau de vols transatlantiques desservant les principales grandes villes américaines. Sa concurrente, Sky Team est une alliance de 20 compagnies aériennes dont fait partie Air France. Grâce à cette joint-venture notamment avec Delta, Air France assure, depuis Paris-Roissy ou Orly, de nombreux vols quotidiens directs pour Los Angeles ou San Francisco ou avec escale pour Seattle, Las Vegas ou Salt Lake City. Oneworld est la troisième plus grande alliance de compagnies aériennes (15 compagnies y sont affiliées).

Les destinations les plus populaires dans l'Ouest américain auprès des voyageurs sont les métropoles californiennes de Los Angeles et San Francisco. Mais des villes comme Denver, Salt Lake City, Phoenix, Albuquerque et Billings sont aussi accessibles assez facilement en faisant une escale dans une plus grande ville. Portland (OR), Seattle et Las Vegas sont desservies par des vols sans escale.

Si vous bénéficiez d'un programme de fidélité, vous pourrez accumuler et utiliser plus tard des miles (par ex. la formule Flying Blue proposée par Air France-KLM). Vous pourrez dans certains cas obtenir des points et toucher des primes auprès de certains loueurs de voiture et de chaînes d'hôtels.

Si vous voulez combiner plusieurs circuits décrits dans ce guide, le mieux est de vous déplacer en avion en utilisant un *air pass* (qui est indépendant de votre billet transatlantique) : il s'agit d'un forfait, qui porte des noms différents (par ex. Star Alliance North America Skypass, Jet Blue Airpass) en fonction des différentes alliances de compagnies aériennes. Ils permettent de combiner plusieurs vols intérieurs. On achète à l'avance des vols-coupons, le nombre de coupons à fournir étant fonction de la distance du vol. Ces offres ne sont valables que pour le continent américain, et il faut que vous les ayez réservées dans votre pays d'origine.

Certaines compagnies low-cost comme Air Tran (filiale de South West, www.airtran.com), Jet Blue (www.jetblue.com), Spirit Airlines (www.spiritair.com), Southwest Airlines (www.southwest.com) ou Frontier Airlines (www.flyfrontier.com) représentent également une alternative intéressante aux *air passes*.

Formalités d'entrée / Douane

Tout ressortissant européen autorisé à entrer aux États-Unis sans visa (*visa waiver*, séjour de moins de 90 jours) doit obligatoirement remplir en ligne le formulaire de demande d'autorisation de voyage auprès d'ESTA (voir p. 233) au plus tard 72 heures avant le départ.

À l'arrivée, le passage aux services d'immigration ou de douane ne pose généralement pas de problèmes. Question formalités, chaque visiteur est pris en photo et ses empreintes digitales sont relevées.

Ceux qui entrent dans le pays comme touristes avec l'intention de rester et de travailler comme fille au pair, se mettent en situation irrégulière. Si le service d'immigration s'en aperçoit, ils repartiront illico par le premier avion.

Après les formalités d'entrée, on passe la douane. Pour les voyageurs en provenance d'Europe de l'Ouest ou centrale, les douaniers se contentent généralement d'apposer un tampon dans leurs papiers. On doit déclarer les dollars importés (en liquide ou sous forme de travellers cheques) si la somme est supérieure à 10 000 US $.

Le transport de liquides, gels, crèmes et aérosols dans les bagages à main est strictement réglementé sur tous les vols à destination des Etats-Unis. Renseignez-vous auprès de votre compagnie aérienne avant le départ.

Douane dans l'UE : à votre retour dans l'UE, vous ne pourrez ramener que des souvenirs ou articles d'un montant maximum de 430 € sans avoir à payer de droits de douanes (enfants en dessous de 15 ans : 175 € ; gardez bien les bons de caisse et les factures !). On peut également importer au choix sans acquitter de droits de douane : 200 cigarettes ou 100 cigarillos ou 50 cigares ou 250 g de tabac ; 1 l d'eau-de-vie (plus de 22°) ou 2 l de mousseux ou liqueurs (jusqu'à 22°), ainsi que 4 l de vins et 16 l de bière.

Si vous achetez des appareils techniques aux États-Unis, exigez les papiers de garantie. L'importation d'ordinateur acheté aux États-Unis est exempt de droits de douanes, mais il faut acquitter une taxe d'importation correspondant à 19 % du montant. À l'achat, vérifiez que les appareils sont équipés du bon clavier et du bloc d'alimentation adapté, car les appareils américains en 110 V ne supportent pas la tension électrique européenne en 230 V.

Pour des raisons sanitaires, il est strictement interdit d'importer aux USA des produits agricoles (viande, fruits, légumes, fromage, graines ou bulbes).

VOYAGER AUX ÉTATS-UNIS

Location de voiture

En règle générale, cela revient beaucoup moins cher de louer une voiture depuis la France. Les prix des grandes agences comme Avis, Budget et Hertz sont à peu près les mêmes, mais surveillez cependant les offres spéciales proposant des remises très intéressantes.

Pour louer une voiture, il faut avoir au moins 21 ans, parfois 25 ans pour certaines agences, et posséder un permis de conduire en cours de validité. Pour les automobilistes de moins de 25 ans, la plupart des agences de location prélèvent une taxe supplémentaire. Il n'est pas nécessaire de se procurer un permis international. En réservant votre voiture, vérifiez les frais annexes qui sont rarement mentionnés. Parmi eux, l'assurance, les taxes, le kilométrage (de préférence illimité) et éventuellement le prix du convoyage de la voiture si vous finissez votre voyage dans une autre partie du pays. Renseignez-vous auprès de votre agence de voyage sur les forfaits vol + voiture qui incluent une semaine de location.

Dépannage

Si vous avez un problème avec une voiture de location, la première chose à faire est de contacter l'agence. En cas de panne, on peut aussi demander de l'aide à l'*American Automobile Association* (en bref, *AAA* ou *Triple A*), tél. : 1-800-AAA-HELP, www.aaa.com.

L'AAA est en contact avec les associations automobiles étrangères, européennes notamment. Ces associations ou Automobiles Clubs offrent entre autres des brochures, des cartes et des guides de camping gratuits.

Camping-cars et motor-homes

Un grand nombre d'agences de location de voitures européennes proposent des camping-cars et des motor-homes appellés "RV" (*recreational vehicles*). Notez que les motor-homes sont souvent énormes et chers ; il est important de comparer les prix.

Conduire aux États-Unis / Code de la route

Conduire aux USA est plus simple et plus reposant qu'en Europe. Les routes sont plus larges, les zones rurales sont presque vides, et les Américains suivent habituellement la règle de la "sécurité avant tout".

Courtoisie au volant : les pratiques peu courtoises, courantes sur les routes d'Europe (appels de phare aux conducteurs lents, queues de poisson, excès de vitesse), sont considérés comme celles de chauffard aux États-Unis. Les patrouilles sur les highways (routes nationales) sont rapides et efficaces pour réprimer ce genre de comportement.

Les Américains attendent une conduite civilisée de la part de leurs concitoyens et des touristes, surtout en ville. Il est de mise (et même obligatoire dans de nombreux États, tout comme en Europe) de s'arrêter aux passages cloutés pour laisser passer les piétons et de marquer l'arrêt à un stop.

Une autre raison qui explique que les Américains conduisent prudemment tient au fait qu'ils ont une assurance minimum avec 20 000 US$ de garantie par personne, ce qui est loin de couvrir les frais énormes d'une hospitalisation et des soins médicaux.

Aux États-Unis, on conduit **à droite**.

Limitation de vitesse : la conduite est limitée dans les villes à 30 mph (miles par heure). Pour les Highways et les Interstates, chaque État fixe ses propres limites de vitesse (en général, la vitesse est limitée à 55-65 mph, et jusqu'à 75 mph sur les Interstates. Les Américains respectent en général scrupuleusement les limitations. En effet, les infractions à celles-ci sont punies par de fortes amendes.

Si le **dépassement** se fait généralement à gauche, il est toutefois toléré à droite. C'est la règle sur les autoroutes et les routes nationales. Restez donc sur votre voie prudemment et attendez-vous à être dépassé des deux côtés.

Priorité à droite : elle n'est valable que si deux véhicules arrivent en même temps à un carrefour sans feu ou sans stop. Sinon, la circulation est régulée par des "stop" aux intersections, et c'est le premier véhicule arrivé qui a le droit de s'engager. En cas de doute, laissez la priorité à l'autre véhicule.

Feux tricolores : ils sont souvent placés juste après le carrefour, et non pas avant comme en Europe. Ils passent du vert à un long orange, puis au rouge, et du rouge au vert immédiatement. S'il n'y a pas d'indication contraire, on peut tourner à droite au rouge. Dans le cas contraire, une pancarte indique *No red turn*. Un feu clignotant indique aux véhicules de ralentir. Si c'est le rouge qui clignote, cela correspond à un stop, et il faut alors s'arrêter.

Contrôle de la police : si vous êtes arrêté par une patrouille (*Highway patrol*), restez calme, éteignez votre moteur, gardez les mains sur le volant jusqu'à ce qu'on vous demande vos papiers. Sortez-les alors calmement de votre sac pour ne pas donner l'impression que vous allez sortir une arme.

Stationnement : les parkings sont indiqués par des panneaux. Attention à ne jamais vous garer à moins de 4 m d'une bouche d'incendie (*fire hydrant*) : l'amende et les frais de fourrière sont exhorbitants.

Bus scolaires à l'arrêt : faites particulièrement attention aux bus scolaires. Quand l'un est à l'arrêt et met ses clignotants pour permettre aux enfants de descendre, il faut impérativement s'arrêter, et cela vaut aussi pour les conducteurs dans le sens opposé.

Signalisation routière spéciale : certains panneaux sont inconnus en Europe : le *u-turn*, qui vous autorise à faire demi-tour (une manœuvre ailleurs interdite) et le *crossover* qui permet la même chose sur les Highways. *Xing* signifie que des piétons ou des cyclistes sont susceptibles de traverser la route.

Les routes à plusieurs voies dans les grandes villes ont souvent une voie réservée au covoiturage (*carpool*) portant l'appellation *HOV-2* ou *HOV-3* (*High Occupancy Vehicles)* : ces voies sont autorisées aux voitures transportant au minimum deux personnes pendant les heures de pointe.

Le réseau routier

Le système américain des routes et autoroutes a été conçu de façon simple et logique. Les *Routes* et les *Highways* (signalisés par des panneaux blancs) ont de deux à quatre voies, bien que le mot *Highway* soit utilisé pour les très grandes routes.

Les grandes autoroutes reliant un État à l'autre s'appellent *Interstates* et sont signalisées par des panneaux verts. Le numéro attribué à chaque Interstate ne doit rien au hasard : les numéros pairs indiquent un Interstate allant dans l'axe est-ouest ; les numéros impairs indiquent une direction nord-sud. Trois chiffres (comme par ex. l'I-405 dans l'agglomération de Los Angeles) indiquent une autoroute menant à l'intérieur ou contournant la ville. Si le premier chiffre est impair, elle va dans la ville, si c'est un chiffre pair elle la contourne. Les deux derniers chiffres indiquent où l'Interstate mène, ou d'où il vient.

Certaines grandes routes, ponts, tunnels, passages étant à péage (*toll*), il vaut mieux prévoir de la monnaie.

Dans les villes américaines, on se repère assez facilement, même la première fois, cela en raison de l'organisation des rues en damier qui commencent à la lisière de la ville, soit par la dernière lettre de l'alphabet (pour les rues transversales) soit par un numéro élevé (pour les rues dans la longueur) : W Street ou 99th Street, par ex. Donc, plus vous êtes au début de l'alphabet ou bien plus le chiffre est bas, et plus vous êtes près du centre-ville.

Il y a un bon réseau de stations-service aux USA. Le soir et la nuit, vous devrez souvent payer avant de remplir votre réservoir (*pay cashier first*).

Les bus Greyhound

Si vous n'avez pas peur des longs trajets en bus, vous pourrez parcourir le pays en large et en travers avec les bus Greyhound (www.greyhounc.com), la plus grande entreprise de bus longue distance des USA.

Des entreprises plus petites se sont spécialisées dans les jeunes touristes, par ex. *Bamba Bus* (www.bambaexperience.com) et *Bundu Bus* (www.bundubus.com). Bundus Bus dessert entre autres le Grand Canyon et les grands parcs nationaux à l'est de Las Vegas.

Le train

Comparé à l'Europe, le réseau ferroviaire de l'Amérique est peu développé.

La compagnie **Amtrak** (rens. et horaires sous www.amtrak.com) gère le réseau ferrovière du pays. Elle propose un *AMTRAK USA Rail Pass* qui revient moins cher si vous l'achetez en France avant le départ ; celui-ci donne droit à un certain nombre de trajets en train durant une période limitée (rens. sous https://francais.amtrak.com)

On peut aussi s'offrir un voyage merveilleux et découvrir des paysages fabuleux dans un vieux train historique. Parmi les favoris, citons le **Durango & Silverton Narrow Gauge Railroad**, à Durango / Colorado (tél. 1-888-872-4607, www.durangotrain.com) qui circule toute l'année. Le billet coûte à partir de 83 US$ par adulte et 49 US$ par enfant. Le trajet du **Grand Canyon Railway** en Arizona (tél. 1-800-843-8724, www.thetrain.com) dure 2h45 et coûte à partir de 70 US$ en fonction de la classe.

INFORMATIONS PRATIQUES

Alcool et cigarettes

Aux USA, on ne badine pas avec l'alcool. Cela n'est pas uniquement dû à leur passé puritain, à la Prohibition et aux problèmes actuels de la drogue. Avec le culte exacerbé de la santé depuis les années 1980, la société américaine tolère de moins en moins l'alcool et le tabac, et au petit déjeuner, nombre d'Américains préfèrent avaler une douzaine de comprimés de vitamines.

Il faut avoir au moins 21 ans pour pouvoir acheter ou commander de l'alcool dans un bar ou une discothèque. Dans certains États, on ne peut acheter de boissons alcoolisées que dans des magasins spécialisés (*liquor stores*). Dans tous les cas, les vendeurs sont censés demander la carte d'identité (*ID*) aux clients paraissant jeunes. Dans 14 États, il est interdit aux personnes de moins de 21 ans de consommer même en privé de l'alcool.

Transporter de manière visible de l'alcool ou en consommer en public est interdit et passible d'une amende. C'est pourquoi il faut veiller à ce que toute bouteille ou cannette soit enveloppée dans un sac de papier marron (*brown bag*). De même, il est interdit de boire de l'alcool en voiture et d'en transporter dans l'habitacle. Dans certains États (comme l'Arizona ou l'Utah), on ne peut transporter dans le coffre de sa voiture que des bouteilles d'alcool bouchées.

Il est interdit d'introduire de l'alcool dans les réserves indiennes.

La conduite en état d'ébriété est très prise au sérieux aux USA. Mais chaque État ayant sa propre législation, le taux d'alcoolémie dans le sang varie d'un Etat à un autre. Par prudence, si vous conduisez, il vaut mieux renoncer à boire de l'alcool. En cas d'accident, la première chose que fait la police est d'effectuer un alcootest ou une prise de sang. Transgresser la loi peut vite mener un touriste dans la prison locale.

Les lois concernant les fumeurs sont très restrictives : il est interdit de fumer dans tous les lieux publics ainsi que dans les restaurants (sauf pour ce cas parfois en terrasse).

Banques

La plupart des banques sont ouvertes de 9h à 16h.

Pour changer des travellers cheques, vous devrez présenter votre passeport, et même un deuxième papier dans certains cas comme le permis de conduire ou la carte d'identité ; on peut les changer facilement et gratuitement dans les banques contre de l'argent liquide, mais aussi dans de nombreux commerces, cafés, et restaurants. Il est conseillé de se munir de petites coupures.

Les sommes que l'on peut retirer dans les distributeurs étant plafonnées, renseignez-vous auprès de votre banque avant le départ pour connaître les montants que vous pourrez prélever.

Campings / Auberges de jeunesse

Camping : l'Amérique est un paradis pour les campeurs. Les parcs nationaux et d'État ont installé dans la nature magnifique des terrains de camping – au confort souvent rudimentaire, certains sont avec des toilettes sèches et pas d'eau potable, d'autres avec des douches et des toilettes. Les places sont en général attribuées en fonction des arrivées. Donc, c'est la règle du premier arrivé, premier servi qui prévaut. On paie en général un forfait par emplacement (compter entre 10 $ et 70 $ par nuit, en fonction du standing et du cadre) indépendamment du nombre de personnes. La plupart des emplacements comprennent une aire de pique-nique (table et bancs) et de barbecue.

Les terrains de camping des National Parks sont souvent bondés en été, aussi pensez à réserver (cf. les n° de tél. dans les *Fiches pratiques*, à la fin de chaque chapitre) ; vous pouvez aussi appeler à la centrale de réservation : 1-800-365-CAMP ou sous www.reserveamerica.com et www.recreation.gov.

Les campings privés de l'organisation **KOA Kampgrounds**, présente dans tous les États, sont très confortables et mettent aussi à disposition des bungalows (*cabins*) plus ou moins équipés (tél. 1-888-5620000, fax 406-255-7401, www.koa.com)

Auberges de jeunesse : elles sont moins répandues qu'en Europe, mais elles sont généralement bon marché (env. 30 US $ la nuit) et propres. Pour toutes informations, contactez : **Hostelling International**, tél. 301-495-1240, www.hiusa.org. Ou bien adressez-vous à la **Fédération unie des Auberges de Jeunesse**, www.fuaj.org/fr.

Consulats aux États-Unis

Consulat de **BELGIQUE** à :
Los Angeles : 6100 Wilshire Blvd, Suite 1200, Los Angeles, CA 90048, tél. (323) 857 12 44, http://unitedstates.diplomatie.belgium.be
Consulats honoraires :
Houston : consuls hon. M. Jacques Bouchez et Mme Carine Lion, tél. seulement (281) 650 9621 (Jacques Bouchez), tél. (713) 449 9634 (Carine Lion), e-mail: consubelhou@crispinco.com
San Francisco : 155 Montgomery Str., Suite 207, tél. (415) 420 0643, consul honoraire Nathalie Delrue-McGuire, mail : Nathalie@belgianconsulsf.com

Consulats de **FRANCE** à :
Houston : 777 Post Oak boulevard - suite 600, Houston TX 77056, tél. : (713) 572 27 99, www.consulfrance-houston.
Los Angeles : 10390 Santa Monica Blvd, suite 410, Los Angeles CA 90025, tél : (310) 235 32 00, Internet : www.consulfrance-losangeles.org.
San Francisco : 88 Kearny Street, Suite 600 94108 San Francisco, tél. (415) 616 4906, www.consulfrance-sanfrancisco.org.

Consulats généraux de **SUISSE** à :
Los Angeles : 11766 Wilshire Boulevard, suite 1400, LA, CA 90025, tél. (310) 575 1145, www.eda.admin.ch/la.
San Francisco : 456, Montgomery St., Suite 1500, San Francisco, CA 94104-1233, tél. (415) 788 2272, www.eda.admin.ch/sf.

Décalage horaire

Il y a quatre fuseaux horaires aux États-Unis. L'*Eastern Time* (ET), sur la côte Est, a 6 h de moins que l'Europe occidentale et centrale (quand il est midi à Paris, il est 6h du matin à New York). Le second, le *Central Time* (CT), a une heure de moins que l'ET. Puis il y a le *Mountain Time* (MT) et le *Pacific Time* (PT), moins une heure pour chacun. Quand il est midi à New York (ET), il est donc 11h à Chicago (CT), 10h à Colorado Springs (MT) et 9h à San Francisco (PT).

L'heure d'été (*daylight saving time*) en Amérique commence le 2e dimanche de mars et se termine le premier dimanche de novembre (*daylight saving time*). L'Arizona n'a pas d'heure d'été, à l'exception de la réserve Navajo.

Attention : les horaires de départ et d'arrivée des vols sont toujours donnés en heure locale.

Délinquance / Urgence / Sécurité

Les touristes doivent prendre aux États-Unis les mêmes précautions que dans n'importe quel autre pays. Mais comme le taux de criminalité est assez élevé dans les grandes villes et les armes très répandues, il faut rester vigilant et observer quelques règles.

Si vous arrivez par un vol de nuit, il vaut mieux rester dans un hôtel à proximité de l'aéroport et prendre votre voiture de location le lendemain matin, ou alors prendre un taxi ou une navette pour descendre dans un hôtel en ville (*downtown*). Il est plus sûr de venir se faire chercher à l'hôtel par l'agence de location et de se faire amener au dépôt où vous devez prendre votre voiture. Les principales agences de location de voiture, comme Avis, ont des filiales dans les grands hôtels où l'on peut prendre directement la voiture.

Si, en voiture, quelqu'un vous colle derrière ou vous fait des appels de phare répétés, ne vous laissez pas avoir ! Quittez la route et garez-vous sur la prochaine aire de repos bien éclairée et appelez la **police** au **n° de tél. 911** (aussi le numéro pour les ambulances et les pompiers). Sur certains Highways, il y a des bornes d'appel pour les urgences. Si vous êtes perdu dans une grande ville, demandez votre chemin à un policier, ou dans l'hôtel le plus proche. Si votre voiture tombe en panne, garez-la sur le bas-côté de la route, ouvrez le capot pour signaler que vous êtes en panne, et attendez dans la voiture la venue de la police ou de la dépanneuse.

Évitez les rues et les quartiers considérés dangereux par les habitants du coin. Suivez impérativement les conseils du personnel des hôtels et des restaurants. Le soir, dès 21 h, les centres-villes sont souvent morts. Informez-vous sur les quartiers où la vie nocturne est importante, et prenez une voiture ou un taxi pour y aller directement.

Pour ne pas attirer l'attention, évitez d'"étaler" votre argent ou de porter des bijoux de grande valeur. N'ouvrez pas la porte de votre chambre sans demander qui frappe. Si la personne déclare appartenir au personnel de l'établissement, appelez la réception pour vérifier s'ils ont envoyé quelqu'un.

N'oubliez pas de garder à portée de main les n° de téléphone pour faire opposition en cas de vol de votre carte de crédit / travellers cheques. Les n° et adresses des ambassades et consulats peuvent aussi être utiles, tout comme une photocopie de votre passeport.

Si vous êtes attaqué, ne jouez pas les héros, gardez votre calme et donnez tout l'argent que vous avez sur vous.

En cas de contrôle de police, restez calmement assis dans votre véhicule, ouvrez la fenêtre et gardez vos mains bien en évidence sur le volant !

Électricité

Le courant électrique, aux États-Unis et au Canada, est en 110 volts. Il est conseillé d'acheter déjà en Europe un adaptateur (avec convertisseur). Heureusement, de nombreux appareils en 220 V fonctionnent aujourd'hui en 110 volts, mais il faut vérifier que l'appareil soit équipé d'une prise (plus petite que les prises européennes) conforme aux normes américaines.

Étiquette

De nombreux touristes européens sont considérés comme excessivement grossiers et agressifs aux États-Unis. Cela est dû à une différence de conception et à une incompréhension entre ces cultures. La société américaine, en apparence libre et informelle, invite facilement les étrangers à ce genre de comportement.

Bien au contraire, les relations sociales sont ici gouvernées par un système subtil de règles rarement discernables pour l'étranger de passage. Pour ne pas gâcher votre séjour et vos relations avec vos hôtes américains, il vous faut connaître quelques règles qui vous éviteront de désagréables surprises.

Les Américains tiennent à conserver une distance physique avec autrui, ce qui signifie que si vous vous approchez à moins de 50 cm d'une personne étrangère, vous devrez dire "*Excuse me*". Les Américains font la queue patiemment et essayer de resquiller est très mal considéré.

Lorsqu'ils se rencontrent, les Américains ne se serrent pas la main pour se saluer. Par contre, dans un magasin, si vous avez acheté quelque chose, le vendeur vous donnera une bonne poignée de main pour conclure la transaction. Sinon, les salutations sont plutôt informelles. À l'immanquable question "*Hi, how are you ?"* (comment allez-vous ?), il vous faudra obligatoirement répondre *"Thanks, I'm fine. How are you ?"* Dans les grands magasins, on vous posera en permanence cette question, sans pour autant attendre de vrais développement sur vos états d'âme ou votre santé.

Les Américains ont tendance à parler fort, ce que vous remarquerez à votre première visite dans un restaurant. Mais il est rare qu'ils haussent le ton ou parlent d'une voix coupante. C'est pourquoi, si vous devez vous plaindre de quelque chose, essayez de ne pas faire la grosse voix, et restez plutôt calme. Tout autre comportement paraîtrait gratuitement agressif, et la réaction de votre interlocuteur s'en ressentirait. Même dans les discussions les plus animées, on n'attaque pas verbalement son interlocuteur.

On s'adresse à un homme (d'un certain âge) en lui disant *Sir. M'am* est réservé aux dames et *Miss* aux jeunes femmes. Lors de conversations informelles, on vous interpelera avec un "*you guys, how are you today ?*"

Si vous cherchez les toilettes (anglais : *toilet* ou *loo*), il faut demander où se trouve la *restroom*, la *bathroom*, la *ladies'room* ou la *men's room*.

Si vous rencontrez des Américains, il vous demanderont vos impressions sur leur pays. De nombreux guides de voyage recommandent de ne jamais critiquer les États-Unis. Cette attitude est absurde : même l'Américain le plus patriotique a un sens critique. Bien sûr, ils se réjouissent si vous faites des compliments, mais ne se vexent pas si on les critique poliment.

Horaires d'ouverture

On peut faire ses courses à toute heure du jour et de la nuit aux USA. En général, les magasins sont ouverts de 9h à 21h ou 22h, du lundi au samedi. De nombreux magasins ouvrent le dimanche et les jours fériés, de 12h à 21h. Nombre de supermarchés et de *delis* (épiceries) sont ouverts 24h/24. Les banques et les bureaux de poste (ouverts lun. 8h-17h ou 9h-16h et le samedi matin) sont fermés le dimanche et les jours fériés.

Informations touristiques

Chaque État met à disposition des visitor centers dans les endroits touristiques, où l'on peut se procurer cartes et prospectus. On obtiendra des informations et du matériel gratuit sous :

CÔTE OUEST : Californie : www.visitcalifornia. com.
Oregon : tél. 1-800-547-7842, www.traveloregon.com.
Washington : tél. 1-800-544-1800, www.experiencewa.com.
British Columbia (Colombie Brit., **Canada)** : tél. 1-866-810-6645, http://travel.bc.ca.
ROCKY MOUNTAINS (Rocheuses) : **Colorado** : www.colorado.com
Idaho : tél. 1-800-847-4843, www.visitidaho.org.
Montana : tél. 1-800-847-4868, http://visitmt.com
Nebraska : tél. 1-888-444-1867, www.visitnebraska.org.
Utah : téléphone : 1-800-200-1160, www.visitutah.com.
Wyoming : tél. 1-800-225-5996, www.wyomingtourism.org
SUD-OUEST : **Arizona** : www.visitarizona.com
Nevada : www.travelnevada.com.
New Mexico (Nouveau-Mexique), www.newmexico. org.
Texas : tél. 1-800-8888-8839, www. traveltex.com

Jours fériés

En plus des grandes fêtes de Noël et de Pâques, l'Amérique compte des fêtes qui lui sont propres et ont parfois plus d'importance que ces deux premières. Ceci est particulièrement vrai pour les habitants des villes côtières, où les chrétiens et les habitants originaires d'Europe ne forment qu'une petite partie de la population pluriculturelle.

Les administrations, les bureaux de poste, banques et autres institutions publiques, de même que certains magasins, sont fermés les jours suivants :

1er janvier : *New Years Day* – Nouvel an.
Troisième lundi de janvier : journée dédiée à Martin Luther King, lors de laquelle on célèbre la naissance du grand leader des droits civils.
Troisième lundi de février : *President's Day* – on célèbre la naissance de George Washington, le premier Président des États-Unis, et celle d'Abraham Lincoln (tous les deux sont nés en février).
Dernier lundi de mai : *Memorial Day*, journée nationale à la mémoire des Américains tombés à la guerre à l'étranger. La période des grandes vacances commence à cette même date.
4 juillet : *Independence Day*, le jour férié national le plus important. On commémore la signature de la déclaration d'Indépendance.
Premier lundi de septembre : *Labor Day*, l'équivalent américain du 1er Mai en Europe, marque la fin de la haute saison ; les prix dans les zones touristiques chutent alors jusqu'à 50 %.
12 octobre : *Columbus Day*, célébrant la découverte de l'Amérique.
11 novembre : *Veteran's Day*, dédié aux anciens combattants de l'armée US.
Quatrième jeudi de novembre : *Thanksgiving Day*, fête de la moisson. Après le 4 Juillet, c'est la fête la plus importante du pays.
25 décembre : *Christmas Day*, Noël.

Langue

L'anglais parlé aux États-Unis se distingue de l'anglais de Grande-Bretagne par une prononciation différente et l'emploi d'autres mots.

Ainsi, en américain, dit-on pour essence *gas* ou *gasoline* (anglais : petrol), pour le rez-de-chaussée *first floor* (angl. : ground floor), pour l'ascenseur *elevator* (anglais : lift), pantalon *pants* (ang. : trousers), le placard *closet* (ang. : cupboard), un billet aller-retour *round trip ticket* (ang. : return ticket), le centre-ville *downtown* (ang. : city center), un milliard *one billion* (ang. : milliard).

Médecins

Les touristes étrangers bénéficiant d'une assurance de voyage (voir p. 233) incluant les États-Unis peuvent aller consulter n'importe quel médecin, à condition toutefois qu'ils soient en mesure de régler la consultation en liquide ou par carte de crédit approvisionnée et qu'ils puissent prouver à leur assurance qu'ils étaient obligés de se faire soigner sur place. Il faut payer de suite la consultation.

Si un médecin refuse de vous soigner, vous pouvez vous tourner vers un *medical center* local, cabinet tenu par plusieurs médecins et qui dispose d'une sorte de service d'urgence.

N° de téléphone d'urgence pour la police, les pompiers et les ambulances : le 911 dans tous les États-Unis.

Médias

Aux États-Unis, les visiteurs comprendront rapidement pourquoi l'Europe semble si loin à l'Américain moyen. La télévision, la radio et la presse écrite s'attachent principalement aux questions intérieures et traitent le plus souvent très superficiellement les nouvelles mondiales.

Pour vous tenir au courant des événements internationaux, vous devrez lire le *Los Angeles Times*, le *New York Times* ou le *Wall Street Journal*. Tous les autres journaux, aussi les plus importants, ne s'attachent qu'aux questions intérieures. Même les principaux magazines comme *Time*, l'*US News and World Report*, ou *Newsweek*, sont vendus dans la version américaine, qui diffère de la version européenne. Les journaux et magazines internationaux ne sont pas faciles à trouver dès qu'on s'éloigne des grandes villes. La télévision offre très peu d'ouverture. Il n'y a pas de chaînes publiques comme chez nous. Les chaînes, qui sont toutes privées, proposent des émissions et des thèmes auxquels il faut s'habituer. Les actualités internationales sont peu présentes et même les quatre grandes chaînes, CNN, CBS, ABC et NBC, se concentrent sur l'Amérique.

Cependant, la chaîne PBS, financée par des donations, constitue une exception : son émission quotidienne *PBS News Hour*, inspirée du modèle anglais, commente pendant une heure par jour et avec sérieux l'actualité nationale et dans le monde.

Pour vous informer, ne manquez pas non plus les *CBS Evening News*, le journal télévisé du soir. Mais il y a d'autres bonnes émissions politiques comme *Nightline*, sur ABC, présenté autrefois par le légendaire Ted Koppel.

Les grandes chaînes montrent peu de films, sauf le dimanche soir. Leurs programmes consistent souvent en séries, *soap operas*, conférences de télévangélistes, shows et beaucoup de publicité. Ne manquez en aucun cas les *late night shows* avec David Letterman (CBS) ou Jy Leno (NBC). Et si vous aimez le sport, regardez ESPN.

Médicaments

Les personnes qui doivent prendre des médicaments régulièrement ou très forts délivrés sur ordonnnance, devront se munir d'une attestation de leur médecin, rédigée en anglais, que vous pouvez le cas échéant présenter déjà avant d'entamer votre voyage.

Aux USA, les médicaments vendus sur ordonnance sont en vente dans les *pharmacies* et les *drugstores*. Les pharmacies sont rares. Par contre, dans de nombreux supermarchés et hypermarchés, les *drugstores* disposent d'un comptoir spécial, le *prescription counter*, où l'on se procurera les médicaments délivrés sur ordonnance.

Monnaie

Le dollar américain, le célèbre billet vert ou *greenback*, est certes la monnaie la plus importante du monde, mais la valeur en est aussi symbolique. On pense immédiatement au capitalisme pur et dur, à la libre entreprise, aux fortunes rapides, à la prospérité et à l'audace financière.

Il y a des billets de 1, 5, 10, 20, 50 et 100 dollars. Tous les billets ayant la même taille, il faut vérifier leur montant à chaque fois. Dans la vie courante, on n'utilise que les billets jusqu'à 50 $.

Un dollar vaut 100 *cents*. On trouve des pièces de 1 (*penny*), 5 (*nickel*), 10 (*dime*), 25 (*quarter*) et 50 *cents* (rarement) et 1 $. Les *quarters* sont les plus importants : ils sont très utiles pour les parcmètres, pour les machines à laver dans les campings ou pour d'autres appareils automatiques.

On peut retirer de l'argent avec sa carte de crédit (Visa, Mastercard) dans les distributeurs automatiques.

Nourriture

L'Amérique n'a certes pas la réputation d'être un pays de cordons bleus : hamburgers, steaks et chili représentent tout ce que le voyageur s'attend à manger dans les 50 États.

Cependant, dans les grandes villes, notamment à San Francisco, Los Angeles, Las Vegas et San Diego, l'offre s'est considérablement améliorée ces dernières années. Le point fort de la gastronomie américaine repose dans sa diversité ethnique et régionale. Ce pays d'immigrants dispose d'innombrables restaurants, servant les cuisines du monde entier. Chaque région propose des spécialités comme les *chilis* ou les *clam chowders*. Dans les villes moyennes, on trouve partout des fastfoods, des pizzerias, des échoppes servant de la nourriture mexicaine ou indienne et des *delis* juives offrant des mets kashers.

Aux États-Unis, on commence la journée par un solide petit-déjeuner, suivi d'un déjeuner (*lunch*) léger à base de sandwichs et d'un dîner (*dinner*) chaud servi tôt en soirée. Le petit-déjeuner – rarement servi dans les hôtels par ailleurs, mais plus souvent dans les motels – se prend d'habitude dans les *coffee shops*. Il comporte généralement des céréales (cornflakes, musli), des œufs au bacon, des *pancakes* (crêpes épaisses), accompagnés de jus d'orange et de café simple "américain" ou aussi bien sûr d'expresso, de *cafe latte* ou de capuccino.

Le déjeuner, servi entre 12 et 14 h, se compose souvent d'un sandwich ou d'une grande salade. Le dîner est le repas principal de la journée.

Les restaurants offrent une atmosphère totalement différente de celle des établissements européens. Même dans les restaurants chics, on n'attache que peu d'importance à la tenue vestimentaire (pas besoin de cravate, de costume ou de tailleur) et le service est souvent sans chichis. Les clients ont la même attitude, et ainsi presque toutes les Américaines ont l'habitude de se maquiller directement à table.

Dans la plupart des restaurants, vous serez accueilli par une hôtesse ou un maître d'hôtel. Si toutes les tables sont occupées, on notera votre nom et on vous appellera au bar ou au *cocktail lounge* où on pourra prendre un apéritif.

Les mots principaux sur la carte, que le serveur ou la serveuse (*waiter/ waitress*) apporte tout de suite, sont traduits ci-dessous. Les plats sont généralement plus copieux qu'en Europe et on peut ainsi renoncer à prendre une entrée (*appetizer*) et commander directement le plat principal (*entree*), accompagné d'eau du robinet gratuite. En ce qui concerne le café et de nombreuses boissons, on ne vous fera souvent payer que la première tasse ou le premier verre ; après on vous en resservira gratuitement ou contre un petit supplément. Si vous désirez une eau minérale ou une boisson sans glaçons, il faut le préciser. Si vous désirez manger à peu de frais, commandez le *today's special* (plat du jour). Les amateurs de verdure iront dans un *salad bar* où ils pourront manger à volonté des salades, mais souvent à condition de commander un plat principal.

Quant aux gros mangeurs, ils ne manqueront pas les restaurants offrant la formule *"All you can eat"* : pour une certaine somme, le client peut se resservir autant qu'il le veut à un buffet.

Pour les enfants, les restaurants proposent des menus spéciaux (*kid's meal*) bon marché mais pas très bons pour la santé.

Les Américains sont des buveurs de bière que l'on trouve sous diverses formes, en bouteille ou pression. Depuis peu, certains établissements proposent cependant de la bière souvent délicieuse provenant de toutes petites brasseries.

Aux USA, le vin a le vent en poupe. Dans les restaurants plutôt haut de gamme, il est désormais de bon ton de se faire servir un verre de vin américain ou étranger pour accompagner un plat.

Le dimanche et les jours fériés, certains restaurants ne servent pas du tout d'alcool. Certaines villes ayant même totalement banni l'alcool, on devra se contenter d'une bière ou d'un vin sans alcool. Si vous paraissez avoir moins de 21 ans (l'âge minimum légal pour consommer de l'alcool), on vous exigera de produire une pièce d'identité lors de l'achat ou de la commande d'alcool.

Après le repas, on vous demandera automatiquement si vous prenez un *dessert* (prononcer "diseurt"). Si vous ne réussissez pas à finir votre assiette, n'hésitez pas à demander un *doggie bag*, pour emporter les restes prétendument destinés au chien.

Avec le dessert, on vous porte l'addition (*the check, please*) que vous réglerez soit à votre table, soit plus souvent à une caisse à la sortie. On laisse le pourboire (*tip*) en liquide sur la table ou dans l'espace prévu à cet effet sur le coupon, si vous payez par carte (voir aussi sous "Pourboire"). Dès que le client a payé, il est supposé partir tout de suite. S'attarder autour de la table en compagnie n'est pas bien vu. Il faut libérer la table pour les clients suivants et poursuivre la conversation ailleurs. Regardez bien, il y a sûrement un bar pas très loin du restaurant, où vous pourrez tranquillement siroter un verre.

Si vous désirez acheter votre propre nourriture, aventurez-vous dans la jungle des supermarchés et hypermarchés. Le choix y est grand, mais nombre de produits sont fortement allégés en graisses ou en sucre, ou comprennent de nombreux additifs. Vous trouverez de l'épicerie fine et des spécialités dans les *delis* où l'on vend, contrairement à la plupart des supermarchés, de la charcuterie et des fromages frais locaux mais aussi d'importation.

Les prix sont à peu près les mêmes qu'en France. La viande est souvent meilleur marché, le lait plus cher. Les étrangers se plaignent souvent de la qualité du pain et de l'eau minérale. Il est difficile de trouver du pain complet en dehors des grandes villes. Les Américains préfèrent souvent le pain blanc mou (vendu aussi sous forme de pain complet), et ils boivent peu d'eau minérale mais de l'eau du robinet (souvent avec du fluor) avec des glaçons.

Les supermarchés et les *delis* vendent toutes sortes de café imaginables.

Glossaire gastronomique

Petit-déjeuner (breakfast)

scrambled eggs.......... œufs brouillés
eggs sunny-side up / fried eggs.......... œufs sur le plat
sausage................ petite saucisse, servie au petit déjeuner
pancakes.................. petite crêpe
cream and sugar .... crème et sucre
juice .... jus de fruit
rolls...................... petits pains
donut........................ beignet
french toast .... tranche de pain
hash browns / potatoes ..... croquettes de pommes de terre servies au petit-déjeuner
corn bread .... pain à base de maïs
oatmeal .... bouillie d'avoine

Déjeuner (lunch)

hoagie, sub............. long sandwich
BLT-sandwich .... sandwich au bacon, laitue et tomate
french fries .... frites
onion rings..... rondelles d'oignon cuit
bread: wheat .... pain blanc
rye...................... pain complet
sourdough .... pain amer

Dîner (dinner)

cole slaw.. salade de chou-mayonnaise
potato skins (fully loaded)..... pommes de terre farcies de fromage, de jambon ou de lard
side orders .. plats d'accompagnement (légumes, riz ou pommes de terre)
Sirloin .... filet de bœuf
T-Bone steak .... steak servi avec l'os les steaks sont servis *rare, medium, medium-well* et *well*
pork/veal chops .... côtes de porc ou de veau
turkey.......................... dinde
poultry........................ volaille
meat balls.......... boulette de viande
thighs................. cuisse de poulet
buffalo wings....... ailes de poulet très épicées
cabbage .... chou
mashed potatoes .... purée de pommes de terre
mushrooms .... champignons
spinach .... épinards
pumpkin .... citrouille
peas .... petits pois
lettuce .... salade
horseradish .... raifort
beans....................... haricots
baked beans .... haricots au lard
clams...................... palourdes
cod .... cabillaud
flounder .... sole
salmon....................... saumon

scallops .... coquilles St-Jacques
shrimp .... grosses crevettes
trout .... truite
cod(fish) .... cabillaud
rose fish / ocean perch . . sébaste orangé
lobster .... homard
clam chowder ...... sorte bouillabaisse à base de coquillages
oysters .... huîtres

Poids, mesures et températures

Aux États-Unis, on utilise toujours le vieux système britannique de mesures, tandis que le système métrique n'y est en vigueur nulle part.

Longueurs :
1 inch (in. ou ") .... 2,54 cm
1 foot (ft. ou') = 12 in.. .... 30,48 cm
1 yard (yd) = 36 in. .... 91,44 cm
1 mile (mi) .... 1 609,3 m

Liquides :
1 ounce (oz) .... 2,957 cl
1 pint = 16 oz .... 0,4732 l
1 quart (qt) = 2 pints .... 0,946 l
1 gallon (gl) = 4 quarts .... 3,7853 l
(au Canada).................... 4,546 l

Poids :
1 ounce (oz) .... 28,35 g
1 pound (lb) = 16 oz. .... 453,6 g

Températures :

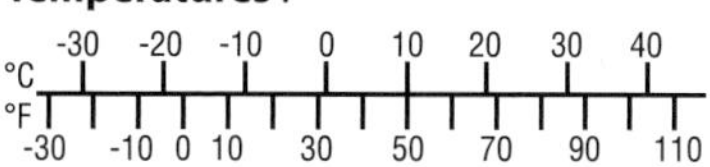

Pourboire

Les serveurs américains s'attendent à recevoir de meilleurs pourboires que leurs collègues européens, car le salaire minimum est très bas et le service n'est pas compris dans l'addition. Il est donc normal de laisser environ 20 % du montant – il ne faut pas oublier que les serveurs survivent grâce aux pourboires. On ne donne moins que si l'on n'est pas satisfait. Pour les chauffeurs de taxi, donner 10-15 % du prix de la course, un peu plus s'ils vous aident à porter vos bagages. Les grooms dans les hôtels reçoivent généralement 1 $ par bagage, les femmes de ménage 1 à 2 $ par nuit (laisser l'argent sous le coussin).

Poste

Le service de la poste (US Postal Service) est le seul service public des États-Unis, et il fonctionne plutôt bien. Ses tarifs sont généralement moins élevés qu'en Europe. La plupart des bureaux de poste – peu nombreux par ailleurs – sont ouverts de 8h à 17h en semaine, et de 8h à midi le samedi.

On peut acheter des timbres dans la plupart des supermarchés, des drugstores et à la réception des hôtels et motels. Une carte postale pour l'Europe coûte actuellement 1,15 $.

Randonnée et trekking

La plupart des parcs nationaux possèdent des chemins de randonnée de tous les niveaux qu'on peut explorer seul ou accompagné par un *ranger* ou un garde forestier (qui peut tout vous raconter sur le parc en question). Ces tours guidés durent de 20 minutes à plusieurs jours, et ont lieu tous les jours en été. L'hébergement se fait soit dans des terrains de camping, soit dans de simples bungalows qu'il faut alors avoir réservés à l'avance, soit au Visitor Center local, soit auprès des gardes du parc national.

Si vous souhaitez entreprendre de plus grandes randonnées en solitaire, enregistrez-vous auprès des rangers – pour votre propre sécurité – et signalez-leur votre arrivée et votre départ. Il y a aussi des sentiers de rando pas trop longs et faciles, et de nombreux parcs offrent un ou deux sentiers accessibles aux handicapés.

Enfin, attention, ne jouez pas avec le feu (ne pas jeter de mégot allumé par ex. ou des tessons de bouteille) ! En été, la forêt prend facilement feu. Des incendies gigantesques détruisent régulièrement de vastes parties des parcs nationaux.

Le **National Park Service** (www.nps.gov) fournit d'amples informations sur tous les parcs nationaux aux USA.

Shopping

Les États-Unis sont le paradis du consommateur. Certains articles sont moins chers qu'en Europe, bien que les prix aient augmenté ces dernières années. Le cours du change (euros en dollars) peut s'avérer avantageux, ou pas, pour les Européens. Faire les achats en Amérique est un passe-temps agréable. Les vendeurs sont aimables et serviables, et il n'y a pas d'heure officielle de fermeture. Les grands magasins (*department stores*) spacieux et les centres commerciaux (*shopping malls*) sont des univers en eux-mêmes.

En plus des antiquités régionales et des objets d'art et d'artisanat recommandés dans les fiches pratiques, il peut être intéressant d'acheter des appareils électriques, matériel informatique, appareils photos et vêtements. Les meilleures affaires se font dans les magasins discount et dans les *outlet stores*. Si vous achetez un appareil électrique, assurez-vous qu'il fonctionne sur le 220 volts et sur une fréquence différente.

Les télés et lecteurs de DVD ne fonctionnent généralement pas car le système TV américain n'est pas compatible avec le Pal ou le Sécam européen. En ce qui concerne les DVD, il faut vérifier à l'achat si on peut changer le code régional, auquel cas vous ne pourrez pas regarder les DVD que vous avez achetés en France et apportés dans vos bagages.

Il est plus facile d'acheter du matériel photo qui est souvent de meilleure qualité. Certains appareils photo de marque ainsi que les accessoires sont en général meilleur marché aux USA. Les lecteurs MP3 et d'autres appareils mobiles fonctionnent sans problèmes sur le 220 volts en Europe.

Cela vaut la peine d'acheter des vêtements, surtout si ce sont des produits américains. Les jeans (surtout la marque Levis), les chaussures et les articles de sport notamment sont bon marché. Les marques des couturiers américains de même que les produits cosmétiques haut de gamme sont souvent meilleur marché qu'en Europe.

L'une des spécialités américaines, le *outlet* ou *factory store* (phènomène qui se répand de plus en plus en Europe), est un endroit où l'on vend des vêtements légèrement abîmés ou imparfaits de l'année précédente à des prix avantageux.

Parmi les grandes chaînes *outlet* représentées dans l'Ouest américain, il convient de citer les Chelsea Premium Outlets que l'on trouve en Californie dans les agglomérations de San Francisco, Los Angeles, Sacramento et San Diego, mais aussi à Seattle, Portland, Las Vegas, Austin, Dallas, San Antonio et Houston (www.premiumoutlets. com).

Tanger Outlets (www.tangeroutlet.com) a des filiales en Californie (Barstow), en Oregon (Lincoln City), en Utah (Park City) et au Texas (San Marcos, Terrell).

Téléphone et Internet

Aux États-Unis, tout le système téléphonique est privatisé. Plusieurs compagnies régionales et les *long-distance companies*, qui couvrent plusieurs régions, se partagent le marché des communications locales ou interrégionales, ainsi que celui des appels internationaux.

Les **numéros de téléphone américains** comportent 7 chiffres et ils sont précédés d'un indicatif régional (*area code*) à trois chiffres.

Pour les **communications locales** (à l'intérieur d'une même zone téléphonique, par exemple 713 pour le Texas), il suffit en principe de composer le numéro à sept chiffres, mais dans certaines zones il faut composer en plus l'*area code*.

Communications interrégionales: pour appeler d'une région vers une autre, composez le le 1 + l'indicatif régional (*area code*) + le n° de votre correspondant à sept chiffres.

Cartes prépayées : les *prepaid cards* sont proposée par une kyrielle de compagnies. Lisez avec attention les conditions au verso. Certaines prélèvent des commissions élevées pour activer la carte, d'autres vendent un certain nombre d'unités à l'avance qui ne sont valables que pour les appels sur le territoire américain. Parmi les principaux opérateurs, on trouve IDT dont la carte GlobalCall revient à 12 cts/mn pour un appel vers l'Europe.

Aux USA, il est toujours possible d'appeler en **PCV**, appelé *collect call* : c'est la personne appelée qui prend à sa charge le coût de la communication. Plusieurs sociétés proposent ce type de service. Mais sachez que les communications sont bien plus chères qu'un appel avec une carte de téléphone. Parmi les différentes possibilités, on peut par ex. composer le n° d'accès 0800 + 1058 + l'indicatif régional (*area code*) + le n° du correspondant à 7 chiffres.

Appels depuis les hôtels : les tarifs sont très élevés mais les liaisons avec l'Europe sont directes. Il vous faut composer d'abord un numéro pour l'extérieur (souvent le 9) + 011 + l'indicatif du pays + le numéro de votre correspondant en France (sans le 0).

Indicatifs pour l'étranger:
De la France vers les USA : 00 + 1 + *area code* + n° du correspondant.
Des USA vers la France : 011 + 33 + n° du correspondant sans le 0.
États-Unis-Belgique : 011 + 32.
États-Unis-Suisse : 011 + 41.

Cela revient encore moins cher d'utiliser les lignes de communication internationales d'une compagnie privée (comme AT&T oder MCI) que l'on peut appeler depuis sa chambre d'hôtel. Cela évite de payer les frais de communication élevés que vous facturerait l'hôtel.

Numéros gratuits (*toll free numbers*): les numéros commençant par 1-800, 1-866, 1-877 ou 1-888 sont gratuits et valables uniquement aux États-Unis. Ces numéros sont quelquefois accolés à des lettres, afin de faciliter la mémorisation, comme par ex. 1-800-345-ALEX. Regardez n'importe quel récepteur américain, chaque touche comporte un chiffre et trois lettres, ce qui permet de se rappeler plus facilement du numéro. Pour ALEX vous composerez en fait le 1-800-354-2539.

Numéros payants : attention aux numéros commençant par 900. Ils sont payants et extrêmement chers !

Notez que l'abbrévation "n°" est souvent remplacée par "#".

Le **n° d'urgence** pour les pompiers, police et ambulance est le 911.

Portables (*cell phones*) : les portables tribandes ou quadribandes fonctionnent sans problèmes partout aux USA. Les vieux portables bibandes ne fontionnent plus. Les tarifs de roaming sont élevés, renseignez-vous avant le voyage auprès de votre opérateur afin d'éviter les mauvaises surprises à votre retour et les notes salées. Pour téléphoner sur votre portable ou surfer à votre gré sur votre tablette, il est préférable d'acheter une carte prépayée américaine auprès d'un grand fournisseur (par exemple Cellion.

Dans certaines régions reculées ou dans de nombreux parcs nationaux, la couverture du réseau de téléphonie mobile est mauvaise ou inexistante.

Wifi : l'accès wifi est disponible presque partout gratuitement si vous utilisez votre mobile, tablette ou ordinateur portable. Les offices de tourisme, les restaurants, les hôtels, les campings, les commerces, les supermarchés et les fastfoods entre autres mettent à disposition leur réseau. Pour pouvoir vous connecter, il vous faudra parfois demander le mot de passe avant.

AUTEURS

Jürgen Scheunemann, est journaliste et traducteur à Berlin. Il a étudié l'histoire des États-Unis à Berlin et a enseigné à l'Université du Maryland. Il a écrit en partie les chapitres "Voyage à travers la terre Promise ", "De Los Angeles à Las Vegas", "De Las Vegas au Grand Canyon", "Le Pays des Navajo et des Hopi ", "De San Francisco à Seattle", "La côte pacifique nord-ouest", "De Seattle au Yellowstone Park", "De Los Angeles au Yosemite National Park" (en collaboration avec Arturo Gonzalez), "Du fast-food aux cuisines ethniques", "Une société basée sur l'immigration".

Anne Midgette vit à New York et rédige de nombreux écrits sur l'art et la musique classique pour des magazines renommés. Elle a grandi à New York et au Nouveau-Mexique, et a vécu un temps à Munich. Elle a rédigé les chapitres "De Santa Fe à San Antonio", "La côte du Texas", "Le sport en Amérique" (avec Gary Mc Kechnie) et "Les Indiens, les oubliés du rêve américain".

Arturo Gonzalez écrit pour des magazines et des journaux américains. Il a écrit les chapitres "Du Grand Canyon à Denver", "De Los Angeles à San Francisco", "De Los Angeles au Yosemite National Park", "De San Francisco à Salt Lake City" et "De Salt Lake City au Yellowstone National Park".

Sara Hare travaille en tant que journaliste free-lance à San Francisco. Depuis ses études en Sciences sociales, elle écrit pour des magazines aux USA, en Allemagne et en Italie. Elle a écrit les chapitres "De Los Angeles à Phoenix" et "De Phoenix à Santa Fe".

Anita King a collaboré aux chapitres de Sara Hare.

Gary McKechnie, spécialisé dans les voyages, parcourt le monde depuis des années. Il a écrit avec Anne Midgette le chapitre sur "Le sport en Amérique".

Margarete Batt, diplômée en histoire de l'art et guide touristique, est l'auteur du chapitre "Sur la Route 66 à travers le Sud-Ouest des États-Unis".

A

Acoma 59
Acoma Pueblo 57
Agua Caliente Indian Reservation 42
Airport Mesa 53
Albuquerque 57, 229
Rattlesnake Museum 57
San Felipe de Neri 57
Amargosa Valley 91
Amboy 230
Américains 23, 26
American Falls Reservoir 173
Anasazi 44, 49, 54, 55, 59, 99, 117, 118
Angel's Landing 101
Antelope Island 169
Anza-Borrego Desert State Park 43
Apaches 23, 45, 50, 55, 111, 112
Apache Trail 50
Aransas National Wildlife Refuge 78
Aransas Pass 77
Arches National Park 121
Arcosanti 52
Arizona 23, 30, 100, 111, 117
Aspen 122
Astoria 191, 194
Columbia River Maritime Museum 191
Flavel House 191
Fort Astoria 191
Austin 72
Governor's Mansion 72
Lyndon B. Johnson Library and Museum 72
State Capitol Building 72
Avila 136

B

Badwater 90
Bainbridge Island 207
Baker 88
Bakersfield 146
Kern County Museum 146
Pioneer Village 146
West-Kern Oil Museum 146
Bandelier National Monument 60
Barstow 87
Mojave River Valley Museum 87
Beacon Rock 195
Bell Rock 53
Berkeley 162
Big Bend National Park 69
Big Cottonwood Canyon 168
Big Sur 137
Biosphere 2 51
Bitter Lake National Wildlife Refuge 67
Black Canyon of the Gunnison National Monument 121
Blackfoot 174
Bodega Bay 187
Boise 221
Bolivar Peninsula 80
Bonneville Lock and Dam 194
Boulder 127
Boulder City 99
Bouse 45
Bozeman 224
Breckenridge 124
Bridge of the Gods 195
Brigham City 169
Brookings 189
Bryce Canyon 102
Paunsaugunt Plateau 102
Buffalo Bill 25, 90, 127
Burlington 211
Butch Cassidy 166
Butte 223
Copper King Mansion 223
World Museum of Mining and Hell Roarin' Gulch 224

C

Calico 87
Californie 25, 29, 31, 40, 87
Camelback Mountains 49
Cameron 105, 111
Canyon de Chelly 55, 115, 118
Antelope House 116
Mummy Cave 116
White House 116
Cape Kiwanda 190
Cape Lookout 190
Cape Meares 190
Capitan Mountains 68
Carlsbad 68
Carlsbad Caverns National Park 68
Carmel 138
Carmel River State Park 139
Carson, Kit 116
Casa Grande 51
Casa Grande Ruins National Monument 52
Cascade Canyon 178
Cascades 198, 207
Cascades Locks 194
Cathedral Group Turnout 178
Caverns of Sonora 69
Chapel of the Transfiguration 177
Cheyennes 23
Chimayo 60
Santuario de Chimayo 60
Chisos Mountains 69
Ciudad Juarez 65
Clark, William 192
Clear Lake 81
Coachella Valley 42
Cochiti Pueblo 59
Cody 182
Coeur d'Alene 221
Coeur d'Alene Lake 221
Colons 23, 24, 26, 29, 44, 55
Colorado, désert 43
Colorado Desert (Sonora Desert) 42
Colorado, Etat 23, 24, 30, 117, 217
Colorado National Monument 121
Colorado River 44, 103, 105
Colorado River Indian Tribes Museum and Library 45
Colorado Springs 130
Colter Bay Visitor Center 178
Indian Arts Museum 178
Columbia River 195, 217, 218
Comanches 72
Continental Divide (ligne de partage des eaux) 129
Copper Mountain 124
Coral Pink Sand Dunes State Park 102
Cordova 60
Corpus Christi 75
Convention Center 76
Corpus Christi Museum of Science and History 76
Harbor Bridge 76
Heritage Park 76
South Texas Institute for the Arts 76
Texas State Aquarium 76
Texas State Museum of Asian Cultures 76
Watergarden 76
Coulee City 218
Coupeville 210
Crack-in-Rock, ruines 54
Crater Lake National Park 189
Craters of the Moon National Monument 174
Cripple Creek 130
Crockett, David 70

Crow 174

D

Dallas 30
Dante's View 89
Davis Mountains 69
Death Valley Junction 89
Décalage horaire 240
Deception Pass State Park 210
Deception Point 211
Del Mar 39
Delta 121
Denver 124
American Indian Hall 126
Colorado Railroad Museum 127
Denver Art Museum 126
Denver Center for the Performing Arts 126
Larimer Street 125
State Capitol Building 126
U.S. Mint 126
Desert Hot Springs, 42
Desolation Wilderness 165
Devil's Elbow State Park 190
Devil's Golf Course 89
Dinosaur National Monument 122
Drummond 222
Dry Falls State Park 218
Durango 121

E

Eagle Creek Trail 194
Eagle Harbor 207
Ecola State Park 191
Elko 166
Basque Festival 166
El Malpais National Monument and National Conservation Area 56
El Paso 65, 70
Emerald Bay 164
Empire Mine State Historic Park 164
Estes Park 128
Estes Valley 128
Europe 23, 29
Européens 16, 23, 31, 218, 219
Everett 209
Usines Boeing 209

F

Faille de San Andreas 157
Far West (Wild West) 23
Ferndale 188
Flagstaff 53, 229
Flathead State Park 222
Florence 190
Fork River 122
Formalités d'entrée 235
Fort Alamo, siège de 70
Fort Clatsop National Memorial 191
Fort Davis 69
McDonald Observatory 69
Fort Lancaster 69
Fort Stockton 68
Fort Vancouver National Historic Site 193
Fort Worth 30
Four Corners Monument 117
Français 71, 176
Fredericksburg 72
Fresno 149
Friday Harbor 211
Whale Museum 211
Frijoles Canyon 60
Front Range 128
Furnace Creek, oasis 89

G

Gallup 56
Galveston 79
Ashton Villa 80
Grand 1894 Opera House 80
Moody Gardens 80
Texas Seaport Museum 80
Galveston Island 80
Garberville 187
Garden of the Gods 130
Garnet Ghost Town 222
Gateway to the Narrows Trail 101
Gila River, réserve 52
Glen Canyon Recreation Area 103
Globe 51
Besh-Ba-Gowah 51
Gila County Historical Museum 51
Gold Beach 189
Gold Discovery Site State Park 164
Golden Canyon 89
Golden Spike National Historic Site 169
Goldfield Ghost Town 50
Grand Canyon 99, 103
Grand Canyon Caverns 54, 230
Grand Canyon Village 105
Grand Coulee Dam 218
Grand Junction 121
Grand Teton National Park 174
Grants 57, 229
New Mexico Mining Museum 57
Grants Pass 189
Great Arch 101
Great Salt Lake 167
Great White Throne 101
Grottes 55
Guadalupe Mountains National Park 68
Guadalupe Peak 68
Guadalupe State Park 72
Gulf Intracoastal Waterway 78

H

Hassayampa River Preserve 46
Helena 223
Governor's Mansion 223
State Capitol 223
Hidden Canyon 101
Hoh Indian Reservation 209
Hohokam 44, 52
Hoh Rain Forest 209
Holbrook 229
Hoover Dam 99
Hopis 49, 54, 55, 111, 113
Houston 30, 75, 81
Houston Park 82
Menil Collection 81
Museum of Fine Arts 81
Rothko Chapel 81
Hubell Trading Post 114
Humboldt Redwoods State Park 187
Hurricane Ridge 208

I

Idaho 30, 173, 217, 221
Idaho Falls 173
Temple mormon 173
Immigrants 25
Immigration 16
Imperial Valley 42
Incline Village 165
Indianola 79
Indiens 18, 24, 25, 30, 46, 49, 54, 152, 195

J

Jackson 174
Jackson Hole 174
Jemez Pueblo 59
Joshua Tree National Park 43

K

Kanab 102
Kartchner Caverns 51
Kayenta 117
Kellogg 221
Kelso 88
Kemah 81
Kern County 146
Keys View 44
Kingman 230
King Ranch 75
Kings Canyon National Park 146
General Grant Tree 149
Kingsville 75
Kirkwood 165
Klamath 188

L

La Conner 211
Lac Washington 207
Lajitas 69
La Jolla 39
Scripps Institution of Oceanography 39
University of California 39
Lake Balmorhea 69
Lake Crescent 209
Lake Mead 99
Lake Mead National Recreation Area 99
Lake Powell 103
Lake Tahoe 164
Lake Union 207
Lake Washington 203, 207
Las Vegas 23, 87, 91
Leavenworth 218
Leggett 187
Lewis and Clark Caverns State Park 224
Lewis et Clark, expédition de 192
Lewis, Meriwether 192
Lincoln 68
Little Cottonwood Canyon 168
Lolo 222
Longmire 198
Los Alamos 59
National Laboratories 59
Los Angeles 26, 27, 35, 41, 87, 136, 145, 230
Autry National Center 38
County Museum of Art 35, 36
Getty Center 38
Grand Central Market 36
Graumann's Chinese Theater 37
Hammer Museum 38
Hollywood 37
Hollywood Walk of Fame 37
Knott's Berry Farm, 39
La Brea Tar Pits 36
Little Tokyo 36
Museum of Tolerance 38
Olvera Street 36
Villa Getty 38
Walt Disney Concert Hall 36
Lost Dutchman State Park 50

M

Mammoth Hot Springs 181
Marblemount 212
McLean 228
Medford 189
Mendocino 187
Menor's Ferry 177
Mesquite 100
Meteor Crater 229
Missoula 222
Moab 121
Mogollon 44
Mojave, désert 43
Monahans Sandhills State Park 68
Montana 30, 179, 217, 221
Monterey 140
Cannery Row 141
Montezuma Castle 52
Monument Valley 116
Mormons 167
Morro Rock 136
Morton 196
Mount Adams 197, 198
Mount Baker 197, 198, 212
Mount Baker-Snoqualmie National Forest 212
Mount Hood 195
Mount Mazama 189
Mount Olympus 209
Mount Rainier 196, 197, 207
Mount Rainier National Park 197
Mount San Jacinto State Wilderness Area 42
Mount Spokane 220
Mount St. Helens 195, 197
Mount St. Helens National Volcanic Monument 196
Mount Whitney 89, 148
Muir Woods National Monument 161
Mukilteo 210
Multnomah Falls 194
Mustang Island State Park 76

N

Nambe Pueblo 60
National Elk Refuge 174
Natural Bridges State Park 141
Navajo National Monument 117
Navajos 55, 111, 113, 114, 115, 116
Nebraska 30
Needles 230
Nevada 23, 30, 87, 99, 165, 166
Nevada City 224
New Braunfels 71
Newport 190
Hatfield Marine Science Center 190
Undersea Gardens 190
Nez-Percés 23, 189, 222
North Cascades 197, 217, 218
North Cascades National Park 211
North Fork Virgin River 100
Nouveau-Mexique (New Mexico) 30, 49, 54, 56, 111, 117

O

Oak Creek Canyon 53
Oak Harbour 210
Oakland 162
Oasis Visitor Center 43
Oatman 230
Oklahoma 31
Old Dominion Mine 51
Old Faithful 181
Old Tucson 51
Olympic National Park 208
Olympic Peninsula 207
Orcas Island 211
Oregon 23, 31, 187, 188
Oregon Dunes National Recreation Area 190
Oregon Trail 194
Orick 188
Oswald West State Park 191
Overton 99
Lost City Museum of Archaeology 99
Owl Canyon 87

P

Pacific Palisades 38
Padre Island 77
Page 103
Pahrump 91
Painted Desert 54, 104, 111
Painted Desert National Park 229
Palacios 79

Palm Canyon 42
Palm Desert 42
Living Desert Zoo & Gardens 42
Palm Springs 41
Moorten's Botanical Garden 42
Palm Springs Desert Museum 41
Village Green Heritage Center 41
Palo Alto 142
Palo Alto;Stanford University 142
Paolo Duro Canyon 228
Papago 45
Pasadena 145
Payson 52
Pebble Beach 139
Pedernales River State Park 72
Petrified Forest National Park 115, 229
Pfeiffer Big Sur State Park 138
Phoenix 46, 49, 57
Desert Botanical Garden 49
Heard Museum 49
Pioneer Arizona Living History Museum, 49
Pike's Peak 125
Pima 45, 46, 55
Pioneer Territory 90
Pismo Beach 136
Pocatello 173
Fort Hall Trading Post 173
Point Lobos State Reserve 139
Point Reyes National Seashore 187
Pony Express 163
Port Angeles 208
Port Aransas 76
Port Arthur 82
Portland 31, 192
International Rose Test Garden 193
Portland Art Museum 193
Washington Park 192
Port Lavaca 79
Port Madison Indian Reservation 207
Old Man House 207
Suquamish Museum 207
Port O'Connor 79
Port Townsend 207
Fort Worden 208
Old Fort Townsend 208
Poulsbo 207
Prospect Mountain 128
Pueblo, Indiens 40, 42, 57
Pueblo, village indien 59
Puget Sound 203, 209

Q

Quartzsite 45
Quillayute Indian Reservation 209

R

Rainbow Basin 87
Rainbow Bridge National Monument 103
Rainbow Vista 99
Randle 196
Red Rock State Park 53, 56
Redwood National Park 188
Reno 166
Réserve des Hopis 113
Rhododendron State Park 210
Rhyolite 90
Rim Drive 189
Rio Grande 59, 65, 67
Rio Grande Bridge 60
Riverside 40
Rocheuses (Rocky Mountains) 23, 24, 26, 30, 69, 189, 217
Rockport 187
Rocky Mountain National Park 127
Fall River Pass 130
Glacier Creek 130
Many Parks Curve 129
Milner Pass 129
Moraine Park 130
Old Fall River Road 129
Rainbow Curve 129
Trail Ridge Road 129
Roosevelt 50
Roosevelt Dam 50
Roswell 67
International UFO Museum 67
Museum and Art Center 67
Route 66 228
Bagdad Cafe 230
Big Texan Steak Ranch 228
Cadillac Ranch 228
Hôtel El Rancho 229
Roys Cafe 230

S

Sacramento 162
California State Railroad Museum 163
Governor's Mansion 163
State Capitol 163
Sutter's Fort 163
Saguaro National Park 51
Salado 51
Salinas 141
National Steinbeck Center 141
Salish 209
Salt Lake City 166, 173
Mormon Tabernacle Choir 167
State Capitol 167
Salton Sea 42
Salt River 46, 50
San Antonio 70, 75
Alamo Chapel 70
Cathédrale San Fernando 71
Governor's Palace 71
HemisFair Park 71
Institute of Texan Cultures 71
Tower of the Americas 71
Witte Museum 71
San Bernardino 230
San Carlos Indian Reservation 51
Sandia 59
San Diego 38, 40
Balboa Park 40
Cabrillo National Monument 40
Junipero Serra Museum 40
Mission San Diego de Alcala 40
San Diego Zoo 40
Sea World 40
San Francisco 29, 136, 141, 142, 145, 157, 187, 192
Alcatraz Island 158
Coit Tower 158
Golden Gate Bridge 161
Mission Dolores 160
San Francisco Peaks 54
San Ildefonso Pueblo 59
San Isidro 67
San Jose 142
San José Island 77
San Juan Capistrano 39
San Juan Island 211
San Luis Obispo 136
San Marcos 71
San Simeon 136
Hearst Castle 136
Santa Anita 146
Santa Barbara 135
Santa Barbara Historical Society 135
Santa Clara Pueblo 59
Puye Cliff Dwellings 59
Santa Cruz 141
Santa Fe 49, 50, 57
Georgia O'Keeffe Museum 58
Museum of International Folk Art 59
Palace of the Governors, 58

Wheelwright Museum of the American Indian 59
Santa Fe Ski Basin 59
Santa Monica 38, 230
Santa Monica Mountains 36
Santa Rosa 229
Sausalito 161
Sea Lion Caves 190
Seattle 31, 192, 203, 209, 217
Musée de la Science-Fiction 206
Seattle Aquarium 204
Seattle Art Museum 204
University of Washington 207
Waterfront 204
Sea World of Texas 71
Sedona 53
Seligman 229
Sequoia National Park 146
General Sherman Tree 149
Shamrock 228
Shoshone 174
Shuswap 189
Sierra Nevada 89, 145, 148
Signal Mountain 178
Silica Dome 99
Silicon Valley 141
Sinagua 54
Sioux 23
Slide Rock State Park 53
Snake River 176
Soda Springs 87
Sol Duc Hot Springs 209
Sonora, désert 42
South Lake Tahoe 165
Space Center Houston 81
Spokane 220
Manito Park 220
Mt. Spokane State Park 220
Northwest Museum of Arts and Culture 220
Riverfront Park 220
Riverside State Park 220
Spokane Falls 220
Sport 20
Squaw Peak 49
Squaw Valley 165
St. George 100
Brigham Young Winter Home 100
Mormon Temple 100
Strawberry Mountain 196
Sundance 169
Sunset Crater Volcano National Monument 54
Superstition Mountains 50
Superstition Wilderness 50

T

Taggart Lake 177
Taos 59, 60
Kit Carson Home and Museum 60
Taos Pueblo 60
Temple de Sinawava 101
Terlingua 69
Tesuque Pueblo 59
Teton Range 176
Texas 24, 25, 30, 65
Texas Hill Country 71
Texola 228
The Dalles 194
Three Forks 224
Tigua 67
Tillamook 190
Tonto National Forest 52
Tonto National Monument 51
Tonto Natural Bridge State Park 53
Toppenish 219
Truxton 230
Tuba City 54
Tucson 51
Tucumcari 229
Tusayan 105

U

Utah 23, 30, 31, 100, 117

V

Vail 122
Valley of Fire State Park 99
Valley of the Sun 46, 49
Vancouver 203, 212
Capilano Suspension Bridge 213
Gastown 213
Granville Island 212
Stanley Park 213
Vancouver Aquarium 213
Vancouver Island 214
Venice 38
Victoria 214
Crystal Garden 214
Parliament Building 214
Virginia City 224
Virgin River 101
Vulture City 46
Vulture Mine 46

W

Wallace 221
Wallace District Mining Museum 221
Walnut Canyon National Monument 54
Wasatch Mountains 169
Washington 192, 197
Washington, Etat 23, 31, 187
Washington Park 207
Arboretum 207
Japanese Tea Garden 207
Wenatchee 217
Ohme Gardens 217
Westport 187
White Sands National Monument 65
Wickenburg 46
Desert Caballeros Western Museum 46
Jail Tree 46
Little Red Schoolhouse 46
Wild West (voir Far West) 23
Willamette Valley 193
Window Rock 114
Navajo Nation Museum 115
Navajo Nation Zoological and Botanical Park 115
Windy Ridge 196
Winnemucca 166
Winslow, 229
Wizard Island 189
Wukoki 54
Wupatki 54
Wupatki National Monument 54
Wyoming 30, 31, 179

Y

Yakima 218
Fort Simcoe 219
Yakima Valley Museum 219
Yakima Indian Reservation 219
Yakima, Indiens 219
Yakima Valley 219
Yellowstone Lake 181
Yellowstone National Park 173, 179, 217, 224
Yorba Linda 39
Richard M. Nixon Presidential Center 39
Yosemite National Park 149
Bridal Veil Falls 151
El Capitan 151
Glacier Point 152
Grizzly Giant 150
Half Dome 152
Mariposa Grove of Giant Trees 150
Mono Lake 152

Ribbon Fall 151
Yosemite Falls 151
Yosemite Village 150
Ysleta 67

Z

Zabriskie Point 89
Zephyr Cove 164
Zion National Park 100
Zuni Indian Pueblo 56
Zunis 49, 56, 59, 67

HÉBERGEMENT

En haute saison, le week-end et/ou près des parcs nationaux prisés du public, il est conseillé de réserver à l'avance.
Même les motels les moins chers proposent deux lits jumeaux ou un lit *(queen* ou *king size*), la télé couleur et souvent une piscine. Si vous voulez faire la cuisine, demandez une chambre avec kitchenette.
Les voyageurs de plus de 55 ans peuvent demander s'il y a des tarifs seniors (- 20 % par rapport aux prix normaux). Certains hôtels ne font pas payer les enfants de moins de 12 ans, et il arrive même qu'ils puissent manger gratuitement au restaurant de l'hôtel. Les groupes de 3, 4 ou 5 personnes peuvent aussi demander une chambre double avec deux lits *queen* ou *king size*.

En **France**, pour les chaînes d'hôtels suivants, vous pouvez vous renseigner et réserver aux numéros suivants, et/ou sur Internet :
Prix luxe (au-dessus de 150 US $) :
Hilton Hotels Corp., tél. 1-800-HILTONS, Internet: www.hilton.com.
Ritz Carlton : tél. 0800-1812334, www.ritzcarlton.com.

Prix élevés (jusqu'à 150 US $) :
Holiday Inn : tél. 0800-181-6068, www.ichotelsgroup.com.
Mariott Hotels : tél. 0800-1927-1927, www.mariott.fr.
Sheraton Hotels : tél. 00800-325-35353, www.starwood.com.
Prix moyens (jusqu'à 100 US $) :
Bestwestern : tél. 0800-2125-888, www.bestwestern.com.
Ramada : tél. 1-800-87333, www.ramada.com.

Aux **États-Unis**, on peut réserver gratuitement dans les hôtels suivants:
Prix luxe (au-dessus de 150 US$) :
Hilton Hotels Corp., tél. 1-800-266-7237.
Ritz-Carlton Corp., tél. 1-800-241-3333.
Sheraton, tél. 1-800-325-3535.
Prix élevés (jusqu'à 150 US$) :
Holiday Inn, tél. 1-800-465-4329.
Mariott Hotels, tél. 1-888-236-2427.
Prix moyens (jusqu'à env. 120 US$) :
Best Western, tél. 1-800-780-7234.
Howard Johnson, tél. 1-800-446-4656.
Radisson Hotel Corp., tél. 1-888-201-1718.
Ramada, tél. 1-800-272-6232.
Hampton Inn, tél. 1-800-426-7866.
Days Inns, tél. 1-800-329-7466.
Quality Inn, tél. 1-877-424-6423.
Super 8, tél. 1-800-800-8000.
Prix bas (en dessous de 70 US$) :
Travelodge International, tél. 1-800-578-7878.
Motel 6, tél. 1-800-466-8356.

Les hôtels sont classés comme suit :

$$$	au-dessus de 120 US$
$$	de 80 à 120 US$
$	jusqu'à 80 US$

3 DE LOS ANGELES À PHOENIX

Los Angeles (☎ 213 / 310)

$$$ **Hilton Checkers Hotel**, 535 S. Grand Ave., tél. 624-0000, www.hiltoncheckers.com.
$$ **Maison 140 Hotel**, 140 S. Lasky Dr., Beverly Hills, tél. 1-800-670-6182 ou 281-4000, www.maison140beverlyhills.com.
$ **Dunes Sunset Motel**, 5625 Sunset Blvd, Hollywood, tél. (323) 467-5171, https://dunes-la.com, simple, propre et avantageux.

San Diego (☎ 619) et Palm Springs (☎ 760)

$$$ **Hotel del Coronado**, 1500 Orange Ave., Coronado Island, tél. (619) 435-6611, www.hoteldel. com. Grand hôtel victorien où de grandes vedettes du cinéma avaient l'habitude de descendre.
$$ **Dana Inn & Marina**, 1710 W Mission Bay Drive, San Diego, tél. 800-445-3339, www.thedana.com. Accueil familial, situé près de Sea World, piscine.

Quartzsite et Wickenburg (☎ 928)

RANCH DE VACANCES : **Flying E Ranch**, 2801 W. Wickenburg Way, Wickenburg, AZ 85390, tél. 684-2690, www.flyingeranch.com. "Dude and Cattle Ranch". Accueil familial.
Western Hills RV Park, tél. 684-5271.

4 DE PHOENIX À SANTA FE

Phoenix (☎ 602) et les environs de Scottsdale (☎ 480)

$ **Holiday Inn**, 777 N Pinal Ave., Casa Grande, tél. (520) 426-3500, www.ichotelsgroup. com

Sud de l'Arizona et environs de Phoenix (☎ 520; 480; 928)

$ **Motel 6**, 1699 East Ash St., Globe, tél. 928- 425-5741, www.motel6.com. Chaîne d'hôtels qui a fait ses preuves – propre et bon marché.
Days Inn, 1630 E. Ash St., Globe, tél. 928-425-5500, www.daysinn.com, bon motel avec piscine et connexion Internet.
Rodeway Inn, 1248 N. Stone St., tél. 520-622-6446, www.rodewayinn.com. Bon hôtel de moyenne catégorie, prix convenables.
⛺ Le long de l'Apache Trail Loop (piste), informations : Bureau du **Tonto Basin Ranger District** à Roosevelt (dans la Roosevelt Lake Marina, tél. 928-467-3200, www.fs.fed.us/r3/tonto/recreation/camping-index.shtml).).

Sedona, Flagstaff, Gallup, l'Indian Country et Santa Fe

$$ **St. Francis**, 210 Don Gaspar Ave., Santa Fe, tél. (505) 983-5700, www.hotelstfrancis. com.
$ **Arizona Mountain Inn**, 4200 Lake Mary Rd, Flagstaff, tél. (928) 774-8959, www.arizonamountaininn.com. Jolis bungalows (*cabins*) pour deux à 16 personnes.
Canyon Villa B&B, 125 Canyon Circle Dr., Sedona, tél. (928) 284-1226, www.canyonvilla.com. Bed & Breakfast plutôt chic.

5 DE SANTA FE À AUSTIN

New Mexico (☎ 505)

$$ **Best Western Caverns Inn** et **Guadalupe Inn**, 6 Carlsbad Caverns Hwy, White's City, tél. 785-2291, Internet : wwwbestwestern.com. Ces deux hôtels bien équipés, appartenant à des chaînes connues, sont une base idéale pour aller visiter les Carlsbad Caverns (grottes).

L'Ouest du Texas (☎ 915)

$$ **Hilton Garden Inn El** Pas, 111 W University Avenue, El Paso, tél. 351-2121, www.elpaso.stayhgi.com. Centre-ville, connexion Internet gratuite.
$ **Sonora Days Inn Devil's River**, 1312 N. Service Rd, Sonora, TX 76950, tél. (915) 387-3516, www.daysinn.com. Dans le voisinage, il y a une piscine et une *steakhouse* (restaurant servant des grillades).

Texas Hill Country (☎ 830)

$ **Best Western Johnson City Motel**, 107 US 281, Johnson City, tél. 868-4044, www.bestwestern.com.

Austin (☎ 512) et San Antonio (☎ 210)

$ **La Quinta North**, 7100 I-35N, Austin, tél. 452-9401, www.lq.com.
O'Casey's B&B, 225 W. Craig Place, tél. 210-738-1378, S. Antonio, www.ocaseybnb.com. Agréable et les enfants sont les bienvenus.

6 LA CÔTE DU TEXAS

Corpus Christi et les environs (☎ 361)

$$ **Holiday Inn Emerald Beach**, 1102 South Shoreline Blvd, Corpus Christi, tél. 883-5731, www.ichotelsgroup.com. Vaste maison sur la plage, piscine, idéal pr les familles.
Rodeway Inn & Suites, 2021 N. Padre Island Dr., Corpus Christi, tél. 289-8200, www.druryhotels.com. Bien situé près des curiosités.

Galveston et la côte du Texas (☎ 409)

$$$ **Tremont House**, 2300 Ship's Mechanic Row, Galveston, tél. 763-0300, www. wyndham.com. Hôtel installé dans une élégante bâtisse historique.
San Luis, 5222 Seawall Blvd, tél. 744-1500, www.sanluisresort.com. Complexe hôtelier chic, sur la plage de Galveston, avec un spa (thermes) et une excellente *steakhouse*.
$$ **Holiday Inn Resort**, 5002 Seawall Blvd, tél. 740-3581, www.ichotelsgroup.com. Hôtel implanté

sur la plage de Galveston avec belle vue sur le golfe du Mexique ; c'est gratuit pour les enfants de moins de 19 ans.

Houston et environs (☎ 713)

$$$ **La Colombe d'Or**, 3410 Montrose Blvd, Houston, tél. 524-7999, www.lacolombedor.com. Pension élégante des années 1920.

Doubletree Guest Suites, 5353 Westheimer Rd, Houston, tél. 961-9000, https://doubletree1.hilton.com. Grande demeure 4 étoiles avec suites, proche du grand centre commercial dit Galleria.

$$ **Greenway Inn Suites**, 2929 Southwest Freeway, Houston, tél. 528-6161, www.greenwayinnsuites.com. Piscine, petit déjeuner compris. Chambres avec frigo, cafetière électrique et fer à repasser.

$ **Sara's**, 941 Heights Blvd, Houston, tél. 868-1130, www.saras.com, petit B&B, plutôt simple, au nord du centre-ville.

7 DE LOS ANGELES À LAS VEGAS

Le Désert de Mojave et la Vallée de la Mort (Death Valley) (☎ 760)

$$ **Furnace Creek Ranch**, tél. 786-2345 www.furnacecreekresort.com. Motel, restaurant, magasin et ranch de vacances dans la Vallée de la Mort.

Best Western Desert Villa, 1984 E Main St., Barstow, tél. 256-1781, www.bestwestern. com. 95 chambres, dont 9 avec whirl-pool.

Saddle West Hotel & Casino, Hwy. 160, Pahrump, tél. (775) 727-1111, www.saddlewest. com. Casino-hôtel de 110 chambres.

$ **Stovepipe Wells Village**, CA 190, Death Valley, tél. 786-2387, www.stovepipewells.com. Sans grand confort.

⛺ Renseignements par l'intermédiaire du NRRS Call Center, tél. 877-444-6777, www.recreation.gov

Las Vegas (☎ 702)

$$$ **Bellagio**, 3600 Las Vegas Blvd S., tél. (702) 693-7111, www.bellagio.com. Casinohôtel de la catégorie luxe.

Paris-Las Vegas, 3655 Las Vegas Blvd South, tél. 1-877-796-2096, www.parislasvegas.com. Réplique à l'américaine de Paris.

Luxor Hotel & Casino, 3900 Las Vegas Blvd, tél. 262-4444, www.luxor.com. Gigantesque hôtel en forme de pyramide, 4 400 chambres et 400 suites.

New York-New York, 3790 Las Vegas Blvd, tél. 866-815-4365, www.nynyhotelcasino.com. Énorme complexe hôtelier, 2 240 chambres.

$$ **Circus-Circus**, Box 14967, 2880 Las Vegas Blvd S, tél. 734-0410, www.circuscircus.com. Bien pour les familles.

Excalibur Hotel & Casino, 3850 Las Vegas Blvd., tél. 597-7777, www.excaliburcasino.com. Les enfants adorent sa façade.

The Mirage, 3400 Las Vegas Blvd, tél. 791-7111, www.mirage.com. Joli casino doté de chambres agréables et de suites chics.

$ **California Hotel**, 12 Ogden Ave., tél. 385-1222, www.thecal.com. Hôtel-casino au centre-ville, avantageux.

8 DE LAS VEGAS AU GRAND CANYON

L'Utah et les canyons

$$ **Bryce Canyon Lodge**, sur la UT 63, Cedar City, tél. (435) 834-8700, www.brycecanyonlodge.com. Hébergement rustique et confortable.

Greene Gate Village, 76 W Tabernacle St., St. George, tél. (435) 628-6999, www.greenegate.com. Villa victorienne, jolies chambres.

Zion Lodge, sur la UT 9 ; à 5 miles de l'entrée du parc, Springdale, tél. (435) 772-7700, www.zionlodge.com. Vue fantastique sur le Zion National Park.

$ **Hacienda Hotel & Casino**, US 93 Hwy, Boulder City, NV 89005, tél. (702) 293-5000, www.haciendaonline.com. Beau panorama sur le Lake Mead, chambres confortables.

⛺ **Echo Bay Resort**, Via Star Route, Overton, tél. (702) 394-4000.

Overton Beach Resort, Boulder City, NRRS Call Center, tél. 877-444-6777, www.recreation.gov. Au bord du Lake Mead.

Grand Canyon

En raison de l'énorme demande, il est fortement conseillé de réserver plusieurs mois à l'avance pour El Tovar, le Grand Canyon Lodge et le Phantom Ranch : tél. (303) 297-2757, fax (303) 297-3175,

reserve-gcsr@xanterra.com, www.grandcanyonlodges.com.
Pour réserver pour le jour même, appeler le (928) 638-2631.
$$$ **El Tovar**, South Rim, sur la US 180 (AZ 64). Lodge élégant, vue sur le canyon.
$$ **Best Western Grand Canyon Squire Inn**, South Rim, à 7 miles au sud, sur la US 180, tél. (928) 638-2681, www.grandcanyonsquire.com.
Grand Canyon Lodge, Canyon North Rim, au sud de la AZ 67. Chambres de motels ou chalets (*cabins*).
$ **Phantom Ranch**. Hébergement pouvant accueillir une masse de gens dans le canyon, bonne nourriture.
⛺ Terrains de camping dans le **North Rim,** dans le **South Rim** et au **Mather Camping**, tél. 877-444-6777.

9 À TRAVERS LE PAYS DES NAVAJO ET DES HOPI

Les réserves indiennes des Navajo et des Hopi, le Canyon de Chelly et la Monument Valley (☎ 928)

$$ **Best Western Adobe Inn**, 1701 N Park Dr., Winslow, tél. 289-4638, www.bestwestern.com.
View Hotel, Monument Valley Tribal Park, tél. 435-727-5555, http://monumentvalleyview.com. Hôtel tout neuf, directement dans la Valley, 96 chambres.
Goulding's Monument Valley Lodge, Monument Valley, à 21 miles au nord, puis à l'ouest par la US 163, tél. (435) 727-3231, www.gouldings.com. Best Western, piscine, terrain de camping, organise tous jours des tours à la Monument Valley.
Little America Hotel, 2515 E Butler Ave., Flagstaff, tél. 779-2741, www.littleamerica.com/flagstaff. Hôtel soigné, restaurant, aire de jeux pour les enfants, toutes les chambres sont équipées d'un frigo, d'un fer à repasser et d'une cafetière électrique.
Thunderbird Lodge, Chinle, à 3 miles au sud-est de la AZ 191, tél. 674-5841, www.tbirdlodge.com. Dans le Canyon de Chelly, les chambres, en partie petites, se trouvent dans les anciens bâtiments en pierre.
$ **Best Western Arizonian Inn**, 2508 E Navajo Blvd, Holbrook, tél. 524-2611, www. bestwestern.com. Motel accueillant avec piscine et un restaurant ouvert 24h/24 dans les environs.
Days Inn East, 3601 E Lockitt Rd, Flagstaff, tél. 527-1477, www.daysinn.com.
Super 8, 3725 Kasper Ave., Flagstaff, tél. 526-0818, www.super8.com. US 66, 89 sur la Business Rte 40.
⛺ Renseignements sur les campings dans les parcs nationaux de l'Arizona auprès de : **Arizona State Parks**, 1300 W Washington, Phoenix, AZ 85007, tél. (602) 542-4174, www.pr.state.az.us.
Pour des informations plus détaillées sur les terrains de camping dans les réserves indiennes, le mieux est de s'adresser aux autorités des réserves. Il n'est pas conseillé de faire du camping sauvage dans les réserves !

Le Mesa Verde Nationalpark et les environs (☎ 970)

$$ **Far View Lodge**, Mancos, (à la Navajo Hill, dans le parc, à 15 miles de l'entrée du parc Mesa Verde), tél. 602-331-5210, www.visitmesaverde.com/lodging.shtml.
$ **Anasazi Motor Inn**, 666 S Broadway, Cortez, tél. 565-3773, http://anasazimotorinn.com. Jolies grandes chambres, piscine, restaurant excellent ; non loin de là, il y a un parcours de golf 18 trous.
Holiday Inn Express, 2121 E Main St., Cortez, tél. 565-6000, http://coloradoholiday.com.

10 DU GRAND CANYON À DENVER

Durango, Aspen, Vail (☎ 970)

$$ **General Palmer Hotel**, 567 Main Ave., Durango, tél. 247-4747, www.generalpalmerhotel.com. B&B victorien.
The Lodge and Spa at Breckenridge, 112 OverlookDr., tél. 453-9300, www.thelodgeatbreck.com. Lodge avec vue époustouflante.

Denver, Colorado Springs et Boulder (☎ 303)

$$ **Holiday Chalet**, 1820 E Colfax Ave, Denver, tél. 321-9975. Bon hôtel, toutes les chambres disposent d'une cuisine équipée, ce qui peut être pratique avec une famille.
Lost Valley Guest Ranch, Rte. 2, Sedalia, tél. (303) 647-2311, www.ranchweb.com/lost. Ranch avec des cabanes.

Rocky Mountain National Park (☎ 970)

\$\$ **Elkhorn Lodge & Guest Ranch**, Estes Park, tél. 586-4416, www.elkhornlodge.org. Ranch de vacances de tradition, avec une écurie, où l'on apprend le travail de cow-boy.
Peaceful Valley Lodge & Guest Ranch, Star Rte, Lyons, tél. (303) 747-2881, www.peacefulvalley.com. "Dude ranch" (ranch de vacances), avec des chalets, programmes pour enfants.
\$ **Alpine Trail Ridge Inn**, 927 Moraine Ave., Estes Park, tél. 586-4585, www.alpinetrailridgeinn.com. Motel bon marché près du parc national, restaurant proposant de la cuisine mexicaine et allemande.

11 DE LOS ANGELES À SAN FRANCISCO

Santa Barbara et les environs (☎ 805)

\$\$\$ **Madonna Inn**, 100 Madonna Rd, San Luis Obispo, tél. 543-3000, www.madonnainn.com. Hôtel délirant, certaines chambres ont des douches en pierre.
\$\$ **Blue Sail Inn**, 851 Market St., Morro Bay, tél. 772-2766, www.bluesailinn.com. Vue sur la baie.
\$ **Sea Gypsy**, 1020 Cypress, sur la Wadsworth St., Pismo Beach, tél. 773-1801, www. seagypsymotel.com. Directement sur la plage, perspective sur la baie.

Monterey Bay et les environs (☎ 831)

\$\$ **Merritt House**, 386 Pacific St., Monterey, tél. 646-9686, www.merritthouseinn.com. B&B dans un bâtiment d'adobe de 1830.
Spindrift, 652 Cannery Row, Monterey, tél. 646-8900, www.spindriftinn.com. Hôtel ayant une plage privée, beau panorama sur la baie de Monterey.
\$ **Padre Oaks**, 1278 Munras Ave., Monterey, tél. 373-3741, www.padreoaks.com.

Salinas, Santa Cruz et San Jose (☎ 408)

\$\$ **Valencia**, 355 Santana Row, San Jose, tél. 866-842-0100, www.hotelvalencia.com. Hôtel de luxe en plein Santana Row.
Briar Rose, 897 E Jackson St., San Jose, tél. 279-5999. B&B dans une ancienne ferme victorienne.
Casa Blanca Inn, 101 Main St., Santa Cruz, CA tél. (831) 423-1570, www.casablanca-santacruz.com. Grand hôtel directement sur la plage.

12 DE LOS ANGELES AU YOSEMITE NATIONAL PARK

Pasadena et les environs (☎ 626)

\$\$\$ **The Langham Huntington**, 1401 Oak Knoll Ave., Pasadena, tél. 568-3900, www.pasadenacal.com/ritz.htm. Hôtel 1900, restauré et élégant.

Sierra Nevada, Sequoia et Kings Canyon N. P.

\$\$ **Wuksachi Sequoia Lodge**, Sequoia NP, tél. (559) 565-4070, fax 565-0103, www.visitsequoia.com/lodging.aspx. Nouveau Lodge, 102 chambres, à 2 miles du Lodgepole Visitor Center.
Holiday Lodge, 40105 Sierra Dr., Three Rivers, tél. (559) 561-4119, www.bestwestern.com. Best Western, juste avant le Sequoia N.P.
Rankin Ranch, à 3 miles à l'est de Caliente, près de Bakersfield, tél. (661) 867-2511, www.rankinranch.com. Vaste ranch, encore en activité, dans les Tehachapi Mountains.
Spalding House, 631 N Encina, Visalia, tél. (559) 739-7877, www.thespaldinghouse.com. Hôtel restauré, dans un bâtiment de style pseudo-colonial.
\$ **Bakersfield Days Inn**, 4500 Buck Owens Blvd., Bakersfield, CA 93308. tél. (661) 324-5555, www.daysinn.com. Chaîne de motel bon marché, piscine en plein air.
Lodgepole Campground, Atwill Mill, Grant Cove – Sequoia N. P.; résa sous tél. 1-800-365-CAMP ou tél. (301) 722-1257, www.recreation.gov.

Yosemite National Park (☎ 559)

\$\$\$ **Ahwahnee**, Yosemite Village, à 14 miles à l'est de l'entrée du parc, sur la CA 140. Lodge de 1927, ambiance agréable. La centrale de réservation prend toutes les réservations pour les hébergements à l'intérieur du parc, tél. 801-559-4884. On peut aussi réserver en ligne : www.yosemitepark.com.

Tenaya Lodge, Fish Camp, tél. 683-6555, www.tenayalodge.com. Lodge 4 étoiles, deux restaurants, à 2 miles de l'entrée sud du parc.

$$ **Pines Resorts**, Bass Lake, tél. 642-3121, www.basslake.com. Chalets avec cuis.

$ **Mariposa Lodge**, 5052 CA 140, Mariposa, au carrefour des CA 140/49, tél. (209) 966-3607, www.mariposalodge.com, 45 chambres modernes.

Pour les réservations et les renseignements: tél. 1-800-436-7275 ou sur Internet : www.nps.gov/yose/trip/camping.htm.

13 DE SAN FRANCISCO À SALT LAKE CITY

San Francisco et les environs (☎ 415)

$$ **Washington Inn**, 495 10th St., à Oakland, tél. (510) 452-1776, www.thewashingtoninn.com. Hôtel historique de 1900.

$ **Grant Plaza**, 465 Grant St., tél. 434-3883, www.grantplaza.com. Petit hôtel à Chinatown.

Hotel Bijou, 111 Mason St., tél. 771-1200, www.hotelbijou.com. Petit hôtel très coloré à proximité de l'Union Square.

Sacramento (☎ 916) et le Gold Country

$$ **Vagabond Inn-Old Town**, 909 Third St., Sacramento, tél. (916) 446-1481, www.vagabondinns.com. Hébergement sympathique avec des chambres climatisées.

$ **Holiday Lodge**, 1221 E Main St., Grass Valley, tél. (530) 273-4406, http://holidaylodge.biz.

Reno, Lake Tahoe, le désert du Nevada

$$ **Silver Legacy Resort Casino**, 407 N Virginia St, Reno, tél. (775) 325-7401, www.silverlegacyreno.com, nouveau complexe touristique, 1 720 chambres de style victorien, spa.

$ **Super 8**, 3600 Lake Tahoe Blvd, South Lake Tahoe, tél. (530) 544-3476, www.super8tahoe.com. Motel avec 110 chambres, 1 suite avec cheminée.

Keystone R.V. Park, 1455 W 4th Street, Reno, tél. (775) 324-5000, www.keystonervpark.com.

Campground by the Lake, Highway 50 & Rufus Allen Boulevard, South Lake Tahoe, tél. (530) 542-6096, www.recreationintahoe.com/campground.htm.

Salt Lake City (☎ 801)

$$ **Anniversary Inn**, 460 S. 1000, tél. 363-4900, www.anniversaryinn.com. Intéressant hôtel à thème.

14 DE SALT LAKE CITY AU YELLOWSTONE NATIONAL PARK

Idaho Falls et Pocatello (☎ 208)

$$ **Best Western Cottontree Inn**, 1415 Bench Rd, Pocatello, tél. 237-7650, www. bestwesterncottontreeinn.com. 146 chambres spacieuses, petit déjeuner compris.

Red Lion Hotel, 1555 Pocatello Creek Rd, Pocatello, tél. 233-2200, www.redlion.com. Bâtiment neuf, 152 grandes chambres, bon restaurant, piscine, jacuzzi et *business center*.

Ameritel, 645 Lindsay Blvd, Idaho Falls, tél. 523-1400, www.ameritelinns.com. Motel bien équipé, certaines chambres avec cuisine.

$ **Super 8**, 705 Lindsay Blvd, Idaho Falls, tél. 522-8880, www.super8.com. Motel pas cher.

Grand Teton National Park Jackson Hole (☎ 307)

$$$ **Jenny Lake Lodge**, Box 240, Moran, tél. 733-4647, www.gtlc.com/lodgeJen.htm. Ce logde contient 37 chalets historiques, au pied des Tetons. Le prix comprend le petit déjeuner, le repas du soir, une sortie à cheval, l'utilisation de vélos.

$$ **Colter Bay Village**, Box 240, Grand Teton National Park, tél. 543-3100, www.gtlc.com/lodgeCBV.aspx. Offre un bon choix de cabanes confortables ou de tentes, et un parc pour les caravanes et les mobil-homes.

Jackson Lake Lodge, Box 240, Moran, tél. 543-3100, www.gtlc.com/lodgejac.htm, complexe au milieu des Tetons, excellent resto, pas de télévision.

Trapper Inn, 235 N Cache St., Jackson, tél. 733-2648, www.trapperinn.com. Motel bien équipé au centre de Jacskson Hole.

RANCHES DE VACANCES : **Flagg Ranch Resort**, Box 187, Moran, am US Hwy. 89, tél. 543-2861, www.

flaggranch.com. Cabanes avec équipement style motel. Terrrain de camping, nombreuses activités sportives allant de la pêche aux sorties en eaux vives. Vous partagerez la vie des cow-boys.
Heart Six Ranch, Box 70, Moran, à 5 miles à l'est de Moran, sur la Buffalo Valley Rd, tél. 543-2477, www.ranchweb.com/heartsixranch. Dude ranch avec des troupeaux de chevaux sauvages, grand choix d'activités et d'équipements qui justifie les prix.
Dans le Grand Teton Nationalpark, il y a cinq terrains de camping : **Colter Bay**, **Signal Mountain**, **Jenny Lake**, **Lizard Creek** et **Gros Ventre**. Informations et réservations auprès du NRRS Call Center, tél. 877-444-6777, www.recreation.gov.

Yellowstone National Park

$$ **Old Faithful Inn**, sur la Loop Rd, belle lodge historique.
$ **Grant Village**, à 18 miles au sud-est de l'Old Faithful, à 2 miles au sud de la Loop Rd, dans le parc, motel moderne avec 300 chambres. Tous les hébergements du parc national sont non fumeurs. Toutes les réservations se font par l'intermédiaire de **Xanterra Parks & Resorts** : tél. (307) 344-7311, www.travelyellowstone.com.
Dans le parc, il y a 13 terrains de camping et de caravaning. Réservations au 307-344-7311 ou au 307-344-7901 (pour le jour même)

15 DE SAN FRANCISCO À L'ÉTAT DE WASHINGTON

Le nord de la Californie (☎ 707)

$$ **Blackberry**, 44951 Larkin Rd, Mendocino, tél. 937-5281, www.mendocinomotel.com. B&B dans des bungalows au bord de la mer.
L'Oregon (☎ 503)
$$ **Ebb Tide**, 300 N Promenade/3rd Ave, Seaside, tél. 738-8371, www.ebbtide.citysearch.com. Motel se dressant sur la promenade, certaines chambres avec cuisine.
Heron Haus, 2524 NW Westover Rd, Portland, tél. 274-1846, www.heronhaus.com. B&B de style contemporain, dans le district historique de Nob Hill.

Le Mt. St. Helens et le Mt. Rainier (☎ 360)

$$ **National Park Inn**, tél. 569-2275, http://rainier.guestservices.com. Lodge rustique dans le parc national, près de Longmire.
Campings (*campgrounds*) au Mt. Rainier, www.recreation.gov.

16 LA CÔTE PACIFIQUE NORD-OUEST

Seattle (☎ 206)

$$$ **The Edgewater**, Pier 67, 2411 Alaskan Way, tél. 728-7000, http://www.edgewaterhotel.com. Très bon hôtel de luxe, direct. dans le port.
$$ **Executive Hotel Pacific**, 400 Spring St., tél. 623-3900, www.executivehotel.net. Hôtel restauré au centre-ville.
Pensione Nichols B&B, 1923 First Ave., tél. 441-7125, www.pensionenichols.com. Chambres ou suites pour 4 personnes, en partie avec cuisine équipée, à proximité de Pike Place Market.
$ **ACE Hotel**, 2423 First Ave., tél. 448-4721, www.theacehotel.com. Hôtel design dans le quartier de Belltown.

Olympic Peninsula, Puget Sound, North Cascades (☎ 360)

$$ **Katy's Inn**, 503 S 3rd St., La Conner, tél. 466-9909, www.katysinn.com. B&B confortable.
Lake Crescent Lodge, 416 Lake Crescent Rd, Port Angeles, tél. 928-3211, www.lakecrescentlodge.com. Lodge de 1916 dans un cadre magnifique.
Sol Duc Hot Spring Resort, Sol Duc Rd, Hwy 101, Port Angeles, tél. 327-3583, www. visitsolduc.com. Hôtel et terrain de caravaning près des sources d'eaux chaudes.
$ **Winthrop Inn**, sur le Hwy WA 20, Winthrop, tél. (509) 996-2217, www.winthropinn.com. Maison agréable avec piscine, cadre idyllique, réservé aux non fumeurs.

Vancouver et Vancouver Island (☎ 604) L'indicatif pour le Canada est le 001.

$$$ **English Bay Inn**, 1968 Comox St, Vancouver, tél. 683-8002, www.englishbayinn.com.

Auberge romantique de style Tudor, à un pâté de maisons de la mer et du Stanley Park.

$$ **Best Western Château Granville**, 1100 Granville St., Vancouver, tél. 669-7070, www.bwcg.com. Au cœur de la ville, chambres confortables, accueil agréable.

17 DE SEATTLE AU YELLOWSTONE NAT. PARK

La Yakima Valley et Spokane (☎ 509)

$ **Shilo Inn Hotel**, 923 3rd Avenue, Spokane, www.shiloinns.com/Washington/spokane.html, tél. 535-9000. Bon motel, piscine, salle de fitness, restaurant.

▲ **Yakima Sportsman State Park**, à 3 miles à l'est sur le Hwy WA 24, Keyes Rd, tél. 575-2774, www.parks.wa.gov.

Le Montana et l'Idaho

$ **Stardust Motel**, 410 Pine St., Wallace, tél. (208) 752-1213. Correct, bon marché

SÉJOUR DANS UN RANCH : **Montana Dude Ranch Association**, Box 589 Manhattan, MT 59741, tél. 888-284-4133, www.montanadra.com.

18 LA ROUTE 66

Le Sud-Ouest

$$$ **Eldorado**, 309 West San Fransisco St., Santa Fe, NM, tél. (505) 988-4455, www.eldorado-hotel.com. Hôtel 4 étoiles de style Santa Fe, avec un restaurant très prisé.

$$ **El Rancho Hotel**, 1000 East Highway 66, Gallup, NM, tél. (505) 863-9311, www.elranchohotel.com. Adorable hôtel ancien fréquenté autrefois par des stars de cinéma.

$ **Quality Inn**, 1400 East Andy Devine Ave., Kingman, AZ, tél. (928) 753-4747, www.qualityinn.com, auberge avec un petit musée sur la Route 66.

Wigwam Motel Holbrook, 811 W. Hopi Drive, Holbrook, AZ, tél. (928) 524-3048. Un paradis pour les nostalgiques, le motel propose des wigwams des années cinquante.

▲ **Twin Lakes RV Park**, 46200 Twin Lakes Drive, Newberry Springs, CA, tél. (760) 257-3377, www.campclubusa.com.

Shady Lane RV Camp, 36445 Soap Mine Road, Barstow, CA, tél. (760) 256-5322.

Glen Helen Regional Park, 2555 Devore Road, San Bernadino, tél. (909) 887-7540, www.co.san-bernardino.ca.us/parks/glen.htm.

Moabi Regional Park, Park Moabi Road, Needles, CA, tél. (760) 326-3831, www.co. san-bernardino.ca.us/parks/moabi.htm.

Mojave Narrows County Park, 18000 Yates Road, Victorville, CA, tél. (760) 245-2226, www.co.san-bernardino.ca.us/parks/mojave. htm.